A mão do autor e a mente do editor

FUNDAÇÃO EDITORA DA UNESP

Presidente do Conselho Curador
Mário Sérgio Vasconcelos

Diretor-Presidente
Jézio Hernani Bomfim Gutierre

Superintendente Administrativo e Financeiro
William de Souza Agostinho

Conselho Editorial Acadêmico
Danilo Rothberg
Luis Fernando Ayerbe
Marcelo Takeshi Yamashita
Maria Cristina Pereira Lima
Milton Terumitsu Sogabe
Newton La Scala Júnior
Pedro Angelo Pagni
Renata Junqueira de Souza
Sandra Aparecida Ferreira
Valéria dos Santos Guimarães

Editores-Adjuntos
Anderson Nobara
Leandro Rodrigues

Roger Chartier

A mão do autor e
a mente do editor

Tradução
George Schlesinger

Traduzido de *The Author's Hand and the Printer's Mind*,
1ª edição – traduzida para o inglês por Lydia G. Cochrane
Esta edição é publicada por acordo com a Polity Press Ltd., Cambridge

© 2014 Roger Chartier
© 2013 Editora Unesp

Direitos de publicação reservados à:
Fundação Editora da Unesp (FEU)
Praça da Sé, 108
01001-900 – São Paulo – SP
Tel.: (0xx11) 3242-7171
Fax: (0xx11) 3242-7172
www.editoraunesp.com.br
www.livrariaunesp.com.br
atendimento.editora@unesp.br

CIP – Brasil. Catalogação na publicação
Sindicato Nacional dos Editores de Livros, RJ

C435m

Chartier, Roger, 1945-
A mão do autor e a mente do editor / Roger Chartier; tradução George Schlesinger. – 1. ed. – São Paulo: Editora Unesp, 2014.

Tradução de: The author's hand and the printer's mind
ISBN 978-85-393-0571-1

1. Livros e leitura – História. 2. Interesses na leitura – História. Título.

14-15180   CDD: 028.9
                                            CDU: 028

Editora afiliada:

Asociación de Editoriales Universitarias
de América Latina y el Caribe

Associação Brasileira de
Editoras Universitárias

Sumário

Prefácio **7**

PARTE I: O passado no presente

Capítulo 1: Escutar os mortos com os olhos **19**

Capítulo 2: História: tempo de leitura **53**

Capítulo 3: História e Ciência Social:
um retorno a Braudel **79**

PARTE II: O que é um livro?

Capítulo 4: Os poderes da impressão **103**

Capítulo 5: A mão do autor **129**

Capítulo 6: Pausas e tônicas **153**

Capítulo 7: Tradução **175**

PARTE III: Textos e significados

Capítulo 8: Memória e escrita **213**

Capítulo 9: Paratexto e preliminares **235**

6   ROGER CHARTIER

Capítulo 10: Publicar Cervantes   **259**

Capítulo 11: Publicar Shakespeare   **271**

Capítulo 12: O tempo da obra   **295**

Referências bibliográficas   **311**

Índice remissivo   **339**

Prefácio

"Escuchar a los muertos con los ojos" [Escutar os mortos com os olhos]. A sentença de Quevedo, que forneceu o título para minha aula inaugural no Collège de France, parece-me indicar não só o respeito do poeta pelos seus antigos mestres, mas também a relação que os historiadores cultivam com homens e mulheres do passado cujos sofrimentos e esperanças, decisões racionais e sonhos extravagantes, liberdade e restrições eles se empenham em compreender – e ajudar outros a compreender. Apenas os historiadores de tempos muito recentes, graças às técnicas de inquirição oral, podem oferecer uma audição literal das palavras cuja história escrevem. Os outros – todos os outros – precisam escutar os mortos somente com os olhos e recobrar as velhas palavras em arquivos nos quais o vestígio escrito delas foi preservado.

Para desespero dos historiadores, esses vestígios, deixados em papiro ou pedra, pergaminho ou papel, geralmente registram apenas silêncios: os silêncios daqueles que nunca escreveram; os silêncios daqueles cujas palavras, pensamentos ou atos os mestres da escrita julgaram não ser importantes. Apenas em raros documentos, e apesar das traições introduzidas pela transcrição dos escribas, juízes ou homens letrados, os historiadores podem ouvir as palavras dos mortos movidos a contar suas crenças e seus feitos, recordar suas ações ou relatar suas vidas. Quando tais documentos estão ausentes, tudo que os historiadores podem fazer é assumir o paradoxal e formidável desafio de escutar vozes caladas.

Mas pode a nossa relação com os mortos que habitam o passado ser reduzida a ler textos que eles compuseram, ou que falam deles, talvez não intencionalmente? Nos últimos anos, os historiadores têm tomado consciência de que não possuem o monopólio de representar o passado e de que sua presença pode ser comunicada por relações com a história infinitamente mais poderosas que seus escritos. Os mortos infestam a memória – ou memórias. Buscar essas memórias não significa "escutar os mortos com os olhos", mas achá-los, sem a mediação da palavra escrita, na imediata proximidade da lembrança e na busca de anamnese, ou na construção da memória coletiva.

Os historiadores também precisam admitir, gostem ou não, que a força e a energia de fábulas e ficções podem soprar vida em almas mortas. Essa vontade demiúrgica pode ser típica de toda a literatura, antes ou depois do momento histórico no qual a palavra começou a designar o que hoje chamamos "literatura", que supõe uma conexão entre noções de originalidade estética e propriedade intelectual. Mesmo antes do século XVIII e da consagração do escritor, a ressurreição literária dos mortos assumia um significado mais literal quando certos gêneros buscavam aproximar-se do passado. Isto acontecia com a inspiração do épico, com o detalhe narrativo e descritivo do romance histórico, ou quando os atores históricos eram temporariamente reencarnados por atores dramáticos no palco. Deste modo, obras de ficção – ou pelo menos algumas delas – e a memória coletiva ou individual davam ao passado uma presença que com frequência era mais forte do que aquela que os livros de história podiam fornecer. Uma melhor compreensão desses elementos concorrentes é um dos objetivos básicos do presente livro.

A MÃO DO AUTOR E A MENTE DO EDITOR   9

O livro contém doze ensaios que escrevi nos últimos dez anos. O leitor reconhecerá questões e debates que mobilizaram os historiadores na primeira década do século, tais como relações entre morfologia e história, entre micro-história e história global, e entre o evento e processos de longa duração. Depois que os historiadores e os não historiadores que os auxiliaram em sua reflexão deixaram de ficar tão obcecados pelo desafio ao *status* de sua disciplina como conhecimento e reconheceram o parentesco entre figuras e fórmulas de se escrever a história e aquelas que governam as obras ficcionais, passaram a estar mais bem preparados para confrontar com mais serenidade o desafio lançado pela pluralidade de representações do passado que habitam a nossa época. Isso explica a ênfase dada neste livro a obras maiores de literatura, que, ao longo dos séculos, funcionaram de modo a talhar as maneiras de pensar e sentir daqueles que as leram (ou que escutaram alguém lê-las), segundo a expressão de Marc Bloch.

Obras como *Dom Quixote* ou as peças de Shakespeare foram criadas, encenadas, publicadas e apropriadas num tempo diferente do nosso. Recolocá-las dentro de seus próprios contextos históricos é um dos objetivos do presente livro. Para isso, tentamos identificar as descontinuidades básicas que transformaram a circulação da palavra escrita, tanto literária como não literária. A mais essencial dessas descontinuidades pode não ser a óbvia. Foi, como é sabido, uma invenção técnica: a da imprensa por Gutenberg, em Mainz, em meados do século XV. Registrar sua decisiva importância não deve nos permitir esquecer, porém, que outras "revoluções" tiveram tanta, se não mais, importância no longo decorrer da história da cultura escrita no Ocidente. Uma delas foi o surgimento, durante os primeiros séculos da era cristã, de uma nova forma de livro, o códice, composto de folhas dobradas e reunidas. Em diversas ocasiões ao longo dos séculos, mudanças nas maneiras de leitura das pessoas foram qualificadas como "revoluções". Ademais, a vigorosa sobrevivência da produção manuscrita na era da imprensa obriga-nos a

10 ROGER CHARTIER

reavaliar o poder da palavra impressa e situá-la em algum ponto entre a utilidade e a inquietude.

Menos espetacular, mas talvez mais essencial para os nossos propósitos, foi a emergência, durante o século XVIII (mas com variações locais), de uma ordem de revelação fundamentada na individualização do escrever, na originalidade da obra literária e naquilo que Paul Bénichou chamou *le sacre de l'écrivain* [a consagração do escritor]. A ligação entre essas três noções, que foi decisiva para a definição de propriedade literária, chegou ao seu ápice no fim do século XVIII com a fetichização do manuscrito assinado e uma obsessão pela caligrafia do autor como garantia de autenticidade e unidade de uma obra dispersa em diversas publicações. Essa nova economia da palavra escrita rompeu com uma ordem mais antiga baseada em práticas bastante diferentes: colaboração frequente entre autores, reutilização de conteúdo usado anteriormente, lugares-comuns familiares e fórmulas tradicionais, junto com contínua revisão e prosseguimento de obras que permaneceram abertas. Foi dentro desse paradigma de escrita que Shakespeare compôs suas peças e Cervantes escreveu *Dom Quixote*.

Ressaltar isso não significa esquecer que, para ambos os autores, o processo de canonização que transformou suas obras em monumentos começou bastante cedo. Esse mesmo processo, porém, foi longamente acompanhado por uma forte consciência da dimensão coletiva de toda produção textual (e não só de obras teatrais) e por um frágil reconhecimento do escritor como autor. Seus manuscritos não mereceram conservação; suas obras não eram propriedade sua; suas experiências de vida não foram registradas em qualquer biografia literária, mas apenas em coleções de anedotas. A situação mudou quando a afirmação da originalidade criativa entrelaçou a vida do autor e suas obras, situando-as dentro de um contexto biográfico e tornando os sofrimentos e momentos de felicidade do autor a matriz de sua escrita.

A MÃO DO AUTOR E A MENTE DO EDITOR   11

Alguns leitores poderão achar surpreendente que um historiador se arrisque a aventurar-se em literatura. O texto que abre esta coletânea de ensaios explicará essa audácia. Baseia-se na ideia de que todos os textos – mesmo *Hamlet* e *Dom Quixote* – têm uma forma material, uma "materialidade". Quer se destinassem ao teatro ou não, eram lidos em voz alta, recitados e encenados, e as vozes que os falavam davam-lhes uma sonoridade corpórea que os conduzia aos ouvintes. Essa sonoridade, no entanto, está fora do alcance do historiador, que "escuta os mortos com os olhos". O que chega a nós do passado é outro "corpo": um corpo tipográfico. *Hamlet* e *Dom Quixote* (para os quais não existem manuscritos assinados) nos oferecem a materialidade de sua inscrição impressa em livros (ou livretos) nas páginas que os tornaram acessíveis aos leitores de sua época. Vários dos ensaios que se seguem tentam decifrar as significações construídas pelas várias formas dessas inscrições.

Textos estão ligados a diversos tipos de materialidade. A materialidade do livro, em primeiro lugar, que reúne ou dissemina, a partir do fato de incluir ou não obras diferentes de um autor ou distribuir citações de seus trabalhos em coleções de lugares-comuns. Nos séculos XVI e XVII um livro não começava com o texto que tencionava publicar: começava com uma série de peças preliminares que expressavam as múltiplas relações implícitas pelo poder do príncipe, as exigências do patronato, as leis do mercado e as relações entre os autores e seus leitores. Os significados atribuídos às obras dependiam em parte do "pórtico" textual que levava o leitor para dentro do texto em si e que guiava (mas absolutamente não restringia) a leitura a ser feita dessas obras.

A materialidade do livro é inseparável da materialidade do texto, se o que entendemos por este termo são as formas nas quais o texto se inscreve na página, conferindo à obra uma forma fixa, mas também mobilidade e instabilidade. A "mesma" obra não é de fato a mesma quando muda sua linguagem, seu texto ou sua pontuação. Essas

12 ROGER CHARTIER

importantes mudanças nos trazem de volta aos primeiros leitores de obras: tradutores que as interpretavam, carregando-as de seus próprios repertórios lexicais, estéticos e culturais, bem como dos de seu público; revisores, que fixavam o texto para prepará-lo para impressão, dividindo a cópia que recebiam em seções, acrescentando pontuação e estabelecendo a forma escrita das palavras; compositores ou tipógrafos, cujos hábitos e preferências, restrições e erros também contribuíam para a materialidade do texto; sem esquecer os copistas, que produziam cópias limpas dos manuscritos do autor, e os censores, que autorizavam a impressão do livro. Em certos casos especiais, a cadeia de intervenções que dava forma ao texto não parava nas páginas impressas; ela incluía acréscimos de leitores, por suas próprias mãos, aos livros que possuíam. No presente livro, o processo pelo qual as obras recebem sua forma particular é analisado com base em exemplos individuais sugeridos pelos tradutores franceses de autores espanhóis, por um ator inglês frente à difícil tarefa de interpretar o papel do príncipe da Dinamarca e pelos revisores e tipógrafos empregados pelos mestres impressores do Século de Ouro espanhol.

É a própria complexidade do processo de publicação que inspirou o título deste livro, que envolve igualmente a mão do autor e a mente do editor. Este quiasma talvez inesperado pretende demonstrar que, embora toda decisão tomada na gráfica, até mesmo a mais mecânica, implique o uso de razão e compreensão, a criação literária sempre confronta uma imaterialidade inicial do texto – a da página que aguarda ser escrita. Esse fato justifica a tentativa de criar uma conexão estreita entre história cultural e crítica textual. Em parte, também explica a forte e repetida presença da Espanha dos séculos XVI e XVII nos ensaios que compõem este livro.

Essa conexão não se deve unicamente à minha afeição por obras do Século de Ouro espanhol ou a estudos que anteriormente dediquei ao *Buscón*, de Quevedo, ao *Arte nuevo de hacer comedias en este tiempo* [Nova arte de fazer comédias neste tempo], de Lope de Vega,

A MÃO DO AUTOR E A MENTE DO EDITOR 13

ou a certos capítulos do *Dom Quixote*, de Cervantes, em particular a visita do *hidalgo* a uma gráfica de Barcelona. Ela se enraíza em realidades históricas. Durante seu Século de Ouro, a Espanha foi, como escreveu Fernand Braudel, uma "terra zombada, depreciada, temida e admirada ao mesmo tempo". Foi uma terra cuja linguagem era considerada a mais perfeita e que produzira exemplos brilhantes dos mais sedutores gêneros literários de escrita imaginativa: o romance de cavalaria, a autobiografia picaresca, a nova *comedia*, bem como *Dom Quixote*, uma obra que não se encaixava em nenhum gênero estabelecido. Se a Espanha captura minha atenção em diversos capítulos deste livro, é também porque os impressores nas gráficas usavam metáforas que tornavam o livro uma criatura humana e Deus o primeiro editor, enquanto escritores elaboravam seus contos usando os aspectos mais humildes e mais concretos de escrita e publicação, novidades que haviam surgido num mundo ainda dominado pela palavra falada, pela conversação (tanto popular como letrada) e pelo legado da memória. É o difícil encontro entre a memória iletrada de Sancho Pança e a biblioteca de memória do leitor que era Dom Quixote que empresta força aos capítulos de Serra Morena do *Dom Quixote*, lidos aqui à luz das distinções elaboradas pelo grande livro de Paul Ricoeur.

Os ensaios que compõem este livro, habitados como são por grandes fantasmas do passado, também esperam contribuir para as questões levantadas por mutações contemporâneas na cultura escrita. A textualidade digital abala as categorias e práticas que eram as fundações para a ordem dos discursos e os livros no contexto dos quais as obras aqui estudadas foram imaginadas, publicadas e recebidas. As questões por ela levantadas são muitas: O que é um "livro" quando não é mais simultânea e inseparavelmente texto e objeto? Quais são as implicações para a percepção de obras e a compreensão de seu significado de uma capacidade de ler unidades de texto individuais radicalmente desvinculadas da narrativa ou do argumento das quais são parte? Como devemos conceber a edição eletrônica de obras mais

14 ROGER CHARTIER

antigas, tais como as de Shakespeare e Cervantes, dado que tais técnicas nos permitem, paradoxalmente, tornar visíveis a pluralidade e a instabilidade histórica dos textos, que normalmente ignoramos por causa das escolhas que uma versão impressa nos impõe, enquanto ao mesmo tempo essas técnicas fornecem uma forma de inscrição e recepção da palavra escrita que é completamente estranha à forma e à materialidade de livros como eram oferecidos aos leitores no passado (e, pelo menos ainda por algum tempo, no presente)?

Tais questões não são discutidas diretamente neste trabalho. Outros farão esta tarefa melhor do que eu poderia fazer. No entanto, elas estão presentes, explícita ou implicitamente, em todos os ensaios. Isso talvez se dê pelo fato de o mundo digital já estar modificando a disciplina de História ao propor novas formas de publicação, transformar os procedimentos para demonstração e técnicas de provas e nos permitir uma relação nova, mais bem informada e mais crítica entre o leitor e o texto. Ou talvez porque enfatizar as categorias e as práticas da cultura escrita que herdamos pode nos autorizar a situar melhor as mutações da era contemporânea. Entre juízos apocalípticos que identificam essas mudanças como a morte da escrita e avaliações otimistas que apontam continuidades reconfortadoras, outro caminho é tanto possível como necessário. Ele se apoia na História, não para fornecer profecias incertas, mas para chegar a um melhor entendimento da coexistência corrente (e talvez durável) de diferentes modalidades de palavra escrita – manuscrita, impressa e eletrônica – e, acima de tudo, anotar com maior rigor como e por que o mundo digital desafia as noções que sustentavam a definição de obra como obra, a relação entre escrita e individualidade e a ideia de propriedade intelectual.

Para um autor, mesmo um historiador-autor, reler o próprio trabalho é sempre uma provação. Os ensaios aqui reunidos foram cuidadosamente revistos para corrigir erros, evitar repetições e acrescentar as necessárias referências a obras e artigos que apareceram

A MÃO DO AUTOR E A MENTE DO EDITOR **15**

após terem sido publicados pela primeira vez. Se eu os reescrevesse hoje, provavelmente seriam bem diferentes, mas eles se mantêm dentro do projeto básico que os colocou numa certa trajetória de pesquisa e reflexão. Sempre pensei, e ainda penso, que os labores do historiador ou historiadora atendem a duas necessidades. Eles devem propor novas interpretações de problemas claramente definidos, mas também dialogar com colegas estudiosos das vizinhas disciplinas de Filosofia, Crítica Literária e Ciências Sociais, de modo a estar mais bem armados para refletir sobre suas próprias práticas e sobre os rumos para os quais a disciplina se dirige. É nesta condição que a História pode ajudar na construção de um conhecimento crítico do nosso próprio presente.

Detalhes bibliográficos completos de cada capítulo são dados abaixo:

1 "Écouter les morts avec les yeux", aula inaugural para a cadeira "Écrit et Culture dans l'Europe moderne", 11 out. 2007, Collège de France, Collège de France/Fayard, 2008.

2 Versão inédita e corrigida do Posfácio da nova edição de Roger Chartier, *Au bord de la falaise. L'histoire entre certitudes et inquiétude*, Paris: Albin Michel, Bibliothèque de l'Évolution de l'Humanité, 2009.

3 Aula não publicada, "Histoire et science social: Retour à Braudel", dada em francês em Iasi, Romênia, em 2002.

4 Publicado em francês como "Les pouvoirs de l'imprimé", em Ricardo Saez (ed.), *L'imprimé et ses pouvoirs dans les langues romanes*, Rennes: Presses Universitaires de Rennes, 2010.

5 Aula não publicada dada como Professor Visitante Lord Weidenfeld em Literatura Comparada na Universidade de Oxford, maio 2010.

6 Aula não publicada dada em Cambridge como Clark Lecture, maio 2009.

16 ROGER CHARTIER

7 O texto francês original deste ensaio foi publicado em espanhol como "La Europa castellana durante el tiempo del *Quijote*", em Antonio Feros e Juan Gelabert (eds.), *España en tiempos del Quijote*, Madri: Taurus Historia, 2004, p.129-58.

8 Publicado em francês como "Mémoire et oubli. Lire avec Ricoeur", em Christian Delacroix, François Dosse e Patrick Garcia (eds.), *Paul Ricoeur et les sciences humaines*, Paris: La Découverte, 2007, p.231-48.

9 O original francês deste ensaio foi publicado em italiano como "Paratesto e preliminari. Cervantes e Avellaneda", em Marco Santoro e Maria Gioia Tavoni (eds.), *I Dintorni del testo*, Roma: Edizioni dell'Ateneo, 2005, p.137-48.

10 Publicado em francês como "Les auteurs n'écrivent pas les livres, pas même les leurs. Francisco Rico, auteur du Quichotte", *Agenda de la pensée contemporaine 7*, Primavera 2007: 13-27.

11 Publicado em francês como "Éditer Shakespeare (1623-2004)", 2004, *Ecdotica* 1: 7-23.

12 Publicado em francês como "Hamlet 1676. Le temps de l'oeuvre", em Jacques Neefs (ed.), *Le temps des oeuvres. Mémoire et préfiguration*, Vincennes: Presses Universitaires de Vincennes, 2001, p.143-54.

R. C.

Parte I:
O passado no presente

Capítulo 1

Escutar os mortos com os olhos

"Escutar os mortos com os olhos" [*Escuchar a los muertos con los ojos*].[1] Este verso de Quevedo nos vem à mente quando inauguramos uma cadeira dedicada aos papéis da palavra escrita nas culturas europeias entre o fim da Idade Média e os dias atuais. Pela primeira vez na história do Collège de France, uma cadeira é dedicada ao estudo das práticas da escrita, não no mundo antigo ou medieval, mas no longo intervalo de tempo de uma era moderna que pode estar se desenrolando ante nossos olhos. Um curso de estudos desse tipo teria sido impossível sem os trabalhos daqueles que transformaram profundamente as disciplinas que formam a base deste novo campo: a história do livro, a história dos textos e a história da cultura escrita. É recordando a minha dívida com dois desses estudiosos, que hoje não estão mais conosco, que eu gostaria de começar esta aula.

Há poucos historiadores cujos nomes estão ligados à invenção da disciplina. Henri-Jean Martin, que morreu em janeiro de 2007, é um

---

1 Este texto foi apresentado na aula inaugural da cadeira de "Escrita e Culturas no Início da Europa Moderna", proferida em 11 de outubro de 2007 no Collège de France.

desses poucos. *L'apparition du livre*, o livro que escreveu a pedido de e junto com Lucien Febvre, publicado em 1958, é com justiça considerado a obra fundadora da história do livro, ou pelo menos de uma nova história do livro. Conforme escreveu Febvre, Martin fez textos descerem "do céu à terra" mediante um estudo rigoroso das condições técnicas e legais de sua publicação, os fatores combinados de sua produção e a geografia de sua circulação. Em trabalhos que se seguiram a esse livro, Henri-Jean Martin jamais parou de ampliar o questionário, desviando a sua atenção para os ofícios e os ambientes do livro, mutações nas maneiras como os textos eram dispostos na página e sucessivas modalidades das formas de se ler. Fui seu discípulo sem ser seu aluno. Teria gostado de poder dizer a ele esta noite o quanto lhe devo, e também as memórias felizes que tenho das nossas buscas intelectuais conjuntas.

Há outra ausência, outra voz que precisamos "escutar com os nossos olhos" – a voz de Don McKenzie. Ele viveu entre dois mundos: Aotearoa, em seu país de origem, a Nova Zelândia, onde foi um incansável defensor dos direitos do povo maori, e Oxford, onde ocupou a cadeira de Crítica Textual. Exímio praticante da técnica erudita da "nova bibliografia", ensinou-nos a ir além dos seus limites, mostrando que o significado do texto, seja canônico ou comum, depende das formas que o tornam possível de ler, ou seja, das diferentes características da materialidade da palavra escrita. Para objetos impressos, isso significava o formato do livro, o *layout* da página, como o texto estava dividido, se havia ou não imagens incluídas, convenções tipográficas e pontuação. Ao fundamentar a "sociologia dos textos" no estudo de suas formas materiais, Don McKenzie não ignorou as significações intelectuais ou estéticas das obras. Ao contrário. E é dentro dessa perspectiva inaugurada por ele que situarei o meu caminho de estudo, esperando nunca separar a compreensão histórica dos escritos de uma descrição morfológica dos objetos que os contêm.

A MÃO DO AUTOR E A MENTE DO EDITOR   21

A estes dois corpos de trabalho, sem os quais esta cadeira jamais teria sido concebida, devo acrescentar um terceiro: o de Armando Petrucci, que está em Pisa e infelizmente não pôde estar conosco hoje. Focalizando as práticas que produzem ou mobilizam a palavra escrita e sacudindo as divisões clássicas – entre manuscrito e impresso, entre pedra e página, entre escritos comuns e obras literárias –, seu trabalho tem transformado a nossa compreensão de culturas escritas que se sucederam no decorrer do longo intervalo de tempo da história ocidental. Os trabalhos de Petrucci, dedicados ao domínio inconstante da escrita e das múltiplas possibilidades oferecidas pela "cultura gráfica" de uma era, são uma magnífica ilustração do elo necessário entre uma erudição escrupulosa e a espécie mais inventiva de história social. O que quero ressaltar aqui é seu ensinamento básico, que é sempre associar na mesma análise os papéis atribuídos à escrita, às formas e suportes da escrita e aos modos de leitura.

Henri-Jean Martin, Don McKenzie e Armando Petrucci: cada um deles teria estado em vias de assumir ou deveria ter assumido o lugar que agora ocupo diante de vocês. O acaso ou as vicissitudes da vida intelectual decretaram que fosse diferente. Seus trabalhos, construídos em campos muito diferentes (história do livro, bibliografia material, paleografia) estarão presentes em cada momento do ensino a que hoje darei início. Seguindo seus passos, tentarei compreender o lugar que a escrita tem ocupado dentro da produção do conhecimento, na troca de emoções e sentimentos, nas relações que homens e mulheres têm mantido entre si, consigo próprios ou com o sagrado.

Mutações atuais, ou os desafios da textualidade digital

A tarefa talvez seja urgente nos dias de hoje, numa época em que as práticas da escrita têm sido profundamente modificadas. Hoje

22 ROGER CHARTIER

encaramos transformações simultâneas nos suportes para a escrita, nas técnicas de reproduzir e disseminar obras e nas formas de leitura. Essa simultaneidade é inédita na história da humanidade. A invenção da imprensa não modificou a estrutura fundamental do livro, que era composto – tanto antes como depois de Gutenberg – de cadernos não costurados, folhas e páginas reunidos num único objeto. Nos primeiros séculos da era cristã, o códice, essa nova forma de livro, ganhou popularidade sobre o rolo, mas não foi acompanhado de uma transformação nas técnicas para reprodução de textos, ainda executada por copiagem à mão. Se a leitura passou por diversas revoluções, que historiadores registram e discutem, essas revoluções ocorreram durante o desenvolvimento do códice em longo prazo. Entre elas estiveram as conquistas medievais da leitura silenciosa e visual, a ânsia pela leitura que tomou conta da era do Iluminismo ou, começando no século XIX, a chegada de novos leitores das camadas populares da sociedade, dentre os quais mulheres e crianças, tanto dentro como fora da escola.

Ao romper a conexão anterior entre textos e objetos, e entre discursos e sua forma material, a revolução digital introduziu uma revisão radical dos gestos e das noções que associamos com a palavra escrita. Apesar da inércia de um vocabulário que tenta domar a novidade designando-lhe palavras familiares, os fragmentos de textos que aparecem na tela do nosso computador não são páginas, mas composições singulares e efêmeras. Ademais, diferentemente de seus predecessores, o rolo e o códice, o livro eletrônico não se destaca mais pela sua forma material evidente dos outros tipos de textos escritos.

A descontinuidade existe, mesmo dentro de aparentes continuidades. Ler encarando uma tela é uma leitura dispersa, segmentada, ligada ao fragmento, mais do que à totalidade da obra. E não estaria isso, nesse aspecto, numa linha de descendência direta das práticas permitidas e encorajadas pelo códice? O códice convidava o leitor a folhear os textos, fosse usando o índice fornecido ou lendo *à sauts*

A MÃO DO AUTOR E A MENTE DO EDITOR   23

et gambades, nas palavras de Montaigne. O códice nos convida a comparar passagens, como o faz uma leitura tipológica da Bíblia, ou a extrair e copiar citações e exemplos, como é exigido por uma compilação humanista de lugares-comuns. Ainda assim, uma semelhança morfológica não deve nos fazer perder o rumo. A descontinuidade e a fragmentação da leitura não têm o mesmo significado quando são acompanhadas por uma percepção da totalidade textual contida pelo objeto escrito e quando a tela iluminada que nos possibilita ler fragmentos de escritos não mais exibe os limites e a coerência do *corpus* do qual são extraídos.

Nossas interrogações brotam dessas rupturas decisivas. Como podemos manter o conceito de propriedade literária, definida desde o século XVIII com base em uma identidade perpetuada em obras que são reconhecíveis qualquer que seja sua forma de publicação, num mundo onde os textos são móveis, maleáveis, abertos e no qual todo mundo desejoso de escrever, como diria Michel Foucault, pode "conectar-se, buscar a frase, alojar-se, sem causar distúrbios em seus interstícios"? Como podemos reconhecer uma ordem de discurso, que tem sido sempre uma ordem de livros ou, em outros termos, uma ordem da palavra escrita associando intimamente a autoridade do conhecimento e a forma de publicação, quando possibilidades técnicas permitem, sem controles ou demoras, a circulação universal de opiniões e conhecimento, mas também de erros e falsificações? Como podemos preservar as formas de leitura que constroem significação com base na coexistência de textos num objeto único (um livro, uma revista, um jornal), enquanto o novo modo de conservação e transmissão de escritos impõe sobre a leitura uma lógica analítica e enciclopédica na qual cada texto não tem outro contexto senão aquele derivado de sua localização sob certo cabeçalho?

O sonho da biblioteca universal hoje parece estar mais próximo de se tornar realidade do que jamais esteve, mesmo na Alexandria dos Ptolomeus. A conversão digital de coleções existentes promete

24 ROGER CHARTIER

a constituição de uma biblioteca sem paredes na qual todas as obras já publicadas – todos os escritos que compõem o patrimônio da humanidade – possam ser acessíveis. Essa é uma ambição magnífica e, como escreve Borges, "quando foi proclamado que a Biblioteca incluía todos os livros, a primeira impressão foi de extravagante felicidade". A segunda reação pode muito bem ser uma questão sobre o que implica esta violência que sofrem os textos, dados para serem lidos em formas que não são mais aquelas nas quais os leitores do passado os encontraram. Poder-se-ia objetar que uma mudança desse tipo já tem precedentes e que foi em livros que não eram mais os rolos de sua primeira circulação que os leitores medievais e modernos se apropriaram das obras antigas – ou pelo menos daquelas que podiam ou queriam copiar. Pode muito bem ser verdade. Mas se queremos compreender os significados que os leitores davam aos textos dos quais se apropriavam, precisamos projetar, conservar e compreender os objetos escritos que os continham. A "extravagante felicidade" despertada pela biblioteca universal de Borges ameaça tornar-se uma amargura impotente se o seu preço for o da relegação – ou pior, da destruição – dos objetos impressos que, através dos séculos, nutriram os pensamentos e sonhos daqueles que os leram. A ameaça não é universal, e incunábulos nada têm a temer, mas o mesmo não é verdade para publicações mais humildes e mais recentes, sejam periódicas ou não.

Estas questões já foram incessantemente tratadas em inúmeros discursos que tentam conjurar, pela sua própria abundância, o anunciado desaparecimento do livro, da obra escrita e da leitura. O assombro de alguns perante as promessas jamais ouvidas de navegação entre os arquipélagos de textos digitais opõe-se à nostalgia por um mundo da palavra escrita que supostamente já perdemos. Mas será que precisamos realmente escolher entre entusiasmo e desespero? Para poder situar mais precisamente as *grandeurs et misères* das atuais mutações, pode ser útil recorrer à competência especial do historiador. Historiadores nunca foram bons profetas, mas às vezes, recordando que o presente é feito de passados em camadas ou emaranhados, têm sido capazes de contribuir para um diagnóstico mais lúcido das novidades que seduzem ou assustam seus contemporâneos. É essa audaz certeza que me dá coragem ao me postar à beira deste campo de estudos.

A tarefa do historiador

Lucien Febvre estava imbuído de uma audácia semelhante em 1933, quando, numa Europa ainda ferida pela guerra, deu a aula inaugural para a cadeira de História da Civilização Moderna. Seu vibrante apelo por uma história capaz de elaborar problemas e hipóteses não estava separado da ideia de que a história, como todas as ciências, "não é feita numa torre de marfim. É feita em meio à vida, e por seres vivos que se banham no século". Dezessete anos depois, em 1950, Fernand Braudel, que sucedeu Febvre na cátedra, voltou a insistir nas responsabilidades da história num mundo transtornado e privado das certezas que diligentemente reconstruíra. Para Braudel, era distinguindo as temporalidades articuladas características de cada sociedade que se torna possível compreender o permanente diálogo entre a *longue durée* e o *événement*, ou, nas suas palavras, os fenômenos situados "fora do alcance e das garras do tempo" e os "profundos intervalos além dos quais tudo muda na vida dos homens".

Se citei esses dois exemplos intimidadores é provavelmente porque as proposições desses dois generosos gigantes ainda podem guiar o trabalho do historiador. Mas é também para mensurar a distância que nos separa deles. Nossa obrigação não é mais reconstituir a história, como exigia um mundo duas vezes deixado em ruínas, e sim entender e aceitar melhor que os historiadores de hoje não possuem mais o monopólio das representações do passado. As insurreições da memória e as seduções da ficção proporcionam uma acirrada competição. Porém, esta não é uma situação totalmente nova. As dez peças escritas por Shakespeare que foram reunidas na edição em fólio de 1623 sob o título "Histórias" podem não estar conformes à poética aristotélica, mas claramente elaboravam uma história da Inglaterra mais forte e mais "verdadeira" do que a história narrada pelas crônicas das quais Shakespeare tirou sua inspiração. Em 1690, o dicionário de Furetière registrou, à sua maneira, essa mesma proximidade entre história verdadeira e ficção provável ao designar a História como "a narração de coisas ou ações conforme ocorreram, ou como poderiam ter ocorrido". Nos nossos próprios dias, o romance histórico, que tem se beneficiado plenamente dessa definição, assume a construção de passados imaginários com uma energia tão poderosa quanto aquela que habitava as obras teatrais nos tempos de Shakespeare ou Lope de Vega.

As exigências da memória, individual ou coletiva, pessoalmente vivenciadas ou institucionalizadas, também têm atacado as alegações do conhecimento histórico, julgadas frias e inertes pelo padrão da vívida relação que nos faz reconhecer o passado nas imediações de sua recordação. Como mostrou Paul Ricoeur de forma magnífica, a História não tem tarefa fácil quando a memória assume o controle da representação do passado e opõe sua força e autoridade aos "descontentamentos da historiografia", frase que Ricoeur toma emprestada de Yosef Yerushalmi. A história precisa respeitar as exigências da memória, que são necessárias para curar infinitas feridas, mas, ao mesmo tempo, ela deve reafirmar a especificidade do regime de conhecimento que comanda. Ela pressupõe o exercício da análise crítica, a confrontação entre as razões dos seus atores e as restrições das quais eles não estão cônscios e a produção de um conhecimento que permita operações controladas por uma comunidade científica. É ressaltando sua diferença em relação a discursos poderosos, ficcionais ou com base na memória,

A MÃO DO AUTOR E A MENTE DO EDITOR   27

que também tornam presente o que não mais está, que a História encontra-se em posição de assumir sua responsabilidade, que é tornar inteligíveis as heranças acumuladas e as descontinuidades fundamentais que fizeram de nós aquilo que somos.

Talvez seja um tanto paradoxal evocar, no começo de um curso de estudos históricos dedicados à palavra escrita, uma aula inaugural – a de Lucien Febvre – cujo objetivo era, precisamente, libertar a História da tirania dos textos e da sua ligação exclusiva com o escrever. Será que nos esquecemos das advertências daquele mestre quando declarou guerra a uma história pobre de *textuaires* (o termo é dele)? Sinceramente, espero que não. E, primeiro, porque meu objetivo será sempre ligar o estudo dos textos, quaisquer que sejam eles, com o estudo das formas que lhes conferem existência e um estudo das apropriações que os investem de significado. Febvre ria dos historiadores que eram como "camponeses que, quando se trata de terra fértil, pareciam apenas lavrar velhos cartulários". Não cometamos o mesmo erro esquecendo que a palavra escrita é transmitida aos seus leitores ou ouvintes por objetos ou vozes, a lógica material e prática que precisamos compreender. É isto a que se propõe esta cadeira, cujo título devo agora justificar.

Escrita e culturas na Europa moderna

Os limites da minha competência – ou melhor, a imensa extensão da minha incompetência – definem o espaço geográfico deste programa de pesquisa: a Europa. Mas tratar da Europa, e da Europa Ocidental em particular, não proíbe comparações com outras civilizações que também usaram a escrita e, em alguns casos, conheceram a imprensa. Não existe instituição mais favorável para uma abordagem deste tipo do que esta, que reúne eruditos que instituições tendem a manter separados. A Europa, portanto, mas a Europa moderna. Será que ouso afirmar que a ambiguidade do termo funciona a meu favor? No jargão dos historiadores, "moderno" aplica-se a um intervalo de três séculos ou mais. A "Idade Moderna" vai do século XV (deveríamos dizer da descoberta da América, da queda de Constantinopla ou da invenção da imprensa?) até as revoluções do fim do século XVIII, sendo a mais importante, evidentemente, a Revolução Francesa, se sustentarmos que ela teve um fim ou um início. Meu ensinamento será inscrito dentro dessa primeira Idade Moderna, que foi decisiva para a evolução das sociedades ocidentais, e cujo estudo jamais foi interrompido dentro destas paredes, a começar pela criação da cadeira de História da Civilização Moderna, ocupada por Lucien Febvre, depois por Fernand Braudel e continuando com os ensinamentos de Emmanuel Le Roy Ladurie, Jean Delumeau e Daniel Roche, que foi o mestre com quem aprendi o ofício de historiador exatamente como o faziam os aprendizes nas antigas oficinas. Mas, para nós, que acreditamos ser ou que ainda gostaríamos de ser "modernos", o termo é também um modo de designar nossos próprios tempos. Julgo esta definição igualmente aceitável, porque remete ao projeto básico subjacente a este curso de estudos: identificar os estratos de cultura escrita do passado no intuito de compreender mais acuradamente as mudanças que a afetam no presente.

Começando no século XV, e talvez mais cedo, o recurso à escrita desempenhou um papel essencial em diversas evoluções principais dentro das sociedades ocidentais. A primeira delas foi a construção de um estado baseado em justiça e finanças, que supõe a criação de burocracias, a constituição de arquivos e o desenvolvimento de comunicação administrativa e diplomática. É verdade que os detentores do poder não confiavam na escrita e que, de diversas formas, tentaram censurá-la e controlá-la. Mas também é verdade que essas mesmas pessoas no poder apoiaram de forma crescente o governo de territórios e povos por meio de correspondência pública, registros escritos, inscrições epigráficas e propaganda impressa. As novas

A MÃO DO AUTOR E A MENTE DO EDITOR 29

exigências dos procedimentos judiciários, a gerência de corpos e comunidades e a administração de provas multiplicaram, assim, o uso e as obrigações da escrita. A conexão entre experiência religiosa e os usos da escrita constitui outro fenômeno essencial. Escritos inspirados deixaram muitos traços: autobiografias espirituais e exames de consciência, visões e profecias, viagens místicas e narrativas de peregrinação, preces e conjurações. Em terras católicas (mas não exclusivamente nelas), esses testemunhos de fé preocupavam as autoridades eclesiásticas, que tentavam contê-los ou, quando pareciam transgredir os limites da ortodoxia, impedi-los ou destruí-los.

A imposição de novas regras de comportamento, exigidas pelo exercício absoluto do poder e difundidas por meio de instruções para a nobreza ou tratados de civilidade formulados por pedagogos e moralistas, também dependia da escrita. Uma profunda transformação da estrutura da personalidade, que Norbert Elias designa como um longo processo civilizatório, tornava obrigatório controlar as emoções e dominar os impulsos, distanciar-se do corpo e aumentar o nível de recato, transformando preceitos em comportamentos, normas em *habitus* e escritos em práticas.

Finalmente, durante o século XVIII, correspondência, leitura e conversação escrita levaram à emergência de uma esfera pública que foi primeiro estética, depois política, na qual todas as autoridades – os instruídos, os clérigos ou os príncipes – eram convocadas para discussão e sujeitas a exame crítico. Em "Uma resposta à questão: o que é o Iluminismo?", Kant baseia-se na confrontação de opiniões e propostas de reforma fundamentadas que surgem da circulação da palavra escrita com o projeto e a promessa de uma sociedade esclarecida na qual cada indivíduo, sem distinção de estado ou condição, podia ser leitor e autor, erudito e crítico.

Essas mudanças, que esbocei apenas em linhas gerais, não ocorreram no mesmo ritmo nas diferentes partes da Europa e não

30 ROGER CHARTIER

envolveram em igual medida a corte e a cidade, as classes letradas e as populares, ou, como teria sido dito no Século de Ouro na Espanha, o *discreto* e o *vulgo*. Isto pode contribuir para a perigosa imprudência que me fez usar, no título desta cadeira, o termo "culturas" (no plural) para designar a fragmentação social pela qual, de formas bastante diferentes e não uniformes, os usos da escrita e da capacidade de dominar as habilidades de escrever penetraram. Dentre as prolíferas definições da palavra "cultura", escolhi um sentido provisório – aquele que articula produções simbólicas e experiências estéticas, removidas das urgências da vida cotidiana, com as linguagens, os rituais e as condutas, graças às quais a comunidade vive e reflete sua relação com o mundo, com os outros e consigo mesma.

O que é um livro?

Circunscrito dessa maneira, o curso de estudos e pesquisa oferecido será organizado com base numa série de perguntas legadas a nós por predecessores proeminentes. Comecemos com a mais simples delas: "o que é um livro?". Em 1796, Kant colocou essa questão na "Doutrina da Lei", uma seção de sua *A metafísica dos costumes*. Ali ele estabelece uma distinção básica entre o livro como *opus mechanicum*, como objeto material que pertence à pessoa que o adquire, e o livro como discurso endereçado ao público, que permanece propriedade de seu autor e só pode ser posto em circulação por aqueles designados pelo autor. Essa afirmação sobre a natureza dual (material e discursiva), do livro, mobilizada para denunciar edições piratas na Alemanha de sua época, provê uma base sólida para várias linhas de inquirição.

Indagações genealógicas e retrospectivas focalizarão a longa história de metáforas para o livro – não tanto aquelas que falam do corpo humano, da natureza ou do destino como um livro, onde Cúrcio disse quase tudo o que havia para ser dito, mas sim aquelas que apresentam o livro como criatura humana, dotado de uma alma e um corpo. Na Espanha do Século de Ouro, a metáfora era usada para fins bastante diferentes: para refletir as duas figuras de Deus como editor, que põe sua imagem na prensa de impressão, de modo que "a cópia esteja de acordo com a forma que deveria ter", e que "queria ser agradado pelas muitas cópias de seu misterioso original", como escreveu o jurista Melchor de Cabrera em 1675; e a figura do impressor como demiurgo, que dá uma forma corporal apropriada à alma de sua criatura. Assim, Alonso Victor de Paredes, que estava bem familiarizado com o ofício, pois era impressor em Madri, declarou, por volta de 1680, no primeiro tratado sobre impressão composto em linguagem vernácula: "Um livro perfeitamente realizado consiste numa boa doutrina, apresentada pelo impressor e pelo revisor no arranjo que lhe seja mais apropriado, é o que sustento como sendo a alma do livro; e é uma fina impressão sob a prensa, limpa e feita com cuidado, que faz que eu o compare a um corpo gracioso e elegante".

Outras investigações fundamentadas na distinção de Kant seguirão a história do conceito paradoxal de propriedade literária, uma noção formulada numa variedade de formas durante o século XVIII. Foi somente quando as obras escritas foram desvinculadas de toda materialidade particular que as composições literárias puderam ser consideradas bens de propriedade. Isso levou ao oximoro que designa o texto como "coisa imaterial". E também levou à separação básica entre a identidade essencial da obra e a pluralidade indefinida de seus estados, ou, para usar o jargão da bibliografia material, entre "substantivos" e "acidentais"; entre o texto ideal e transcendente e as múltiplas formas de sua publicação. E levou também a hesitações históricas (que nos assolam até os dias atuais) concernentes às justificativas intelectuais e aos critérios de definição de propriedade literária, o que pressupõe que uma obra possa ser reconhecida como sempre idêntica a si mesma, independentemente do modo de sua publicação e transmissão. É essa base da propriedade imprescritível, mas transmissível, que os escritores têm de seus textos que Blackstone situou dentro da singularidade de linguagem e estilo, Diderot situou nos sentimentos do coração, e Fichte situou no modo sempre único como um autor liga ideias.

O que é um autor?

Em todos os casos, existe supostamente uma relação original e indestrutível entre uma obra e seu autor. Uma conexão desse tipo, porém, não é nem universal nem sem mediação, porque se todos os textos foram de fato escritos ou pronunciados por alguém, nem todos são atribuídos a um único nome próprio. Esta noção é subjacente a uma pergunta apresentada por Foucault em 1969 e retomada em *A ordem do discurso*, ou seja, "o que é um autor?". Sua resposta, que considera o autor um dos dispositivos que visam controlar a perturbadora proliferação de discursos, não esgota, na minha opinião, a força heurística da pergunta. Ela nos obriga a resistir às tentações de considerar universais, implícita e inapropriadamente, categorias cuja formulação ou uso têm variado enormemente ao longo da história. Duas linhas de pesquisa podem demonstrar isto.

A primeira será dedicada à escrita colaborativa (em particular no caso de obras teatrais dos séculos XVI e XVII) e contrastará a frequência desta prática com a lógica da publicação impressa, que prefere o anonimato ou o nome de um só autor, e com a lógica literária e social que reúne num volume único os textos de um dado escritor, às vezes acompanhado de notas biográficas. Foi isso que aconteceu no caso de Shakespeare na edição de Rowe de 1709 ou na edição londrina em castelhano do *Dom Quixote*, de Cervantes, feita por Mayans y Síscar e publicada por Tonson em 1738. A construção de um autor com base na reunião de suas obras, ou dando-lhes uma encadernação para

A MÃO DO AUTOR E A MENTE DO EDITOR 33

formar um volume ou um corpus, opõe-se ao processo de disseminar obras sob a forma de citações ou extratos.

Há muitos exemplos que ilustram a modalidade dual da circulação de textos, começando por Shakespeare. Se o fólio de 1623 inaugurou a canonização da dramaturgia, já em 1600 extratos de *O estupro de Lucrécia, Vênus e Adônis* e cinco de suas peças apareceram em livros vulgares totalmente compostos por obras de autores que haviam escrito e ainda escreviam em inglês em vez de latim. No primeiro deles, o *Belvedere, ou O jardim das musas*, são dados trechos que não são atribuídos a nenhum dos escritores listados no cabeçalho da obra; no segundo, intitulado *Parnaso da Inglaterra*, excertos são seguidos pelos nomes de seus autores. Esse exemplo demonstra as contradições ou hesitações de uma genealogia da "função do autor", como a chamou Foucault, bem como sugere que se busque a inquirição, reconhecendo outras formas de fragmentação de textos na era das obras completas, desde os *esprits* do século XVIII, que destilavam textos como se fossem perfumes, até os *morceaux choisis* que enchem os livros escolares.

A segunda linha de pesquisa focalizará os conflitos que dizem respeito ao nome do autor e à paternidade de textos num tempo em que, antes do estabelecimento da propriedade literária, no qual as histórias pertenciam a todo mundo, o florescente gênero de livros vulgares circulava exemplos prontos para serem reutilizados, e o plágio não era juridicamente considerado crime – ao contrário das edições piratas, que configuravam crime e eram definidas como violação do privilégio do livreiro ou "direito em cópia". Como, então, devemos entender a polêmica sobre continuações apócrifas (estou pensando na de *Dom Quixote* pelo inescrupuloso Fernández de Avellaneda), ou as queixas sobre usurpações de identidade de autores famosos com o objetivo de vender livros escritos por outras mãos (tal como a queixa de Lope de Vega quando seu nome foi usado por editores de *comedias* que não eram suas e que ele julgava detestáveis), ou a condenação por roubo de textos, obras teatrais ou sermões confiados à memória ou, na Inglaterra pelo menos, anotados usando-se um ou outro método de estenografia que já estava em circulação desde o final do século XVI?

Respostas a essas perguntas obviamente envolvem articular os princípios, que diferiam de um período histórico para outro, que governam a ordem do discurso e os igualmente diversificados regulamentos e convenções que governavam a ordem dos livros, ou, mais genericamente, os modos como os escritos eram publicados. Ao fazê-lo, podemos traçar os limites entre o que era aceitável e o que não era, dentro de uma situação histórica na qual, de início, a propriedade de obras não era detida pelo seu autor e na qual a originalidade não era o primeiro critério que comandava sua composição ou sua apresentação.

Cultura escrita e literatura

Refletir sobre as formas de categorizar textos ou sobre a natureza dual do livro também sugere uma terceira questão que o historiador levanta com certo grau de apreensão: a questão das relações entre a história da palavra escrita e a literatura. Ainda assim, não há história de longa duração das culturas escritas que possa evitar os fortes laços de dependência entre textos pragmáticos e práticos sem nenhuma qualidade particular e os textos habitados pelo estranho poder de inspirar sonhos, produzir pensamentos e despertar desejos. Devem os historiadores retroceder e permanecer no terreno que lhes é mais familiar? Durante muito tempo assim pensaram, punidos por severos chamados à ordem dirigidos a alguns poucos membros imprudentes de sua tribo.

Minhas aulas e pesquisa, porém, serão animadas por uma imprudência similar. Existem ao menos duas boas razões para tanto. A

A MÃO DO AUTOR E A MENTE DO EDITOR   35

primeira brota da impossibilidade de aplicar retrospectivamente as categorias que, desde pelo menos o século XVIII, têm sido associadas com o termo "literatura", que tinha um significado completamente diferente antes dessa época. Entender obras escritas de acordo com definições mais antigas em vez de ter como base distinções contemporâneas, estabelecer relações morfológicas inesperadas (por exemplo, como fez Armando Petrucci entre registros notariais e manuscritos poéticos de autores do *Trecento*), conectar discursos eruditos ou o discurso da ficção com as técnicas de leitura e escrita que tornam cada um possível – essas exigências todas nos alertam para o primeiro pecado capital de um historiador, que é esquecer diferenças ao longo do tempo.

Há uma segunda razão para minha temeridade. Posso culpar Borges por ela, uma vez que ele escreveu num prólogo para *Macbeth*: "'A arte acontece', declarou Whistler, mas a ideia de que nunca terminaremos de decifrar o mistério estético não proíbe um exame dos fatos que o tornaram possível" [*los hechos que lo hicieron posible*]. Se Borges está certo, cada um de nós pode e deve tomar parte no exame dos "fatos" que dão a certos textos, mas não a todos eles, uma perpétua força de encantamento. As próprias ficções de Borges – em particular "O espelho e a máscara" – acompanhavam a definição do presente curso de estudos em todos os seus estágios. Como se estivesse criando um modelo ao mesmo tempo implacável e habitado pela graça, nessa ficção Borges varia todos os elementos que governam a escrita e a recepção de um determinado texto. Três vezes o poeta Ollan retorna perante seu rei conquistador para presenteá-lo com uma ode de louvor. E três vezes muda a natureza de sua audiência (as pessoas, os cultos, o soberano sozinho), bem como o modo de publicação do poema (imitação, invenção, inspiração), a estética da composição (imitação, invenção, inspiração) e a relação estabelecida entre palavras e coisas, entre o verso do poeta e os importantes feitos do rei, sucessivamente inscritos dentro dos

36   ROGER CHARTIER

regimes de representação, *ekphrasis*, e do sagrado. Com o terceiro poema, que consiste em uma linha apenas, murmurada e misteriosa, o poeta e seu rei conhecem a beleza. E precisam expiar esse favor proibido aos homens. O poeta havia recebido um espelho em pagamento pela primeira ode, que refletia a literatura inteira da Irlanda, e uma máscara pela segunda, que tinha a força da ilusão teatral. Com a adaga, que é o presente final de seu rei, o poeta se mata. Quanto ao soberano, ele se condena a vagar pelas terras que haviam sido seu reino. Invertendo os papéis usuais, Borges é o homem cego que nos mostra no fulgor poético da fábula que as qualidades mágicas da ficção sempre dependem das normas e práticas de escrita que as habitam, as assumem e as transmitem.

Talvez seja esse pensamento que explique o lugar crescentemente importante que a literatura em castelhano – seja a literatura do Século de Ouro ou, às vezes, a dos nossos próprios tempos – tem ocupado em meu trabalho. As casualidades de viagens e as obrigações de ensino, bem como a atração de encontros e amizades, têm tido parte nisto, e uma parte grande. No entanto, há mais. Como notou Erich Auerbach com sua habitual acuidade, as obras do Século de Ouro Espanhol são marcadas por "um constante esforço de poetização e sublimação do real", ainda mais forte que entre os elisabetanos, seus contemporâneos. Essa estética, "que inclui a representação da vida cotidiana, mas não faz disto uma meta, indo além", tem um efeito particular que pode ser sentido em muitíssimos trabalhos, que é o de transformar na própria matéria de ficção os objetos e práticas da escrita. As realidades da escrita ou da publicação, as modalidades de leitura ou escuta são, portanto, transfiguradas para fins dramáticos, narrativos ou poéticos.

Um exemplo. Quando entramos na Serra Morena com Dom Quixote, encontramos um objeto que a história da cultura escrita esqueceu, o *librillo de memoria*, que a tradução francesa do século XVII apresenta como *tablettes*. Podia-se escrever em tal *librillo de memoria* sem pena e tinta, e a escrita em suas páginas, que eram cobertas com um fino revestimento envernizado, podia ser facilmente apagada, permitindo que as páginas fossem usadas novamente. Essa é a real natureza do objeto abandonado por Cardênio, o jovem nobre andaluz que também se retirou para a mesma solidão montanhosa, em cujas páginas Dom Quixote, por falta de papel, escreve uma carta para Dulcineia e outra em forma de letra de câmbio para Sancho Pança. Mas, poder-se-ia perguntar, é tão importante identificar a natureza material desse modesto objeto e ressaltar que não era um caderno comum, um simples relato de viagem, ou diário, como propuseram traduções recentes? Não se trata apenas de uma curiosidade de antiquário, um detalhe insignificante para o leitor que deseje acessar o "mistério estético" da obra?

Talvez não. Ao permitir que se escreva e apague esse registro, o traço e seu desaparecimento, o *librillo* de Cardênio é como uma metáfora material para as múltiplas variações sobre o tema da memória e do esquecimento que entram obsessivamente nos capítulos da Serra Morena. Sancho, que alega esquecer até mesmo seu nome e não sabe ler nem escrever, é, não obstante, uma criatura de memória. Sancho, o *memorioso*, fala apenas em máximas e provérbios. Dom Quixote tem a memória dos cavaleiros de literatura, os quais ele imita em tudo, e constantemente escava a memória livresca para dar sentido às desventuras que o assolam. Localizado entre uma memória sem livros e livros que são memória, o *librillo de memoria* de Cardênio é um objeto contraditório, ou, conforme a definição no dicionário castelhano publicado pela Real Academia no começo do século XVIII, "anota-se tudo que não se quer confiar à fragilidade da memória, e que se apaga depois para que suas folhas possam ser usadas de novo". Nas páginas dessas "tabuletas de escrita", contrariando o adágio, *verba manent* e *scripta volant*. Assim como o esquecimento é a condição da memória, o apagar é a condição do escrever.

O *librillo* de Cardênio representa, portanto, a fragilidade deplorável e necessária de toda escrita. Em *Dom Quixote*, a palavra escrita está sempre à espera da eternidade, mas nunca está protegida contra a perda e o esquecimento. Poemas escritos na areia ou em troncos de árvores desaparecem, as páginas das "tabuletas de escrita" são apagadas, e manuscritos por pouco, como aquele que relata as investidas do cavaleiro errante, que teria sido deixado inacabado não fossem um historiador árabe e seu tradutor mouro. Um retorno ao texto de Cervantes sugere que, às vezes, quanto mais a história material da palavra escrita oferece uma entrada para o mais canônico, mais frequentemente as obras comentadas realçam razões desprezadas para sua mágica. E é também para indicar que nas minhas aulas, e sem qualquer pretensão da minha parte à dignidade de um hispanista, ilustrado no Collège de France por grandes exemplos, espero tornar audíveis as vozes de escritores que escreveram na língua sobre a qual o gramático Antonio de Nebrija disse, em 1492, que era a menos imperfeita, porque nela não havia lacuna entre o que se escreve e o que se pronuncia.

Produção de texto, instabilidade de significado, autoridade da palavra escrita

Como outros e melhor que outros, os autores espanhóis do Século de Ouro tinham consciência dos processos que são objeto de qualquer história da cultura escrita. Três deles são essenciais. O primeiro é criado pela pluralidade das operações usadas na publicação de textos. Autores não escrevem livros, nem sequer seus próprios livros. Livros, sejam manuscritos ou impressos, sempre são resultado de múltiplas operações que supõem uma ampla variedade de decisões, técnicas e habilidades. Por exemplo, no caso de livros impressos na época do "antigo regime tipográfico", entre os séculos XV e XVIII,

A MÃO DO AUTOR E A MENTE DO EDITOR   39

esse processo envolvia a produção de uma "cópia correta" do manuscrito do autor por um escriba profissional; o exame dessa cópia pelos censores; as escolhas feitas pelo livreiro/editor quanto ao papel a ser usado, o formato escolhido e a tiragem; a organização do trabalho de composição e impressão na gráfica; a preparação da cópia por um editor de cópia, então a composição do texto pelos compositores; a leitura das provas por um revisor; e, finalmente, a impressão dos exemplares, que, na época da prensa manual, permitia novas correções durante o processo de impressão. O que acontecia aqui não era, portanto, apenas a produção de um livro, mas a produção do texto em si em suas formas material e gráfica.

É essa realidade que Dom Quixote encontra quando visita uma gráfica em Barcelona e vê "a tiragem das folhas em um local, a correção das provas em outro, a montagem dos tipos aqui, a revisão ali – em suma, todos os processos [*la máquina*] que podem ser vistos numa grande gráfica". No século XVII, tratados e memórias dedicados à arte tipográfica insistiam nessa divisão de tarefas, na qual autores não desempenhavam um papel principal. Em 1619, Gonzalo de Ayala, que era ele próprio um revisor de provas de prelo, afirmou que o revisor "deve saber gramática, ortografia, etimologias, pontuação e a disposição dos acentos". Em 1675, Melchor de Cabrera, um jurista com quem já travamos contato, ressaltou que o compositor deve saber como

[...] colocar pontos de interrogação, pontos de exclamação e parênteses, porque frequentemente a intenção dos escritores fica pouco clara se esses elementos, necessários e importantes para a inteligibilidade e compreensão do que está escrito ou impresso, estão ausentes, porque se um ou outro está faltando, o significado é alterado, invertido ou transformado.

40 ROGER CHARTIER

Alguns anos depois, Alonso Víctor de Paredes afirmou que o revisor deve "compreender a intenção do Autor naquilo que ele envia para a gráfica, não só para introduzir pontuação adequada, mas também para ver se o autor não cometeu negligências, de modo a aconselhá-lo acerca delas". A forma e o aspecto do texto impresso não dependiam, portanto, do autor, que delegava decisões sobre pontuação, acentos e ortografia àqueles que preparavam a cópia ou compunham as páginas. A historicidade básica de um texto chegava a ele a partir de negociações entre a ordem do discurso que governava a obra, seu gênero e *status*, e as condições materiais de sua publicação.

Isso era verdade a ponto de o papel dos homens na gráfica muitas vezes não parar por aí. Eles também eram encarregados de fazer o projeto da cópia, de modo que os livros, ou pelo menos certos livros, pudessem ser compostos não segundo a ordem do texto (que manteria os caracteres compostos no lugar por um tempo longo demais, deixando os trabalhadores sem nada para fazer), mas por *formes* [formas] – isto é, montando os tipos para todas as páginas que deveriam ser reunidas num único quadro de madeira, ou *forme*, de modo a serem impressas do mesmo lado da folha. Por exemplo, para um livro publicado em quarto, no qual cada caderno era formado de duas folhas impressas (como era o caso do *Dom Quixote* em 1605), uma *forme* continha as páginas 1, 4, 13 e 16. A impressão de um lado de uma folha podia, portanto, começar mesmo enquanto todas as páginas do mesmo caderno ainda não haviam sido montadas em tipos. Isso requeria um projeto prévio do texto-cópia e uma divisão acurada do texto nas futuras páginas impressas, o que não era tarefa fácil, especialmente porque, como Alonso Víctor de Paredes tão bem formulou, *"no son Angeles los que cuentan"* [os que contam não são anjos]. Se o texto fosse dividido de forma errada, a composição da página final do caderno exigiria ajustes que poderiam até incluir, como observa sarcasticamente nosso editor, "o uso de procedimentos feios, que não são permitidos", referindo-se à adição ou supressão de palavras ou frases,

A MÃO DO AUTOR E A MENTE DO EDITOR **41**

o que não se devia em nada aos desejos do autor, e sim à dificuldade do compositor ou às decisões do revisor. Como demonstrou brilhantemente Francisco Rico com base em cerca de uma centena de cópias de prelo, o exame de acréscimos ou cortes feitos em suas páginas oferece exemplos espetaculares das alterações de texto envolvidas na técnica de composição por *formes*.

Uma vez preparada dessa maneira, a cópia, chamada de *original* em castelhano (como se o manuscrito do autor não o fosse), era então transformada ou distorcida por outras operações na gráfica. Compositores habitualmente introduziam diversos erros: letras ou sílabas invertidas, palavras deixadas de fora, linhas omitidas. Mais que isso, o mesmo texto-cópia, lido por diferentes revisores ou compositores, podia carregar perceptíveis variações nas páginas impressas no uso de pronomes, decisões gramaticais ou ortografia. Decididamente, os autores não escreviam seus livros, mesmo que alguns deles de fato interviessem em algumas edições de suas obras e tivessem total consciência dos efeitos das formas materiais de seus textos. Será que essa situação é diferente agora que os livros são geralmente impressos com base num texto redigido e corrigido pelo autor na tela de seu computador? Talvez, mas isso não significa que as decisões, intervenções e mediações que distinguem a publicação da simples comunicação tenham desaparecido na publicação "mediada por processos eletrônicos".

Se essa era a situação, quem era o dono do significado? O leitor, "aquele *alguém* que mantém unidos em um campo todos os traços que constituem a obra escrita", como diz Roland Barthes? Na verdade, mobilidade de significado é a segunda instabilidade que incomodava ou inspirava os autores que acompanham nossas investigações. No prólogo à *Tragicomedia de Calisto y Melibea*, mais conhecida pelo título *La celestina*, Fernando de Rojas atribuiu diferentes interpretações da obra à diversidade de idades e humores de seus ouvintes:

Alguns a tornam um relato de viagem. Outros escolhem ditos espirituosos e provérbios conhecidos, tomando o cuidado de elogiá-los bem, negligenciar o que se aplicaria a eles e lhes seria extremamente útil. Mas aqueles para quem tudo é verdadeiro prazer rejeitam a anedota repetível, retêm o âmago dela para seu proveito, riem das piadas e mantêm na memória os pronunciamentos e máximas dos filósofos para aplicá-los, na hora certa, a seus atos e planos. Logo, caso dez pessoas nas quais exista igual quantidade de humores diferentes, como sempre costuma acontecer, se juntem para ouvir esta comédia, pode-se negar que haja motivos de discussão sobre assuntos que podem ser entendidos de tantas maneiras?

Quase cinco séculos depois, Borges atribui variações no significado de obras literárias a modificações na forma de ler num tom bastante parecido:

> A literatura é algo inexaurível, pela simples e suficiente razão de que um único livro é inexaurível. O livro não é uma entidade fechada: é uma relação; é um centro de inúmeras relações. Uma literatura difere de outra, anterior ou posterior a ela, menos pelo texto do que pelo modo como é lida.

Com tais autoridades, mal existe necessidade de buscar justificativa das razões por trás do amplamente compartilhado projeto de uma história da leitura, ou da validade heurística da noção de apropriação, que se refere tanto às categorias intelectual e estética dos diferentes públicos como aos gestos, hábitos e convenções que regulam suas relações com a palavra escrita.

A terceira tensão que corre através da história da cultura escrita jaz entre as autoridades, que pretendem impor seu controle ou seu monopólio sobre a palavra escrita, e todos aqueles homens, e ainda mais mulheres, para quem saber ler e escrever era uma promessa de

A MÃO DO AUTOR E A MENTE DO EDITOR   43

um controle mais seguro sobre seu destino. Todo dia, para o pior e para nossa vergonha, a crueldade das nossas sociedades em relação àqueles que são excluídos da escrita, e em relação àqueles a quem a miséria e a brutalidade mundanas das leis deixaram sem documentação, recorda-nos a importância ética e política do acesso à escrita. O que também significa, seguindo o exemplo erudito e crítico dado por Armando Petrucci e Don McKenzie, que estudar como historiador os confrontos entre o poder sobre a escrita estabelecido pelos poderosos e o poder que sua aquisição confere ao mais fraco é opor à violência exercida pela escrita sua habilidade de fundamentar, como afirmou Vico em 1725, "a faculdade dos povos de controlar a interpretação dada pelos chefes à lei".

Seja em forma impressa ou manuscrita, a palavra escrita há muito foi investida de um poder ao mesmo tempo temido e desejado. A base dessa ambivalência pode ser lida no texto da Bíblia, com a dual menção do livro comido que aparece em Ezequiel 3:3: "Filho do homem, [Deus] então disse a mim, alimenta tua barriga e enche teu estômago com este rolo que eu te dou. Eu o comi e foi doce como o mel na minha boca". Isso ecoa em Apocalipse 10:10: "Peguei o livrinho da mão do anjo e o comi. E ele pareceu doce como o mel na minha boca, mas quando o engoli no meu estômago ele ficou amargo". O Livro dado por Deus é amargo, como o conhecimento do pecado, e doce, como a promessa de redenção. A Bíblia, que contém o Livro do Apocalipse, é ela mesma um livro poderoso, um livro que protege e conjura, protege do mal, afasta encantos malévolos. Ao longo da cristandade, ela foi objeto de usos propiciatórios e protetores que não pressupunham necessariamente a leitura do seu texto, mas exigiam sua presença material perto do corpo.

E também ao longo da cristandade, o livro da magia foi investido de uma carga similar de sacralidade, que dá conhecimento e poder à pessoa que o lê, mas que, na mesma moeda, a subjuga. Isso era expresso de dois modos: primeiro, na linguagem da possessão

44 ROGER CHARTIER

demoníaca; depois, na linguagem da loucura trazida pela leitura excessiva. O perigo do livro da magia logo se estendeu a todos os livros e à leitura de todos os tipos, na medida em que a leitura absorve o leitor, o distancia dos outros e o encerra dentro de um mundo quimérico. A única defesa para qualquer um que deseje permanecer senhor do poder dos livros sem sucumbir à sua força é torná-los seus, copiando-os.

A palavra escrita era, portanto, o instrumento de poderes formidáveis e temíveis. Calibã conhece isso muito bem e pensa que o poder de Próspero será destruído se seus livros forem tomados e queimados: "Queimai seus livros!". Mas os livros de Próspero são, na verdade, um único livro, o livro que lhe permite sujeitar a Natureza e seus semelhantes à sua vontade. Esse poder demiúrgico é uma ameaça terrível para a pessoa que o exerce, e copiar nem sempre é suficiente para afastar o perigo. O livro deve desaparecer, afogado no fundo do mar: "E mais fundo que jamais se emita som / afogarei meu livro" (*A tempestade*, V, 1, II, 55-6). Três séculos depois, segundo a imaginação de Borges, foi em outras profundezas, aquelas dos depósitos das bibliotecas, que precisou ser enterrado um livro que, embora feito de areia, era assim mesmo inquietante.

Essa inquietude era acompanhada, do século XV em diante, pelas muitas condenações que forneciam um contraponto para as celebrações da invenção de Gutenberg, estigmatizando erros de compositores, a ignorância dos revisores ou a desonestidade dos livreiros ou editores, porém, ainda mais, a profunda corrupção de textos por leitores incapazes de compreendê-los. Em *El sueño del infierno*, de Quevedo, os livreiros são enviados à danação eterna por terem posto nas mãos de leitores ignorantes livros não destinados a eles:

> Nós, livreiros, nos condenamos todos por livros imprestáveis de outros e porque vendemos a preço baixo livros latinos traduzidos para o vernáculo, graças aos quais estultos alegam um conhecimento

A MÃO DO AUTOR E A MENTE DO EDITOR

que um dia foi valioso apenas para os instruídos – com o resultado de que hoje o lacaio mete-se a latinizar, e Horácio em castelhano se espalha pelos estábulos

Levantar questões referentes à autoridade atribuída ou negada à escrita e sobre brigas em torno do confisco ou divulgação de seus poderes talvez não deixe de ter pertinência para uma compreensão do momento presente. O fluxo contínuo de textualidade digital na tela do computador, na verdade, torna menos perceptível de imediato, em comparação com a ordem hierárquica do mundo dos textos impressos, a desigual credibilidade dos discursos, assim expondo a falsificações os leitores menos avisados.

O crédito concedido à palavra escrita, para melhor ou pior, e suas conquistas em todos os domínios da experiência social não podem ser separados do outro lado da moeda, uma durável nostalgia pela oralidade perdida. Apontar expressões dessa nostalgia é outra das tarefas de uma história de longa duração da cultura escrita. Os temas envolvidos nessa tarefa são muitos: entre outros, há uma irredutível diferença entre a vivacidade da troca oral e a morosidade de sua transcrição. Foi isso que induziu Molière a afirmar, com referência às várias edições de suas peças: "Não aconselho que isto seja lido exceto a pessoas que têm olhos para descobrir na leitura toda a interação do teatro". Outro tema é a estreita relação entre a palavra escrita e a pronúncia. Depois que os editores estabeleceram a duração desigual de pausas indicadas pelo *point à queue ou virgule* (vírgula), *comma* (dois pontos) ou *point rond* (ponto final) em *La ponctuation de la langue française*, de Étienne Dolet, publicado em 1540, esse desejo de oralidade levou a uma busca por uma maneira de marcar um texto escrito para mostrar diferenças de intensidade, de modo a dizer ao leitor – para seu próprio benefício ou de outros – para erguer a voz ou destacar certas palavras. O costume de tomar emprestados pontos de exclamação ou de interrogação e o uso de maiúsculas no começo de uma

46 ROGER CHARTIER

palavra eram técnicas que ajudavam o leitor a "acomodar" sua voz, como escreveu Ronsard. Entender como páginas mudas eram capazes de capturar e reter algo da fala viva é uma das coisas que este curso espera conseguir, comparando projetos para a reforma da ortografia (dos quais houve muitos na Europa do século XVII), as práticas de compositores e revisores e, em certos casos, os jogos com marcas de pontuação exigidas pelos próprios autores.

Princípios de análise

A autoridade da palavra escrita (seja ela afirmada ou contestada), a mobilidade de significado, a produção coletiva de textos: esses aspectos proporcionam o pano de fundo sobre o qual eu gostaria de inscrever os motivos mais especializados que serão os tópicos das minhas aulas. Estas empregarão vários princípios de análise. O primeiro situa a construção do significado de textos entre restrições transgredidas e liberdades refreadas. As formas materiais da palavra escrita ou das competências culturais de leitores marcarão sempre os limites da compreensão. Mas a apropriação é sempre criativa, a produção de uma diferença, a proposição de um significado que pode ser inesperado. Removida de todas as perspectivas, há muito dominantes, que ligavam o significado de textos especialmente ao desdobramento automático e impessoal da linguagem, uma abordagem desse tipo visa reconhecer a articulação entre uma *diferença* – a diferença pela qual todas as sociedades, de modos variados, têm definido um domínio especial de produções textuais, experiências coletivas ou prazeres estéticos – e *dependências* – aquelas que inscrevem criações literárias ou intelectuais dentro dos discursos e práticas do mundo social que as tornou possíveis e inteligíveis. A recente conexão entre disciplinas há muito estranhas entre si (crítica textual, história do livro, sociologia cultural) tem, portanto, uma meta básica:

A MÃO DO AUTOR E A MENTE DO EDITOR   47

compreender como as apropriações particulares e inventivas dos leitores, ouvintes ou espectadores dependem de uma combinação dos efeitos de significados buscados pelos textos, usos, sentidos impostos pelas formas de sua publicação e competências e expectativas que governam a relação de cada comunidade interpretativa com a cultura escrita.

Um segundo princípio metodológico de análise necessário para uma tarefa que é fundamentalmente (mas não exclusivamente) um estudo de textos nos conduz de volta para o conceito de representação na dimensão dual reconhecida por Louis Marin: uma "dimensão 'transitiva' ou transparência de enunciado [*énoncé*], [na qual] toda representação *representa* algo; e uma dimensão 'reflexiva' ou opacidade enunciativa, [na qual] toda representação *se apresenta* representando algo". À medida que se passaram os anos e obras se seguiram umas às outras, a noção de representação veio quase a designar, em si mesma, a abordagem à história cultural subjacente a este programa de estudos. Trata-se de um comentário pertinente, mas que não deve levar a mal-entendidos. Conforme eu entendo essa noção, ela não é desligada nem da realidade nem do social. Ela ajuda os historiadores a se desfazer de sua "muito magra ideia do real", como escreveu Foucault, enfatizando a força das representações, sejam elas interiorizadas ou objetivadas. Essas representações não são apenas imagens acuradas ou enganosas de uma realidade supostamente externa a elas. Elas possuem uma energia própria que nos persuade de que o mundo, ou o passado, é de fato o que elas dizem que é. Produzidas em toda sua diferença pelas fraturas que correm através das sociedades, as representações podem, por sua vez, produzir ou reproduzir outras fraturas. Buscar a história da cultura escrita dando-lhe como pedra angular a história das representações é, portanto, ligar o poder dos escritos que as tornam disponíveis para leitura – ou escuta – às categorias mentais socialmente diferenciadas que elas impõem e que são as matrizes para classificações e julgamentos.

48 ROGER CHARTIER

Um terceiro princípio de análise consiste em colocar obras singulares ou os corpos de textos que são objeto de estudo no ponto de intersecção dos dois eixos que organizam toda investigação de história cultural ou sociologia cultural. O primeiro é um eixo sincrônico, que nos permite situar todo texto escrito dentro de seu tempo ou seu campo e que o coloca em relação a outros trabalhos contemporâneos a ele que pertençam a diferentes formas de experiência. O outro é um eixo diacrônico, que inscreve a obra dentro do passado do gênero ou da disciplina. Nas ciências mais exatas, a presença do passado geralmente se refere a intervalos de tempo breves, ocasionalmente muito breves. O mesmo não é verdade para a literatura ou para as humanidades, para as quais a maioria dos passados antigos é sempre, de algum modo, ainda um presente vivo, do qual novas criações tiram inspiração ou se desligam. Que romancista contemporâneo não conhece o *Dom Quixote*? E que historiador poderia lançar um curso dentro destas paredes sem citar pelo menos uma vez a grande sombra de Michelet? Nem Febvre nem Braudel deixaram de fazê-lo. Nem Daniel Roche. E eu, de minha parte, acabei de fazê-lo.

Pierre Bourdieu viu nessa contemporaneidade de sucessivos passados uma das características inatas dos campos de produção e consumo cultural: "a história inteira do campo é imanente no funcionamento do campo, e para ser capaz de responder a suas exigências objetivas como produtor, mas também como consumidor, é preciso ter um domínio prático ou teórico dessa história". Essa posse ou sua ausência distingue o culto do inculto e contém as diversas relações que toda nova obra mantém com o passado: imitação acadêmica, restauração *kitsch*, retorno aos antigos, ironia satírica e ruptura estética. Quando Cervantes pegou livros de cavalaria andante como alvos de suas paródias, mas também romances pastorais (como quando Dom Quixote se torna o pastor Quijotiz) e autobiografias picarescas (com as alusões à história de vida redigida pelo escravo da galé Ginés de

A MÃO DO AUTOR E A MENTE DO EDITOR   49

Pasamonte), ele instalou dentro do presente de seu escrito três gêneros com esquemas de tempo muito diferentes, em contraste com os quais ele inventa um novo meio de escrever ficção, concebendo-o, como escreve Francisco Rico, "não no estilo artificial da literatura, mas na prosa doméstica da vida". Dessa maneira, ele – o *ingenio lego*, o gênio ignorante – mostra que os cultos não são os únicos a fazer bom uso da história das formas e gêneros literários.

Excesso e perda

Um temor contraditório habitava a Europa moderna e ainda nos atormenta. Por um lado, há medo de uma proliferação incontrolada de obras escritas, as pilhas de livros inúteis, a desordem do discurso. Por outro lado, há um medo de perda, de ausência e de esquecimento. Planejo dedicar minhas primeiras aulas aqui a essa segunda preocupação. Inspirado por um projeto um pouco no estilo de Borges, elas focalizarão uma obra que desapareceu e da qual não temos nem o manuscrito nem uma versão impressa. Ela foi apresentada duas vezes na corte da Inglaterra em 1612 ou 1613. Ordens de pagamento para a companhia que apresentou a peça, a King's Men [Homens do Rei], indicam o título da obra, *Cardênio*, e nada mais. Quarenta anos mais tarde, em 1653, Humphrey Moseley, um livreiro londrino ansioso para suprir seus leitores com os trabalhos dramáticos que haviam sido proibidos de serem apresentados durante os tempos revolucionários da Guerra Civil, quando os teatros foram fechados, registrou seus direitos sobre a obra, indicando para o secretário da Stationers' Company [Companhia dos Papeleiros], a guilda de livreiros e editores, os nomes dos dois autores da obra: "*The History of Cardenio, by Mr. Fletcher & Shakespeare*". A peça nunca foi impressa e, no século XVIII, como um fantasma, começou a assombrar as paixões e imaginações de editores e estudiosos de Shakespeare.

50   ROGER CHARTIER

Duas ordens de pagamento, uma entrada no registro de um livreiro, uma peça que desapareceu. É um começo bastante escasso. Ainda assim, pode-nos permitir formular algumas das perguntas mais básicas numa história da palavra escrita focalizando a mobilidade de obras de uma língua para outra, de um gênero para outro e de um lugar para outro. Foi, de fato, apenas um ano antes das apresentações de *Cardênio* que a tradução inglesa do *Dom Quixote* foi impressa, feita por Thomas Shelton, um católico, e publicada, em 1612, por Edward Blount, que também publicou a tradução de John Florio dos *Ensaios*, de Montaigne. E mais, Fletcher e Shakespeare não foram nem os primeiros nem os últimos a transformar o conto de Cervantes em peça. Na Espanha, Guillén de Castro os precedeu com sua *comedia*, *Don Quijote de La Mancha*; em Paris, Pichou, o autor de *Les folies de Cardenio*, seguiu seu exemplo, assim como Guérin de Bouscal, que produziu três peças inspiradas pelo *Dom Quixote*.

A segunda linha de investigação diz respeito à tensão entre a perpetuação dos modos tradicionais de composição literária e a emergência, centrada em alguns autores – como é o caso de Cervantes e Shakespeare, unificados por *Cardênio* –, da figura do autor que é singular pela sua genialidade e único em sua criação. Finalmente, a busca por *Cardênio*, perdida em algum ponto entre a Serra Morena e os teatros de Londres, é também a história de apropriações textuais, das formas pelas quais os mesmos textos têm sido lidos e mobilizados em diferentes contextos culturais e sociais (e, é claro, pelo simples fato de que esses textos deixaram de ser os mesmos). Esse foi o caso de *Dom Quixote*, cujos protagonistas apareciam em festividades aristocráticas ou carnavalescas por volta do início do século XVII, tanto na Espanha como nas colônias espanholas, e de Shakespeare, tratado de forma tão diferente na Inglaterra da Restauração e no século XVIII por editores respeitosos e dramaturgos menos respeitosos que, incidentalmente, podiam ser as mesmas pessoas. "Os cambalachos de *Cardênio* eram o truque das três cartas do mundo literário; o feijão com arroz da canalhice literária", declara um dos personagens no romance contemporâneo de Jasper Fforde, *Lost in a Good Book* [Perdido num bom livro]. Espero ser perdoado por dar a isso um novo contexto nesta instituição habituada a estudos mais nobres e severos.

"Escutar os mortos com os olhos." Diversos fantasmas passaram pelas minhas palavras, recordando, com a sua presença, a nossa tristeza pela sua ausência. Sem eles, e outros que nada escreveram, eu não estaria aqui esta noite. Mas agora que chegou a hora de concluir, recordo as advertências de Pierre Bourdieu sobre a ilusão que nos faz falar no singular de caminhos partilhados percorridos. O "eu" que imprudentemente às vezes usei hoje, contrariando meu hábito, deve ser entendido como um "nós" – o nós de todos os homens e mulheres, colegas e alunos, com quem, no decorrer dos anos, compartilhei cursos e projetos de pesquisa na École des Hautes Études en Sciences Sociales, na Universidade da Pensilvânia ou nas muitas instituições da nossa República das Letras. É com eles, e com vocês, que me honram ao me receber aqui, que eu gostaria de me voltar à realização de uma tarefa que pretende usar a *longue durée* da história da cultura escrita para respaldar a lucidez crítica exigida por nossas incertezas e nossas preocupações.

Capítulo 2

História: tempo de leitura

Ao propor esta análise dos desafios que hoje confrontam a História, eu gostaria de seguir uma linha de pensamento iniciada num livro publicado em 1998 que tentava responder à questão de uma suposta "crise da História" que obcecava os historiadores na época.[1]

História entre narrativa e conhecimento

Recordar as duas perguntas colocadas naquele texto pode nos possibilitar mensurar mais acuradamente a novidade das perguntas de hoje. A primeira era diretamente relacionada a uma ênfase sobre as dimensões retórica e narrativa da História como foram formuladas, com grande acuidade, em três obras fundamentais publicadas entre 1971 e 1975: *Como se escreve a história* (1971), de Paul Veyne;

---

1 Chartier, *Au bord de la falaise: L'histoire entre certitudes et inquiétudes*. [Ed. ing.: *On the Edge of the Cliff: History, Language, and Practices*.]

54 ROGER CHARTIER

Meta-história (1973), de Hayden White;[2] e *A escrita da história* (1975), de Michel de Certeau. Quando Veyne afirmou que a História "permanece fundamentalmente um relato, e o que é chamado de explicação nada mais é que a maneira como a narrativa é arranjada numa trama compreensível",[3] e White comparou "as formas estruturais profundas da imaginação histórica" com os "quatro tropos básicos para a análise da linguagem poética, ou figurativa: Metáfora, Metonímia, Sinédoque e Ironia",[4] enquanto Certeau afirmava que "agora o discurso histórico alega prover um conteúdo verdadeiro (que pertence à verificabilidade), mas na forma de uma narração",[5] eles forçaram os historiadores a abandonar sua certeza de que não havia lacuna entre o passado, tal como realmente era, e a explicação histórica que o interpretava.

Esse desafio criou um profundo mal-estar, dado que a História, havia muito, ignorava o fato de que pertence à categoria da narração e tinha apagado os sinais de sua composição, alegando sua qualificação como conhecimento. Se a história era tomada como uma coleção de exemplos, à maneira antiga, ou apresentada como conhecimento sobre si mesma, na tradição historicista germânica, ou proclamava-se como sendo "científica", tudo que ela podia fazer era recusar-se a pensar em si mesma como narração e como escrita. A narração não tinha *status* por si só, dado que ou estava sujeita às disposições e às figuras da arte da retórica, considerada como o local onde o significado dos acontecimentos era implantado, ou era considerada como

---

2 O título completo é *Metahistory: The Historical Imagination in 19th century Europe.* [N.E.]

3 Veyne, *Comment on écrit l'histoire: Essai d'épistémologie*, p.67. [Ed. ing.: *Writing History: Essay on Epistemology*, p.87.]

4 White, *Metahistory: The Historical Imagination in Nineteenth-Century Europe*, p.ix, p.31.

5 Certeau, *L'écriture de l'histoire*, p.110. [Ed. ing.: *The Writing of History*, p.93.]

A MÃO DO AUTOR E A MENTE DO EDITOR   **55**

importante obstáculo para o conhecimento genuíno.[6] O desafio para a epistemologia da coincidência e uma consciência do vão entre o passado e sua representação, de um lado, e da construção narrativa que aspira tomar o lugar do passado, de outro – entre o que um dia foi e o que não é mais –, permitiu à reflexão sobre a história desenvolver-se como processo de escrita construído sobre a base de figuras retóricas e estruturas narrativas que compartilhava com a ficção.

Isso levou à principal questão subjacente ao diagnóstico de uma possível "crise da História" nas décadas de 1980 e 1990. Se a História como disciplina do conhecimento compartilha sua fórmula com a escrita imaginativa, é possível ainda atribuir-lhe um regime específico de conhecimento? Será a "verdade" que a História produz diferente daquela produzida pelo mito e pela literatura? Sabemos a resposta de Hayden White a essa pergunta, que ele declarou em muitas ocasiões. Para White, dado que o discurso histórico é uma forma de "operação criadora de ficção",[7] o conhecimento que ela propõe é da mesma ordem que o conhecimento do mundo e do passado propiciado por mitos e ficções. É contra essa dissolução do *status* especial do conhecimento histórico que alguns reafirmaram enfaticamente a capacidade da disciplina de História para o conhecimento crítico, respaldada por técnicas e operações específicas para isso. Em sua feroz resistência às "teses céticas" pós-modernistas da "virada linguística" ou "virada retórica", Carlo Ginzburg recordou em muitas ocasiões que, depois da retórica aristotélica, prova e retórica não são antinômicas, mas inseparavelmente ligadas, e que, desde a Renascença, a História encontrou meios de criar técnicas eruditas para separar o verdadeiro do falso. Isso leva Ginzburg a uma firme conclusão: reconhecer as dimensões retórica ou narrativa do escrito da História

---

6 Hartog, L'art du récit historique. In: Boutier; Julia (ed.), *Passés recomposés: Champs et chantiers de l'histoire*, p.188-93.

7 White, *Tropics of Discourse: Essays in Cultural Criticism*, p.85.

de forma alguma implica negar-lhe o *status* de conhecimento verdadeiro, construído sobre a base de provas e controles. Nesse ponto, "conhecimento (mesmo conhecimento Histórico) é possível".[8]

Todas as tentativas de criar uma nova base epistemológica para o regime científico próprio da História, distinta tanto das veracidades da ficção como da linguagem matemática das ciências naturais, têm compartilhado essa afirmação. Várias proposições marcaram a busca: um retorno a um paradigma alternativo, designado por Carlo Ginzburg como "conjectural" ou "evidencial", porque baseia o conhecimento na coleta e interpretação de vestígios em vez de em um tratamento estatístico de dados;[9] a definição de um conceito de objetividade que enuncia a diferença entre asserções admissíveis e inaceitáveis, mas reconhece que uma pluralidade de interpretações aceitáveis é legítima;[10] ou, mais recentemente, a reflexão sobre modelos teóricos e as operações cognitivas que permitem o estabelecimento de conhecimento generalizado com base em estudos de casos, micro-histórias ou estudos comparativos.[11] Todas essas perspectivas, por mais diferentes que possam ser, estão inscritas dentro de uma intenção da verdade que é uma parte e um objetivo do próprio discurso histórico.

Tais perspectivas aplacaram as preocupações dos historiadores cuja certeza foi profundamente abalada pela exposição do paradoxo inerente em seu trabalho, porque, como escreveu Michel de Certeau,

---

8 Ginzburg, *History, Rhetoric, and Proof: The Menahem Stern Jerusalem Lectures*, p.25.

9 Ginzburg, Spie: Radici di un paradigma indiziario. In: Gargani (ed.), *Crisi della ragione: Nuovi modelli nel rapporto tra sapere e attività umana*, p.56-106. [Ed. ing.: Clues: Roots of an Evidential Paradigm. In: Ginzburg, *Clues, Myths, and the Historical Method*, p.96-125.]

10 Appleby; Hunt; Jacob, *Telling the Truth about History*, p.283.

11 Passeron; Revel (ed.), *Penser par cas* e o dossiê Formes de la généralisation, *Annales: Histoire, Sciences Sociales*, 2007, p.5-157.

A MÃO DO AUTOR E A MENTE DO EDITOR   57

"a historiografia (isso é, "história" e "escrita") carrega em seu próprio nome o paradoxo – quase um oximoro – de uma relação estabelecida entre dois termos antinômicos, entre o real e o discurso".[12] Reconhecer esse paradoxo convida a repensar oposições entre a história como discurso e a história como conhecimento que podem ter sido formuladas de forma muito abrupta. Com Reinhart Koselleck,[13] Certeau tem sido seguramente o historiador mais atento às propriedades formais do discurso histórico, agrupado com narrativas, mas deflagrado a partir de outras narrativas. Ele demonstrou como a escrita da história, que pressupõe ordem cronológica, encerramento dentro do texto e preenchimento das lacunas, inverte os procedimentos da pesquisa, que começa com o presente e pode ser interminável e incessantemente confrontada com lacunas na documentação. E demonstrou também que, diferentemente de outras formas de narração, a escrita da história é cindida e dividida:

> Admitimos como historiográfico o discurso que pode "incluir" seu outro – crônica, arquivo, documento –, em outras palavras, o discurso que é organizado em um texto *laminado* no qual uma metade contínua baseia-se em outra metade disseminada. A primeira está, portanto, autorizada a enunciar o que a segunda está significando inconscientemente. Mediante "citações", referências, notas e todo o mecanismo de referências permanentes a uma linguagem primeira (o que Michelet chamou de "crônica"), o discurso historiográfico é construído como um *conhecimento do outro*.[14]

---

12 Certeau, *L'écriture de l'histoire*, p.111. [Ed. ing.: *The Writing of History*, p.94.]

13 Koselleck, Erfahrungswandel und Methodeweschel: Eine historische historich-anthropologische Skizze. In: _____, *Historische Methode*, p.13-61.

14 Certeau, *L'écriture de l'histoire*, p.111. [Ed. ing.: *The Writing of History*, p.94.]

58   ROGER CHARTIER

A História como escrita dividida tem, portanto, a tarefa tríplice de invocar um passado que não mais existe num discurso presente; de mostrar a competência do historiador, senhor das fontes; e de persuadir o leitor: "Desse ângulo, a estrutura cindida do discurso funciona como um mecanismo que extrai da citação a verossimilhança do conhecimento. Ela produz um senso de realidade".[15]

Será que isso significa, no entanto, que ali não há nada mais que um teatro de erudição que não oferece segurança da possibilidade de que a História possa produzir um conhecimento adequado do passado? Essa não era a posição de Michel de Certeau. Em seu livro dedicado a caracterizar as propriedades específicas da escrita histórica, ele recorda vigorosamente a dimensão de conhecimento da disciplina. Para ele, História é um discurso que produz afirmações "científicas" que podem ser usadas para definir "a possibilidade de conceber um conjunto de *regras*, permitindo o controle de operações adaptadas à produção de objetos ou a fins específicos".[16] Aqui, todas as palavras são importantes: "a produção de objetos específicos" refere-se à construção do objeto histórico pelo historiador, jamais tomando o passado como um objeto que já está ali; "operações" designa as práticas próprias do ofício do historiador (a definição e o tratamento das fontes, a mobilização de técnicas analíticas específicas, a construção de hipóteses, procedimentos de verificação); "regras" e "controles" colocam a História dentro de um regime de conhecimento compartilhado definido pelos critérios da prova dotada de validade universal. Como com Ginzburg (e, talvez mais que Ginzburg, tenderíamos a incluir Certeau no campo dos céticos), isso resulta na associação – não na oposição – de conhecimento e narração, prova e retórica, erudição crítica e escrita histórica.

---

15 Ibid.
16 Ibid., p.64, n.5. [Ed. ing.: *The Writing of History*, p.103, n.5.]

A MÃO DO AUTOR E A MENTE DO EDITOR   59

A instituição histórica

Em 1999, outra interrogação focalizou a "instituição histórica" em si – ou seja, os efeitos, sobre a prática dos historiadores, do meio social no qual sua atividade é realizada. Como escreve Certeau:

> Antes de saber o que a história diz de uma sociedade, temos de analisar como a história funciona dentro dela. A instituição historiográfica está inscrita dentro de um complexo que permite apenas um tipo de produção para ela, proibindo outros. Tal é a dupla função do lugar. Ele torna possíveis certas pesquisas mediante o fato de haver conjecturas e problemáticas comuns. Mas torna outras impossíveis; ele exclui do discurso o que é a sua base num dado momento e desempenha o papel de um censor com respeito a postulados – sociais, econômicos, políticos – de análise atuais.[17]

Essa afirmação poderia ser estendida, e primeiro em termos da história da História, para isolar, dentro do muito longo prazo, os sucessivos lugares sociais dentro dos quais um discurso histórico foi produzido: a cidade, da Grécia à Renascença italiana; a corte e o serviço do príncipe na época do absolutismo; redes eruditas e academias cultas da República das Letras e universidades começando no século XIX. Cada um desses lugares impõe à História não só seus objetos particulares, mas também modalidades específicas de trabalho intelectual, formas de escrever e técnicas de prova e persuasão.

Um bom exemplo é o contraste, do século XVI ao século XVIII, entre a História dos historiógrafos de príncipes e a história de eruditos antiquários.[18] A primeira delas, a História dos historiógrafos

---

17 Ibid., p.78. [Ed. ing.: *The Writing of History*, p.68.]
18 Chartier, Historiography in the Age of Absolutism. In: Hollier (ed.), *A New History of French Literature*, p.345-9.

60 ROGER CHARTIER

oficiais, é organizada na forma de uma narração dinástica que apresenta a história dos reis e do país, um identificado com o outro, e que mobiliza figuras de retórica de tal forma que, como ressalta Louis Marin, "aquilo que não é representado na narrativa e pelo narrador o é na leitura da narração, em nome do efeito da narrativa".[19] O segundo tipo de História, a dos eruditos, desenrola-se por meio de fragmentos, baseia-se na pesquisa erudita (documental, arqueológica, numismática, filológica) e concentra-se em instituições e costumes humanos. Embora o contraste não devesse ser forçado, porque mesmo na época de Luís XIV havia entrecruzamentos entre a história do rei e a erudição, ele é, não obstante, a base, até hoje, para a coexistência ou concorrência entre histórias gerais (nacionais ou universais) e investigações históricas dedicadas ao estudo de objetos particulares (um território, uma instituição, uma sociedade).

Em todas as ocasiões, a "instituição histórica" é organizada segundo as hierarquias e convenções que traçam as fronteiras entre objetos históricos legítimos e aqueles que não são legítimos, sendo, por esse motivo, excluídos ou censurados. É tentador traduzir para o vocabulário de sociologia de Pierre Bourdieu (substituindo o termo "escritor" por "historiador") as determinações que governam o "campo" de produções históricas e sustentar como fundamentais as competições para as quais o prêmio é "o monopólio do poder de dizer com autoridade quem está autorizado a chamar a si mesmo de historiador ou mesmo dizer quem é historiador e quem tem a autoridade de dizer quem é historiador".[20] Num mundo social como o do *homo academicus*, onde a participação como membro e a hierarquia são reguladas por títulos acadêmicos que a pessoa obteve, esse poder de designação é exercido à custa dos "forasteiros" (estou pensando em

---

19 Marin, *Le portrait du roi*, p.95. [Ed. ing.: *Portrait of the King*, p.78.]
20 Bourdieu, Le champ littéraire, *Actes de la Recherche en Sciences Sociales*, 89, 1991, p.4-46, esp. p.13.

A MÃO DO AUTOR E A MENTE DO EDITOR **61**

Philippe Ariès, mantido por muito tempo nas margens da "instituição histórica" francesa porque não tinha nenhum cargo universitário) e tem governado longamente a distribuição da autoridade, as formas de divisão de trabalhos, a dignidade ou marginalidade dos tópicos de pesquisa e critérios de apreciação (e depreciação) dos trabalhos – o que Certeau chama, não sem mordaz ironia, de "as leis do meio", em que a palavra "meio", em francês *milieu*, significa ao mesmo tempo o meio social, o mundo acadêmico e o submundo.[21]

A identificação dessas restrições, coletivamente incorporadas e sempre ocultas dentro do discurso histórico que esconde as condições de sua elaboração, deve ser substituída pelas razões apresentadas, desde Raymond Aron até Paul Veyne, para demonstrar, elogiar ou denunciar a natureza subjetiva da história, conforme vista nos preconceitos e curiosidades do historiador. Num nível mais profundo, as decisões que governam a escrita da História referem-se às práticas determinadas pelas "instituições técnicas" da disciplina,[22] que distribuem, de diferentes maneiras segundo a época e o lugar, a hierarquia de tópicos, fontes e trabalhos. Ainda assim, essa identificação de forma alguma implica uma negação do *status* daquilo que é produzido como conhecimento sob as restrições daquelas determinações. A nova história da ciência (aquela de Simon Schaffer, Steven Shapin, Mario Biagioli ou Lorraine Daston) tem de fato nos ensinado que não era contraditório localizar afirmações científicas dentro das condições históricas de sua possibilidade (sejam essas condições políticas, retóricas ou epistemológicas) e, ao mesmo tempo, considerar que essas afirmações produziam operações de conhecimento sujeitas a técnicas, critérios de validação e regimes de provas apropriados. Como disciplina "científica", a História é aberta a uma abordagem semelhante – uma abordagem que não dissolva o conhecimento

---

21 Certeau, *The Writing of History*, p.63.
22 Ibid., p.77.

62 ROGER CHARTIER

dentro da historicidade, fechando, assim, a porta para um relativismo cético, mas que também reconheça as variações nos procedimentos e restrições que governam a operação histórica.

A história da História, como a história da ciência, tem sofrido longamente de um estéril contraste entre a abordagem da história das ideias, ligada exclusivamente a teorias de História e categorias intelectuais criadas por historiadores, e uma abordagem definida (ou estigmatizada) como sociológica, que é sensível aos espaços sociais da produção do conhecimento histórico e aos seus instrumentos, suas convenções e suas técnicas. A epistemologia histórica defendida por Lorraine Daston não pertence unicamente às práticas e regimes da racionalidade dos tipos de conhecimento que sustentaram ou sustentam a natureza como seu objeto.[23] Essa abordagem também promete uma compreensão mais sutil do conhecimento do que aquelas que alegam prover uma representação adequada do passado.

Representações do passado: Memória e história

Em anos recentes, os historiadores tomaram consciência de que não possuem o monopólio sobre a representação do passado e de que sua presença poderia ser respaldada como um discurso infinitamente mais poderoso que seus próprios escritos. Graças ao grande livro de Paul Ricoeur, *La mémoire, l'histoire, l'oubli* [A memória, a história, o esquecimento], as diferenças entre história e memória se apresentam claramente retratadas.[24] A primeira dessas diferenças distingue testemunho e arquivo. Se o primeiro é inseparável da pessoa que presta

---

23 Daston, Une histoire de l'objectivité scientifique. In: Guesnerie; Hartog (ed.), *Des sciences et des techniques: un débat*, p.115-26.

24 Ricoeur, *La mémoire, l'histoire, l'oubli*. [Ed. ing.: *Memory, History, Forgetting.*]

A MÃO DO AUTOR E A MENTE DO EDITOR 63

o testemunho e supõe que o que ela diz é admissível, o segundo dá acesso a "numerosos eventos reputadamente históricos [que] nunca foram memórias de ninguém".[25] Ricoeur opõe a evidência do testemunho, cujo crédito baseia-se na confiança concedida à testemunha, ao documento como vestígio do passado. Aqui, a aceitação (ou rejeição) da credibilidade da palavra que testemunha o evento é substituída por um exercício crítico que submete vestígios do passado ao regime do verdadeiro e do falso, do refutável e do verificável.

Uma segunda diferença opõe a proximidade imediata da reminiscência à construção da explicação histórica, seja esta última uma explicação por regularidades e causalidades (desconhecidas para os atores envolvidos) ou uma explicação pelas suas razões (mobilizadas como estratégias explícitas). Para testar as modalidades de compreensão histórica, Ricoeur opta por privilegiar a noção de representação por duas razões. Primeiro, a representação tem um *status* dual e ambíguo dentro da operação historiográfica: ela designa uma classe particular de objetos e define o próprio regime dos enunciados históricos. Segundo, focalizar a atenção na representação como um objeto e como uma operação permite um retorno à reflexão sobre as variações de escala que têm caracterizado o trabalho do historiador com base nas proposições da micro-história[26] e, mais recentemente, com base num interesse nas várias formas de retorno à história global.

Um terceiro contraste entre história e memória opõe a recordação do passado à representação dele. Aqui, a fidelidade imediata (ou supostamente imediata) da memória é comparada à intenção da história de ser verdadeira, fundamentada no tratamento de documentos, que são como muitos vestígios do passado, e em modelos de inteligibilidade que constituem a sua interpretação

---

25 Ricoeur, *Memory, History, Forgetting*, p.497.
26 Revel (ed.), *Jeux d'échelle: La micro-analyse à l'expérience*.

64   ROGER CHARTIER

desses documentos. Ainda assim, nos diz Ricoeur, a forma literária, em cada uma de suas modalidades (estruturas narrativas, figuras retóricas, imagens, metáforas), resiste ao que ele vê como "o impulso referencial da narrativa histórica".[27] A função da história de *représentance* (que Ricoeur define como "a capacidade do discurso histórico de representar o passado")[28] é constantemente questionada como suspeita pela distância necessariamente introduzida entre o passado sendo representado e as formas discursivas necessárias para sua representação. Como, neste ponto, podemos dar crédito a representações históricas do passado?

Ricoeur propõe duas respostas a essa pergunta. A primeira, de natureza epistemológica, insiste na necessidade de distinções claras entre as três "fases" da operação historiográfica: o estabelecimento da prova documental, a elaboração da explicação e a moldagem dos resultados em forma escrita. Sua segunda resposta é menos familiar aos historiadores. Refere-se à certeza da existência do passado conforme é garantido pela evidência da memória. A memória, na verdade, deve ser considerada o "ventre da história, na medida em que permanece a guardiã de todo o problema da relação representativa do presente e do passado".[29] Isso não é uma tentativa de apoiar a memória contra a história à maneira de certos escritores do século XIX, e sim de mostrar que a evidência da memória é a garantia da existência de um passado que um dia foi e que já não é mais. O discurso histórico encontra nisso um atestado imediato e evidente da natureza referencial de seu objeto. No entanto, mesmo quando a memória e a história são reunidas desse modo, permanecem incomensuráveis. A epistemologia da verdade que governa a operação

---

27 Ricoeur, *La mémoire, l'histoire, l'oubli*, p.306. [Ed. ing.: *Memory, History, Forgetting*, p.237.]

28 Ibid. [Ed. ing.: *Memory, History, Forgetting*, p.237.]

29 Ibid., p.106. [Ed. ing.: *Memory, History, Forgetting*, p.87.]

A MÃO DO AUTOR E A MENTE DO EDITOR   65

historiográfica e o regime de crença que rege a fidelidade da memória são ambos irredutíveis, e é impossível declarar a superioridade de um à custa do outro.

História e memória estão fortemente interligadas. O conhecimento histórico pode ajudar a dissipar as ilusões ou interpretações errôneas que há muito desorientaram as memórias coletivas. E, inversamente, as cerimônias de lembrança e institucionalização dos lugares da memória são com frequência a inspiração para indagações históricas originais. Todavia, memória e história não são idênticas. A memória é guiada por exigências existenciais de comunidades para as quais a presença do passado no presente é um elemento essencial para a construção do seu ser coletivo. A história está inscrita dentro da ordem, de um conhecimento universalmente aceitável que é "científico", no sentido dado ao termo por Michel de Certeau.

Representação do passado: história e ficção

A distinção entre história e ficção parece clara e bem definida se admitirmos que, em todas as suas formas (mítica, literária, metafórica), a ficção "é um discurso que 'informa' o 'real' sem pretender nem representá-lo nem creditar-se a capacidade de tal representação".[30] Nesse sentido, o real é igualmente o objeto e a garantia do discurso da história. No entanto, hoje diversas nuvens obscurecem essa distinção firme. A primeira é uma ênfase na força das representações do passado propostas pela literatura. A noção de "energia", que desempenha um papel essencial na perspectiva analítica do "Novo Historicismo", pode ajudar a compreender como certas obras literárias moldaram representações coletivas do passado de forma

---

30 Certeau, *Heterologies: Discourse on the Other*, p.202.

66 ROGER CHARTIER

mais intensa que os escritos dos historiadores.[31] O teatro nos séculos XVI e XVII e o romance no século XIX apropriaram-se do passado, deslocando acontecimentos e personagens históricos para o domínio da ficção literária e colocando no palco ou na página a ficção de situações que haviam sido reais ou eram apresentadas como tais. Quando as obras são habitadas por uma força própria, adquirem a capacidade de "produzir, moldar e organizar a experiência coletiva física e mental".[32] Um encontro com o passado é uma dessas experiências.

As "histórias" de Shakespeare – suas peças históricas – fornecem um exemplo disso. Sete anos após sua morte, o fólio de 1623 reuniu pela primeira vez 36 de suas peças. Na sua publicação, a categoria de "histórias", situada entre "comédias" e "tragédias", incluía dez obras que tratavam a história da Inglaterra desde o Rei João até Henrique VIII, na ordem cronológica de seus reinados, um arranjo que excluía outras "histórias", tais como os heróis romanos e os príncipes dinamarquês e escocês, que foram colocados na categoria de "tragédias". Os editores da publicação de 1623 transformaram, assim, obras que não haviam sido escritas em ordem cronológica de reinado, mas que tinham estado entre as obras produzidas e publicadas com mais frequência antes do fólio de 1623, numa história dramática e contínua da monarquia inglesa. Logo, parece certo, como declara Hamlet (*Hamlet*, II, 2), que atores "são as sínteses e breves crônicas do tempo" e que as peças históricas criadas para espectadores e leitores são representações do passado mais vívidas e fortes do que a história escrita nas crônicas utilizadas pelos dramaturgos.

A história representada nos palcos dos teatros era uma história recomposta, sujeita às exigências dos censores, conforme atestado pela ausência de uma grande parte da cena da abdicação de Ricardo

---

31 Greenblatt, *Shakespearean Negotiations: The Circulation of Social Energy in Renaissance England*, p.1-20.

32 Ibid., p.6.

A MÃO DO AUTOR E A MENTE DO EDITOR **67**

II nas três primeiras edições da peça. Era também uma história amplamente aberta a anacronismos. Na encenação da revolta de Jack Cade e dos trabalhadores de Kent em 1450 como aparece em *Henrique VI, Parte II*, Shakespeare reinterpreta o evento, atribuindo aos rebeldes uma linguagem milenarista e igualitária e atos violentos destruidores de toda forma de cultura escrita e de todos os que encarnavam tal cultura, que as crônicas atribuíam (ainda que com uma inclinação menos radical) à Revolta dos Camponeses de 1381, liderada por Tyler e Straw. O resultado é uma representação ambivalente e contraditória da revolta de 1450, que recapitula as fórmulas e atos de revoltas populares ao mesmo tempo que apresenta a figura carnavalesca, grotesca e cruel de uma impossível Idade de Ouro de um mundo virado de cabeça para baixo, sem escrita, sem dinheiro e sem diferenças sociais.[33] A história das "histórias" de Shakespeare é, portanto, fundamentada em uma distorção de realidades históricas conforme foram relatadas pelos cronistas e oferece aos espectadores uma representação ambígua de um passado habitado por confusões, incertezas e contradições.

Uma segunda razão para a vacilante distinção entre história e ficção reside no fato de que a literatura é capaz não só de assumir o passado, mas também de apropriar-se dos documentos e técnicas encarregados de manifestar o *status* da disciplina de História como conhecimento. Entre as ferramentas da ficção que enfraquecem a intenção da história ou sua reivindicação da verdade capturando suas técnicas de prova devemos incluir o "efeito de realidade" que Roland Barthes define como uma das principais modalidades da "ilusão referencial".[34] Na estética clássica, é a categoria do *vraisemblable*, ou

---

33 Chartier, Jack Cade, the Skin of a Dead Lamb, and the Hatred for Writing, *Shakespeare Studies*, 34, 2006, p.77-89.

34 Barthes, L'effet de réel (1968). In: _____, *Le bruissement de la langue. Essais critiques IV*, p.153-74. [Ed. ing.: The Reality Effect. In: *The Rustle of Language*, p.141-8, esp. p.148.]

68 ROGER CHARTIER

verossimilhança, que assegura a conexão entre narração histórica e histórias inventadas, porque, seguindo a definição encontrada no *Dictionnaire* de Furetière (1690), a história é a descrição ou "a narração de coisas ou ações como ocorreram, ou como poderiam ter ocorrido". Isso significa que o termo "história" designa tanto "a narração deliberada e interligada de diversos acontecimentos memoráveis que tiveram lugar em uma ou várias nações, ou em um ou vários séculos", como "as narrações fabulosas, mas plausíveis, que são imaginadas por um autor". Logo, a linha divisória não é entre história e fábula, mas entre narrações plausíveis (refiram-se elas à realidade ou não) e implausíveis. Entendida dessa maneira, a história é radicalmente separada das exigências críticas da erudição e desvinculada da referência à realidade como garantia de seu discurso.

Ao abandonar a plausibilidade, a fábula fortaleceu ainda mais sua relação com a história, multiplicando notações concretas na intenção de dar à ficção o peso de realidade e produzir uma ilusão de referência concreta. Para contrastar esse efeito literário, necessário a todas as formas de estética realista, com a história, Barthes escreve que, para esta última, "o *ter estado lá* das coisas é um princípio suficiente de discurso".[35] Ainda assim, o "ter estado lá" e a realidade concreta que é a garantia da verdade da história devem ser introduzidos no próprio discurso para conferir-lhe credibilidade como forma autêntica de conhecimento. Esse é o papel, conforme notou Certeau, das citações, referências e documentos que fazem o passado pesar no escrito do historiador e que demonstram sua autoridade.

Daí a apropriação, por parte de certas obras de ficção, das técnicas de prova características da história com o objetivo de produzir não "efeitos de realidade", e sim a ilusão de um discurso histórico. Podemos colocar ao lado das biografias imaginárias de Marcel Schwob[36]

---

35 Barthes, The Reality Effect. In: _____, *The Rustle of Language*, p.147.
36 Schwob, *Vies imaginaires* (1986). [Ed. ing.: *Imaginary Lives*.]

A MÃO DO AUTOR E A MENTE DO EDITOR   69

ou dos textos apócrifos de Borges, tais como aparecem no apêndice, "Etcétera", de sua *Historia universal de la infamia*, ou na seção do "Museo" de *El hacedor*,[37] o *Jusep Torres Campalans*, de Max Aub, publicado no México em 1958.[38] Nessa biografia de um pintor imaginário, Aub faz uso de todas as técnicas modernas de credenciamento do discurso histórico: fotografias que mostram os pais do artista e o próprio artista na companhia de seu amigo Picasso; reproduções de suas pinturas (expostas em Nova York em 1962 por ocasião da apresentação da tradução inglesa do livro); clipagem de artigos na imprensa que o mencionam; entrevistas que Aub teve com ele e alguns de seus contemporâneos; e o *Cuaderno verde*, que Campalans manteve entre 1906 e 1914.

Aqui Aub visava aos gêneros e categorias caros à crítica de arte: a explicação da obra de um artista pela sua biografia; as noções contraditórias, mas interligadas, de influência e precursor; técnicas de atribuição ou decifração de intenções secretas. Hoje, o livro pode ser lido de outra maneira. Ao mobilizar os "efeitos de realidade" compartilhados pelo conhecimento histórico e pela invenção literária, ele mostra os laços que unem ambos. Mas, ao multiplicar advertências irônicas – em particular as muitas referências ao *Dom Quixote* e a epígrafe "*¿Cómo puede haber verdad sin mentira?*" [Como pode haver verdade sem mentira?] –, ele lembra aos seus leitores a lacuna que separa o discurso do conhecimento da fábula e da realidade como era a partir de referentes imaginários. Ao fazê-lo, fornece um acompanhamento paródico para a história das falsificações históricas, que sempre são possíveis e cada vez mais sutis, mas que são desmascaradas pela investigação crítica.[39]

---

37 Borges, *Historia universal de la infamia* (1935), p.105-32; Borges, *El hacedor* (1960), p.117-25.

38 Aub, *Jusep Torres Campalans* (1958). [Ed. ing.: *Jusep Torres Campalans*.]

39 Grafton, *Forgers and Critics: Creativity and Duplicity in Western Scholarship*.

70 ROGER CHARTIER

Há uma razão final para a sedutora, mas perigosa, proximidade entre a história como exercício de conhecimento e a ficção, seja ela literatura ou mito. No mundo contemporâneo, a necessidade de afirmar ou justificar identidades construídas (ou reconstruídas) – que não são todas identidades nacionais – muitas vezes inspira uma reescritura do passado que deforma, ignora ou esconde as contribuições de um conhecimento histórico rigidamente controlado.[40] Essa mudança, que amiúde é inspirada por exigências completamente legítimas, justifica plenamente a reflexão epistemológica sobre os critérios de validação a serem aplicados à "operação historiográfica" em um momento ou outro. A capacidade crítica da história não é, na verdade, limitada a impugnar falsificações e imposturas. Ela pode e deve sujeitar construções interpretativas a critérios objetivos de validação ou rejeição.

Atribuir essa função à História necessariamente nos manda de volta para as questões referentes aos critérios por trás de tal julgamento. Devem eles relacionar-se com a coerência interna da demonstração? Ou com sua compatibilidade com resultados adquiridos? Ou com as regras clássicas que governam o exercício da crítica histórica? Além disso, é legítimo postular uma pluralidade de regimes de prova histórica supostamente exigidos pela diversidade de objetos e métodos históricos? Ou deveríamos tentar elaborar uma teoria da objetividade, estabelecendo critérios gerais que nos permitam distinguir entre interpretações aceitáveis e inaceitáveis? Essas questões, que alguns historiadores consideram inúteis ou aporéticas,[41] têm uma importância essencial. Numa época em que nossa relação com o passado está ameaçada pela forte tentação de histórias imaginadas ou imaginárias, a reflexão sobre as condições que permitem oferecer um

---

40 Hobsbawm, The Historian between the Quest for the Universal and the Quest for Identity, Diogenes, 168, 1994, p.51-63.

41 Noiriel, *Sur la "crise" de l'histoire.*

A MÃO DO AUTOR E A MENTE DO EDITOR 71

discurso histórico como representação e explicação adequadas para a realidade que foi é essencial e urgente. Essa reflexão, que pressupõe como princípio uma distância entre conhecimento crítico e reconhecimento imediato, participa no longo processo de emancipação da história da memória e da fábula, mesmo da fábula que soe verdadeira.

Micro-história e o mundo global

Em 2000, um dos principais temas do 19º Congresso Internacional de Ciências Históricas, ocorrido em Oslo, foi "história global".[42] Como proposição, esse tema fundamenta-se numa série de recusas: recusa da estrutura de estado-nação que, em retrospecto, delimita uma entidade social e cultural já presente antes de sua entrada política em cena; recusa dos meios tradicionais da história monográfica focalizando uma província, região ou cidade; e, finalmente, recusa da abordagem micro-histórica, suspeita de negligenciar o contexto mais amplo.

Se rejeitamos esses meios de escrever a história, como podemos imaginar outra história em escala mundial? Será que essa outra história deve ser uma nova forma de comparatismo, como Marc Bloch propôs em 1928 numa comunicação agora clássica apresentada no 6º Congresso Internacional de Ciências Históricas, também ocorrido em Oslo?[43] Deve essa história ser entendida como a identificação de

---

42 Perspectives on Global History: Concepts and Methodology/Mondialisation de l'histoire: concepts et méthodologie, *Proceedings/Actes: 19th International Congress of Historical Sciences/XIXᵉ Congrès International des Sciences Historiques*, Oslo, 2000, p.3-52.

43 Bloch, Pour une histoire comparée des societés européennes, *Revue de Synthèse Historique*, 46, 1928, p.15-50. [Ed. ing.: A Contribution towards a Comparative History of European Society. In: Bloch, *Land and Work in Medieval Europe. Selected Papers*, p.44-81.]

72 ROGER CHARTIER

diferentes espaços, no sentido braudeliano do termo, que encontram sua unidade histórica em suas redes de relações e intercâmbios feitos independentemente de estados soberanos? Ou devemos considerar essa história como tendo de ser, acima de tudo, aquela dos contatos, encontros, aculturações e misturas?

Como quer que a definamos, essa história em escala muita larga apresenta uma questão formidável para as práticas da disciplina: como devemos conciliar o movimento através de espaços e culturas inteiros com as exigências que têm governado o conhecimento histórico pelo menos desde o século XIX e que supõem uma consulta meticulosa a fontes primárias, um domínio das línguas nas quais essas fontes são escritas e um profundo conhecimento do contexto no qual todo e qualquer fenômeno histórico está situado? Grandes exemplos mostram que o desafio pode ser enfrentado, mas o fato de os mais fervorosos defensores da história global frequentemente se referirem a obras publicadas em uma língua – o inglês – é um tanto inquietante.

Há apenas um estreito espaço entre rejeitar a história mundial, entendida como uma imagem moderna da velha história universal,[44] e rejeitar uma história comparativa puramente morfológica.[45] O importante é a escolha de um arcabouço investigativo capaz de tornar visíveis as "histórias conectadas" que estabeleceram relações entre populações, culturas, economias e poderes.[46] Tal escolha pode privilegiar uma soberania exercida sobre territórios espalhados em diversos continentes, no interior dos quais homens e produtos circulam, junto

---

44 Ver Koselleck, Geschichte. In: Brunner; Conze; Koselleck (ed.), *Geschichtliche Grundbegriffe: Historisches Lexikon zur politisch-sozialen Sprache in Deutschland*, 2, p.647-717.

45 Detienne, *Comparer l'incomparable*. [Ed. ing.: *Comparing the Incomparable*.]

46 Subrahmanyam, Connected Histories: Notes towards a Reconfiguration of Early Modern Eurasia. In: Lieberman (ed.), *Beyond Binary Histories: Re-imagining Eurasia to c. 1830*, p.289-315.

A MÃO DO AUTOR E A MENTE DO EDITOR   73

com a transmissão de informação, um intercâmbio de conhecimento e um entrelaçamento de vários sistemas de representação. Nesse caso, as cadeias de interdependência que conectam indivíduos e comunidades por uma distância extremamente grande estão situadas dentro de um espaço fragmentado e descontínuo, porém governado pela mesma autoridade política.[47] Outra opção possível consiste em identificar a transmissão e reutilização de mitos, profecias e objetos em contextos muito diferentes e largamente separados.[48]

Essa escolha remonta mais fundamentalmente à tensão entre a abordagem morfológica, que elabora um inventário das relações existentes entre diferentes formas (estética, ritual, ideológica e mais) sem qualquer atestado de contatos culturais, de um lado, e, de outro, a abordagem histórica, que registra circulações, empréstimos e hibridizações. Carlo Ginzburg descreveu com grande acuidade – em relação à utilização do duplo mortuário em muitos ritos funerários – a difícil, se não impossível, conciliação desses dois modos de compreensão.[49] O primeiro conduz a um reconhecimento de invariantes, necessariamente reduzidas à sua universalidade, mas com o risco de descontextualizar um elemento particular em relação ao sistema simbólico que lhe dá significado e aos costumes localizados e específicos que constituem suas significações inerentes. O segundo considera com rigor transmissões e apropriações, sempre contextualizadas com precisão, mas com o risco de enfraquecer a identificação da base antropológica universal que forma o *être-homme*, como diria Paul Ricoeur, e

---

47 Gruzinski, Les mondes mêlés de la monarchie catholique et autres "connected histories", *Annales: Histoires, Sciences Sociales*, 2001, p.85-117.

48 Subrahmanyam, Sixteenth-Century Millenarianism from the Tagus to the Ganges. In: _____, *Explorations in Connected History. From the Tagus to the Ganges*, p.101-37; Brook, *Vermeer's Hat: The Seventeenth Century and the Dawn of the Global World*.

49 Ginzburg, Représentation: Le mot, l'idée, la chose, *Annales: Histoire, Sciences Sociales*, 1991, p.1219-34.

74 ROGER CHARTIER

que possibilita o reconhecimento de continuidades fundamentais que jazem além das diferenças e descontinuidades.

A eliminação dos enclaves espaciais, possibilitada nos séculos XV e XVI pelos descobrimentos, trocas e conquistas, autorizou pela primeira vez a comparação entre o conhecimento inerente a diferentes culturas em escala planetária – e não só por parte dos europeus.[50] A consciência dos contemporâneos de uma escala global conduz a uma consciência similar, à sua própria maneira, por parte de seus historiadores. É por isso que as práticas possíveis na história global focalizam trocas entre mundos muito distantes entre si,[51] ou reconhecem, em situações extremamente locais, a interdependência que as liga a situações distantes, mesmo quando as pessoas envolvidas não possuem necessariamente uma percepção clara dessas ligações. A estreita união do global e do local tem levado alguns historiadores a propor a ideia de "glocal", termo que designa com mais acurácia que elegância os processos pelos quais referências compartilhadas, modelos impostos, textos e bens circulando em escala planetária são apropriados para criar significado num tempo e espaço específicos.

A história na era digital

Outra questão nos dias de hoje, e que era menos urgente dez anos atrás, é a das mudanças que a entrada na era da textualidade eletrônica impõe à história. O problema aqui não é mais o problema clássico que vinculava o desenvolvimento de uma história serial e quantitativa ao recurso do computador para a análise de dados

---

50 Subrahmanyam, On World Historians in the Sixteenth Century, *Representations*, 91, 2005, p.26-57; Gruzinski, *Les quatre parties du monde: histoire d'une mondialisation*.

51 Davis, *Women on the Margins: Three Seventeenth-Century Lives*; Davis, *Trickster Travels: A Sixteenth-Century Muslim between Worlds*.

A MÃO DO AUTOR E A MENTE DO EDITOR   75

volumosos, homogêneos, repetidos e eletronicamente transcritos. É o problema das novas maneiras de construir, publicar e receber o discurso histórico.[52]

A textualidade eletrônica transforma as maneiras como argumentos – históricos ou outros – são organizados e os critérios que mobilizam um leitor a aceitá-los ou recusá-los. Do ponto de vista do historiador, permite o desenvolvimento de demonstrações de acordo com uma lógica que não é mais necessariamente linear ou dedutiva, como é a lógica imposta pela inscrição de um texto numa página. E permite uma articulação aberta, decomposta e relacional, possibilitada pela multiplicação de links hipertextuais. Do ponto de vista do leitor, a validação ou rejeição de um argumento pode, doravante, ser respaldada pela consulta a textos (mas também a imagens fixas ou móveis, discurso gravado ou composições musicais) que são objeto do estudo, na condição, obviamente, de que sejam acessíveis em forma digital. Quando esse é o caso, o leitor não é mais simplesmente obrigado a acreditar no autor, mas pode, por sua vez, se assim o desejar e tiver tempo livre para fazê-lo, refazer toda ou parte da pesquisa.

No mundo do material impresso, um livro de história pressupõe um pacto de confiança mútua entre o historiador e o leitor. Notas referem-se a documentos que o leitor geralmente não pode ler. Referências bibliográficas citam livros que o leitor, com muita frequência, pode encontrar apenas em bibliotecas especializadas. Citações são fragmentos extraídos simplesmente ao bel-prazer do historiador, não dando ao leitor nenhuma oportunidade de saber os textos inteiros dos quais foram tiradas. Os três auxílios clássicos de prova em História – a nota de rodapé, a referência bibliográfica, a

---

52 Chartier, Language, Books, and Reading from the Printed Word to the Digital Text. In: Chandler; Davidson; Johns (eds.), Arts of Transmission, *Critical Inquiry*, 31, 2004, p.133-52.

76 ROGER CHARTIER

citação – são profundamente diferentes no mundo da textualidade digital no momento que o leitor ou leitora se acha capaz de ler livros lidos pelo historiador e consultar diretamente os documentos analisados. Os primeiros usos dessas novas formas de produzir, organizar e credenciar os discursos de operações cognitivas implicavam o recurso ao texto eletrônico. Uma mutação epistemológica fundamental modifica profundamente as técnicas de prova e as modalidades de construção e validação dos discursos do conhecimento.

Um exemplo das novas possibilidades que se abriram tanto para a consulta de um *corpus* documental quanto para a construção de uma linha histórica de argumento é fornecido pela publicação dual (impressa nas páginas de *The American Historical Review* e eletronicamente no *site* de The American Historical Association [Associação Histórica Americana]) do artigo de Robert Darnton sobre canções subversivas coletadas por espiões da polícia real nos cafés de Paris no século XVIII.[53] A versão eletrônica oferece ao leitor o que a versão impressa não pode lhe dar: um mapa dinâmico dos lugares nos quais as canções eram cantadas, os relatórios policiais que reuniam as declarações subversivas, e as próprias canções, gravadas pela cantora francesa Hélène Delavault, tornando possível, assim, ouvir os textos como eram ouvidos pelos contemporâneos. As técnicas eletrônicas estabelecem uma nova relação com os traços do passado, uma relação que é mais envolvida e possivelmente mais crítica que a interpretação do historiador.

Ao permitir uma nova organização do discurso histórico fundada na multiplicação de *links* de hipertexto e na distinção entre vários níveis de texto (de um resumo de conclusões à publicação de documentos), o livro eletrônico é uma resposta possível – ou, pelo menos, é apresentado como tal – para a crise de publicação nas ciências

---

53 Darnton, An Early Information Society: News and the Media in Eighteenth-Century Paris, *American Historical Review*, 105, 2000, p.1-35.

A MÃO DO AUTOR E A MENTE DO EDITOR   77

humanas.[54] Os efeitos dessa crise são comparáveis em ambos os lados do Atlântico, ainda que as causas básicas não sejam exatamente as mesmas. Nos Estados Unidos, o fato essencial é a redução drástica na aquisição de monografias pelas bibliotecas universitárias, cujos orçamentos são devorados por assinaturas de periódicos científicos, alguns dos quais podem custar até US$ 10.000 ou US$ 15.000 por ano. Isso, por sua vez, leva as gráficas universitárias a hesitar em publicar obras que julgam ser exageradamente especializadas: dissertações de doutorado, estudos monográficos, obras de erudição.[55] Na França, e provavelmente em toda a Europa, uma erudição similar na produção mediante a limitação do número de títulos publicados e a rejeição de obras ou traduções evidentemente especializadas gerou resultados custosos demais, acima de tudo, numa diminuição do público leitor que comprava e lia muitos livros (e que não eram exclusivamente professores universitários) e um declínio na compra de livros.[56]

Será a solução para esse problema a publicação eletrônica de livros de história que as editoras não querem publicar ou não podem mais publicar? Iniciativas tomadas nesse terreno, tais como a constituição de coleções digitais dedicadas à publicação de novas obras, poderiam levar a essa conclusão.[57] Contudo, uma pergunta permanece: Pode esse novo livro encontrar ou produzir leitores? Por um lado, a longa

---

54 Ver, por exemplo, o projeto desenvolvido para a Columbia University Press em Nova York: Electronic Publishing Initiative @ Columbia, e sua série "Gutenberg-e series of monographs in History".

55 Darnton, The New Age of the Book, *The New York Review of Books*, 1999, p.5-7; Darnton, *A Case for Books: Past, Present, Future*.

56 Chartier, Mort ou transfiguration du lecteur?. In: Mollier (ed.), *Où va le livre?*, p.295-312.

57 Sobre publicações eletrônicas, ver Thompson, *Merchants of Culture: The Publishing Business in the Twenty-First Century*, cap. 9, "The Digital Revolution", p.312-68 [Ed. bras.: *Mercadores de cultura*, p.341-407.]; Dacos; Mounier, *L'édition électronique*.

história da leitura mostra de forma contundente que mutações na ordem das práticas são muitas vezes mais lentas do que revoluções em tecnologia e estão sempre fora de compasso com essas revoluções. Novos hábitos de leitura não emergiram imediatamente após a invenção da imprensa. Da mesma maneira, as categorias intelectuais que associamos com o mundo dos textos impressos persistem em face de novas formas de publicação, mesmo que a própria noção de "livro" seja questionada pela dissociação entre a obra, em sua coerência intelectual, e o objeto material que lhe assegurava uma percepção e compreensão imediatas. Por outro lado, não devemos esquecer que leitores (e autores) potenciais de livros eletrônicos ainda são uma minoria, exceto na área de fontes documentais. Ainda há grandes lacunas entre a presença obsessiva da revolução eletrônica no discurso e a realidade das práticas de leitura, que permanecem maciçamente ligadas a objetos impressos e que exploram apenas parcialmente as possibilidades oferecidas pela digitalização. Seria um erro tomar o virtual pelo real que já está aí, mesmo que a transformação das práticas de leitura e escrita entre as gerações mais jovens desafie profunda e rapidamente a nossa ordem do discurso – ou livros.

O título deste ensaio é "História: tempo de leitura". Eu gostaria de pôr o segundo termo no plural nesta conclusão e recordar que, em fidelidade ao trabalho de Fernand Braudel, aquilo que é particular à história, dentro das ciências sociais e humanas, é sua habilidade de distinguir e articular os diferentes tempos que se sobrepõem em todo momento histórico. Uma compreensão das diferentes temporalidades que tornam presente aquilo que é – igualmente herança e ruptura, invenção e inércia – continua sendo a tarefa especial do historiador e sua responsabilidade primordial para com seus contemporâneos.

Capítulo 3

História e Ciência Social:
um retorno a Braudel

Por que reler Braudel? Primeiro de tudo, embora Fernand Braudel tenha morrido em 27 de novembro de 1985, sua obra e sua reflexão continuam a inspirar historiadores em todas as partes do mundo. Com toda certeza, a história tal como é escrita hoje muitas vezes parece se postar a uma distância da história global, projetada na longa duração, o que ele praticou em todos os seus grandes livros. Mas essa mesma distância indica claramente que é sempre em referência a Braudel que os historiadores colocam as principais questões que confrontam hoje a disciplina: a relação da História com as outras ciências sociais; a pertinência de várias escalas cronológicas de observação; as maneiras como os objetos da História são construídos.

Ademais, retornar ao trabalho de Braudel é uma forma de mostrar que a história pode e deve ser ao mesmo tempo um conhecimento rigoroso, bem documentado, exigente, pressupondo técnicas e operações exclusivas a ela, e também um conhecimento acessível, que fornece aos seus leitores uma percepção mais lúcida de quem eles são e do mundo em que vivem. Para Braudel, a meta do historiador não era recontar o passado, mas ampliar o conhecimento de sociedades e homens. Portanto, para ele, a história real, a história que conta, pode

80 ROGER CHARTIER

ser reconhecida pela sua capacidade de tornar o passado e o presente mais inteligíveis e de produzir um conhecimento crítico liberto de mitos e preconceitos.

A publicação dos três volumes de *Les Écrits de Fernand Braudel* [Os escritos de Fernand Braudel] oferece uma boa oportunidade para reler e descobrir Braudel e retomar algumas das palestras e artigos que foram esquecidos e outros que não foram publicados ou o foram em publicações relativamente inacessíveis.[1] Graças a esses três volumes, podemos acompanhar a evolução de sua visão da história e a longa preparação dos três livros que, em três momentos diferentes de sua vida, deixaram sua marca não só na disciplina de História, porém mais genericamente em todo o campo das Ciências Sociais. O primeiro foi *O Mediterrâneo e o mundo mediterrâneo na época de Filipe II*,[2] sua tese, defendida em 1947, publicada em 1949 e reescrita para republicação em 1966;[3] o seguinte, *Civilização material, economia e capitalismo*,[4] uma trilogia publicada na sua forma definitiva em 1979, oito anos depois da publicação de uma primeira versão do primeiro volume;[5] e, finalmente, *A identidade da França*, três volumes publicados em 1986, um ano após a sua morte, que constituem duas das quatro partes que ele planejara para a obra.[6]

---

1 Braudel, *Les écrits de Fernand Braudel*, v.1, *Autour de la Méditerranée* (1996); v.2, *Les ambitions de l'histoire* (1997); v.3, *L'histoire au quotidien* (2001).

2 Tradução portuguesa: *O Mediterrâneo e o mundo mediterrâneo na época de Filipe II*.

3 Braudel, *La Méditerranée et le monde méditerranéen à l'époque de Philippe II* (1947), 2.ed. [Ed. ing.: *The Mediterranean and the Mediterranean World in the Age of Philip II*.]

4 [Ed. port.: *A civilização material*] (N. T.)

5 Braudel, *Civilisation matérielle, économie et capitalisme*. [Ed. ing.: *Capitalism and Material Life, 1400-1800*.]

6 Braudel, *L'identité de la France*. [Ed. ing.: *The Identity of France*.]

A MÃO DO AUTOR E A MENTE DO EDITOR   81

São os *Écrits* que tomarei como meu guia, focalizando em particular o segundo volume, *Les ambitions de l'histoire* [As ambições da história]. Esse volume reúne os principais artigos metodológicos, esboços relacionados com a elaboração de cada uma das três grandes obras e um impressionante texto que corresponde a três capítulos de um trabalho projetado que deveria ter reunido as aulas que Braudel, quando prisioneiro na Alemanha, deu aos seus companheiros de cativeiro, primeiro em Mainz entre agosto e outubro de 1941, depois, em condições mais difíceis, em Lübeck, em 1943-4. Braudel estabeleceu o texto dessas aulas, com a ajuda de anotações feitas por alguns de seus ouvintes, transcrevendo-as à mão para um caderno e revisando-as como três capítulos de um livro, *L'Histoire, mesure du monde* [A História, medida do mundo], que ele nunca terminou nem publicou.[7]

Vagalumes e a paisagem

Este texto é importante de duas maneiras. Primeiro, é contemporâneo de várias redações de *La Meditarranée*. Daí fica claro que Braudel não formulou sua visão da história como um adendo intelectual, e sim que ela já estava presente na sua cabeça na década de 1940, num texto que carrega o selo de sua obra-prima. Segundo, as aulas que ele deu nos *Oflags* em Mainz e Lübeck viriam a deixar uma profunda marca no Braudel do pós-guerra. Suas imagens e suas fórmulas reaparecem em diferentes textos. Um exemplo disso é a fina metáfora que expressa a relação entre eventos e realidades mais profundas:

---

7 Braudel, L'histoire, mesure du monde. In: _____, *Les écrits de Fernand Braudel*, v.2, *Les ambitions de l'histoire*, p.11-83.

82 ROGER CHARTIER

Uma noite no interior do Estado da Bahia aconteceu de eu me encontrar subitamente no meio de um prodigioso enxame de vagalumes fosforescentes. Eles piscavam incessantemente ao meu redor, acima e abaixo de mim, inúmeros, duchas de vagalumes emergindo dos sulcos na estrada e da relva de todo lado, como muitos foguetes, mas de vida muito breve para iluminar a paisagem claramente. Eventos – outros pontos de luz – fazem o mesmo. Além do clarão luminoso de sua luz súbita, além de sua própria história, toda a paisagem ao redor permanece para ser reconstituída: a estrada, o mato, a floresta, a terra avermelhada e rachada típica do norte do Brasil, as declividades do terreno, os poucos veículos que passam e as muito mais numerosas carroças de burro com suas pesadas cargas de carvão ou madeira, e finalmente as casas e campos próximos. Notem que é isso que torna necessário ir além da franja luminosa dos acontecimentos, que nada mais é que a primeira fronteira e, com frequência, por si só, uma história extremamente pequena.

Braudel regressou, quase palavra por palavra, a essa mesma imagem do sertão brasileiro que havia encontrado quando esteve em São Paulo entre 1935 e 1937, na sua aula inaugural no Collège de France em 1º de dezembro de 1950, e mais uma vez, cinco anos depois, numa palestra dada no Collège Philosophique a convite de Jean Wahl.[8] Durante sua prisão na Alemanha, com a redação de sua tese e com as aulas dadas aos colegas prisioneiros, Braudel fez uma ruptura definitiva com a história convencionalmente praticada na década de 1930, mesmo por ele próprio em seu primeiro

---

8 Para estas três referências a vagalumes e eventos, ver Braudel, *Les écrits de Fernand Braudel*, v.2, *Les ambitions de l'histoire*, p.23-4, 103 e 133.

A MÃO DO AUTOR E A MENTE DO EDITOR   83

artigo importante, publicado pela *Revue Africaine* em 1928.[9] Desse momento em diante, a história, para ele, "não era mais o simples recital de eventos".[10]

História social e a *longue durée*

Na época em que chegou aos "decisivos anos de sua prisão", como o próprio Braudel escreve num esboço autobiográfico publicado em 1972,[11] ele já havia acumulado uma série de impressionantes e diversificadas experiências: fora professor de uma escola em Constantina, depois em Argel, entre 1923 e 1932; havia conduzido extensa pesquisa em arquivos espanhóis (começando em 1927), depois em arquivos italianos (após 1932), para uma tese submetida com o título *La politique méditerranéenne de Philippe II* [A política mediterrânea de Filipe II], e tinha participado da fundação da Universidade de São Paulo. Foi durante sua viagem de volta do Brasil, em 1937, que teve o encontro mais importante de sua vida intelectual, quando conheceu Lucien Febvre. No seu regresso a Paris no mesmo ano, foi eleito diretor de estudos da Quarta Seção da École Pratique des Hautes Études. Tinha então 35 anos. "E aí a guerra."[12]

Em aulas dadas na Alemanha, Braudel reconheceu uma dívida intelectual a três autores que frequentemente citava, sempre com

---

9 Braudel, Les espagnols et l'Afrique du Nord de 1492 à 1577, *Revue Africaine*, 2 e 3, 1928, p.184-233; p.351-428, reimpresso em Braudel, *Les écrits de Fernand Braudel*, v.1, *Autour de la Méditerranée*, p.48-124.

10 Braudel, *Les écrits de Fernand Braudel*, v.2, *Les ambitions de l'histoire*, p.22.

11 Braudel, Personal Testimony, *Journal of Modern History*, 44(4), 1972, p.448-67, reimpresso como Braudel, Ma formation d'historien. In: _____, *Écrits sur l'histoire*, v.2, *Les ambitions de l'histoire*, p.9-29.

12 Braudel, Personal Testimony, p.453; Braudel, Ma formation d'historien, p.14.

84   ROGER CHARTIER

afeto ou admiração. Sobre o primeiro, Henri Hauser, que fora seu professor na Sorbonne, escreveu em 1972:

> Da benigna e não muito lotada Sorbonne daqueles tempos retenho apenas uma memória agradável: o ensinamento de Henri Hauser. Ele falava uma linguagem diferente da do resto de nossos professores, a linguagem da história social e econômica. Maravilhosamente inteligente, sabia tudo e mostrava sem ostentação.[13]

Na realidade, nos anos 1950 sua opinião sobre Hauser nem sempre era tão favorável. Em 1955, em sua aula diante do Collège Philosophique, Braudel declarou:

> Passei a melhor parte do meu tempo redescobrindo as fraquezas de Henri Hauser. O que me assombrava quando eu era jovem vejo agora como momentos de leviandade e julgamentos exageradamente rápidos. Devo a ele muita coisa, em particular um prazer na informação, mas sinto-me bastante distante dele.

Em 1959, em seu artigo "Histoire et sociologie" [História e Sociologia], escrito para o *Traité de sociologie* [Tratado de Sociologia], editado por Georges Gurvitch, ele acrescenta, falando das polêmicas entre Simiand e Hauser, que Hauser foi "indubitavelmente o mais brilhante historiador de sua geração, mas um dialético brilhante demais, sutil demais, entrincheirado atrás de sucessos precoces e das regras antigas de sua profissão".[14] Em *L'Histoire, mesure du monde* [A História, medida do mundo], os dois autores que Braudel menciona

---

13 Braudel, Personal Testimony, p.449-50; Braudel, Ma formation d'historien, p.11.

14 Estes dois textos podem ser encontrados em Braudel, *Les écrits de Fernand Braudel*, v.2, *Les ambitions de l'histoire*, p.135, p.180; a segunda citação é tirada de Braudel, History and Sociology. In: _____, *On History*, 64.

A MÃO DO AUTOR E A MENTE DO EDITOR   85

com maior frequência são Gaston Roupnel, que estava "preocupado em opor àquela superfície, destino, àquela profundidade a história historicizante [*l'histoire historisante*]", e Émile-Félix Gautier, "(provavelmente) o maior dos geógrafos e historiadores que escreviam em francês às vésperas da última guerra".[15] Se os nomes de Lucien Febvre e Marc Bloch estão presentes aqui, aparecem entre outros e sem ênfase particular.

Nos textos que datam dos anos 1950, Braudel reorganiza a lista de referências para aqueles que o haviam inspirado. Agora essa lista dá preferência aos fundadores dos *Annales*, à escola geográfica francesa e, em particular, ao trabalho de Vidal de la Blache, autor de "uma das obras mais influentes no que diz respeito à história, talvez a mais influente de todas", declarou, em 1955,[16] para os sociólogos Simiand e Halbwachs, e para Henri Berr, sobre quem disse, em 1972: "É a ele que devemos nos voltar se desejamos saber como tudo começou?".[17]

As aulas na prisão dão um lampejo do que era para ele aquele "tudo". Em primeiro lugar, ele se referia à crise da História tradicional, que fora profundamente abalada pelo desenvolvimento das ciências sociais, "nossas vizinhas", geografia, sociologia e economia. Na década de 1940, Braudel mantinha a distinção entre essas disciplinas e a história. A diferença não residia nem nas tarefas a serem realizadas nem nos problemas a serem tratados. Não, estava enraizada numa relação diferente com o tempo e num maior rigor metodológico. Isso levava inevitavelmente a uma competição entre metas rivais:

---

15 Braudel, *Les écrits de Fernand Braudel*, v.2, *Les ambitions de l'histoire*, p.38, p.50.

16 Braudel, *Les écrits de Fernand Braudel*, v.2, *Les ambitions de l'histoire*, p.135 apud Braudel, The Situation of History in 1950. In: _____, *On History*, p.17.

17 Braudel, Personal Testimony, p.455; Braudel, Ma formation d'historien, p.17.

As Ciências Sociais nos acompanham, constituídas ontem, mas também imperialistas, vigorosas, empenhando-se em respirar e trabalhando – de um modo mais científico e mais claro que nós – rumo aos objetivos que estabeleceram para si. Mais científicas que a História, mais bem articuladas que ela em relação à massa de fatos sociais, elas são (outra diferença) deliberadamente centradas no atual, isso é, na vida, e todas trabalham com o que pode ser visto, medido e tocado com o dedo. Imensa superioridade![18]

Mesmo que a História, como Braudel a apresentava a seus colegas prisioneiros, permanecesse subarmada, ainda era capaz, como mostravam os esforços da *Revue de synthèse historique* de Berr ou os *Annales d'histoire économique et sociale* de Bloch, de captar fenômenos sociais em sua plena densidade, complexidade e recorrência. Seu próprio *status* havia mudado:

A História é de fato uma "pobre cienciazinha conjectural" quando trata de indivíduos isolados do grupo, quando é uma questão de eventos, mas é um bocado menos conjectural e mais racional, tanto nos procedimentos como nos resultados, quando focaliza os grupos e a repetição de eventos. A História profunda, a História sobre a qual se pode construir, é a *História social*.[19]

Histoire profonde: a expressão, emprestada de Michelet, opõe-se à história dos eventos (*histoire événementielle* ou *histoire historisante*), que se concentra nos vagalumes, e não nas complexas e despercebidas relações estabelecidas, em qualquer dado momento, entre sociedades e espaços.

---

18 Braudel, L'histoire, mesure du monde. In: _____, *Les écrits de Fernand Braudel*, v.2, *Les ambitions de l'histoire*, p.30.
19 Ibid., p.28.

A MÃO DO AUTOR E A MENTE DO EDITOR   87

As aulas de Mainz e Lübeck anteciparam as noções ou os tópicos de pesquisa que, depois da guerra, foram abordados nos *Annales*, sob direção de Braudel, e em seu *Civilisation matérielle et capitalisme* [Civilização material e capitalismo],[20] publicado em 1967. Nas suas páginas Braudel evoca "economias mundiais", a história do clima, a história das distâncias (consequentemente, a duração das viagens) e a unificação do mundo "após a derrubada, no século XVI, da grande barreira do Atlântico que durante tanto tempo e tão absurdamente dividia a *oikoumenē* em duas".[21] Seu manuscrito interrompido termina com uma meditação sobre a tensão entre a progressiva abertura do mundo, que fundamenta a própria realidade de uma *Weltgeschichte*, e recuos rumo à fragmentação:

> A oscilação entre um mundo aberto e um mundo de barricadas: não é essa mesma oscilação o problema da atual guerra? O que reserva o futuro? Ou uma divisão da terra em espaços autônomos, em planetas (o espaço da grande Alemanha, o espaço da grande Ásia, os espaços inglês, americano, russo), ou a manutenção – ou salvaguarda – da unidade do mundo?

E conclui:

> Quem está aí para nos dizer que o destino do nosso próprio mundo, a França, uma das ilhas do Ocidente, não está sendo elaborado nas profundezas da China ou em algum outro mundo? Todos os países do universo se tocam e se mesclam num tumultuoso combate face a face.[22]

---

20 [Ed. port.: *A civilização material.*] (N. T.)
21 Braudel, *Les écrits de Fernand Braudel*, v.2, *Les ambitions de l'histoire*, p.65, 68-73, 75-7, 81.
22 Ibid., p.81-2.

88 ROGER CHARTIER

Em seus grandes artigos metodológicos dos anos 1950 e 1960, Braudel voltou aos temas de suas aulas nos campos de prisão alemães, ampliando-os e esclarecendo-os. Sua visão, porém, modificou-se num ponto essencial: a relação apropriada entre História e Ciências Sociais. No seu artigo mais famoso, "La longue durée" [*A longa duração*], publicado nos *Annales* em 1958, propôs uma comparação entre as, ou mesmo uma unificação das, várias ciências sociais com base num conjunto comum de problemas fundamentados em categorias de história, que assim se tornaria uma linguagem comum na qual fatos sociais seriam inscritos dentro do longo intervalo de tempo e numa variedade de espaços. A história não seria mais pensada como simplesmente uma ciência social entre outras, como nas suas aulas na Alemanha; em vez disso, tornar-se-ia a pedra fundamental de uma nova estrutura na qual as fronteiras entre disciplinas e os debates sobre onde tais fronteiras se situam deveriam ser abolidos em prol de um projeto comum:

> No nível prático [...] eu esperaria que as ciências sociais, pelo menos provisoriamente, suspendessem suas constantes disputas de fronteiras sobre o que é ou o que não é ciência social, o que é ou o que não é uma estrutura [...]. Em vez disso, que tentem traçar essas linhas através da nossa pesquisa que, se elas existirem, serviria para orientar algum tipo de pesquisa coletiva e possibilitaria os primeiros estágios de alguma espécie de unificação. Eu chamaria pessoalmente essas linhas de matematização, uma concentração no lugar, a *longue durée*.[23]

De um livro a outro, Braudel continuaria, sozinho, a buscar o programa que ele delineou.

---

23 Ibid., p.178 apud Braudel, History and Social Sciences: The *Longue Durée*. In: _____, *On History*, p.52.

A publicação dos capítulos existentes de *L'Histoire, mesure du monde* permite-nos entender como Braudel formou sua concepção e sua prática da História, além de compreender a surpreendente continuidade de seu projeto intelectual, vinculado a uma história global e social que privilegia o intervalo de longa duração e propõe conceitos para unificar o conhecimento acerca das sociedades de ontem e de hoje. Estarão essa visão e essa ambição ainda presentes na agenda de hoje? Terão as novas formas de escrever a história, de definir seus objetos e de trabalhar com outras ciências sociais nos distanciado irremediavelmente do abrangente projeto de Braudel? É isso que pretendo examinar a seguir.

Temporalidades históricas

Hoje a História mal pode reivindicar preencher o papel federativo que Braudel lhe atribuiu. Além disso, o próprio projeto de uma possível unidade da ciência social se desvaneceu, seja ele chamado história sintética, como definiu Henri Berr, sociologia, no estilo de Durkheim, ou história baseada no intervalo de longa duração. O que foi questionado neste último caso é a construção temporal que sustentava todo o edifício da história global e, além dele, a ciência da sociedade. Como coloca Braudel no artigo "Histoire et sociologie":

> A história existe em diferentes níveis, eu diria três níveis, mas essa seria apenas uma maneira de falar e simplificaria demais as coisas [...]. Na superfície, a história dos eventos (*histoire événementielle*) se desenrola no curto prazo: é uma espécie de micro-história. Descendo um pouco, uma história das conjunturas segue um ritmo mais amplo, mais lento. A ponto de ter sido estudada acima de tudo em seus desenvolvimentos no plano material, em ciclos e interciclos econômicos [...]. Sobre e acima do "recitativo" da conjuntura, a

história estrutural, ou a história da *longue durée*, indaga sobre séculos inteiros de uma só vez. Ela opera ao longo da fronteira entre o móvel e o imóvel e, devido à duradoura estabilidade de seus valores, parece imutável em comparação com todas as histórias que fluem e se desenrolam com mais agilidade, que na análise final gravitam ao seu redor.[24]

Três perguntam surgem com referência a esse modelo de durações sobrepostas e heterogêneas. Em primeiro lugar, serão elas tão irredutivelmente diferentes uma da outra? Deveríamos considerar, como sugere Paul Ricoeur em seu *Temps et récit*, que "a própria noção da história de longo intervalo de tempo deriva do evento dramático no sentido [...] de um evento dentro de uma trama [*emplotted*]" e que, por esse fato, os três períodos de tempo de Braudel estão estreitamente interligados e referem-se à mesma matriz temporal?[25] O longo intervalo de tempo do Mediterrâneo deveria ser entendido como uma longa história construída segundo as fórmulas narrativas que governam o relato do evento – um processo que "não é necessariamente breve nem agitado, como um tipo de explosão"[26] – e que conecta as temporalidades construídas pela narração com o tempo subjetivo do indivíduo. No escrito histórico, o tempo do mar e o tempo do rei estão construídos segundo as mesmas cifras.

Por outro lado, será que o "evento" não deve estar encerrado dentro de sua definição tradicional, que o vincula ao intervalo de tempo curto, decisões conscientes e a espuma dos fatos? Num ensaio sobre Nietzsche, Michel Foucault estabelece uma estreita ligação

---

24 Braudel, *Les écrits de Fernand Braudel*, v.2, *Les ambitions de l'histoire*, p.189-90 apud Braudel, History and Sociology. In: _____, *On History*, p.74.

25 Ricoeur, *Temps et récit*, v.1, *L'intrigue et le récit historique*, p.289. [Ed. ing.: *Time and Narrative*.]

26 Ricoeur, *Temps et récit*, v.1, p.303. [Ed. ing.: *Time and Narrative*, v.2, p.217.]

A MÃO DO AUTOR E A MENTE DO EDITOR **91**

entre uma crítica devastadora à noção de origem e a reformulação do conceito de evento. Para Foucault, a brutalidade do evento deve ser situada não entre os acidentes do curso da história ou as escolhas de indivíduos, e sim dentro daquilo que aparece para os historiadores como a menos *événementielle* das ocorrências: a transformação em relações de dominação.[27]

> Evento [...] não é uma decisão, um tratado, um reinado ou uma batalha, mas a inversão de uma relação de forças, a usurpação do poder, a apropriação do vocabulário voltando-o contra aqueles que um dia o usaram, uma dominação débil que envenena a si mesma à medida que cresce, a entrada de um "outro" mascarado. As forças que operam na história não são controladas por um destino ou mecanismo regulatórios, mas respondem a conflitos fortuitos. Não manifestam as formas sucessivas de uma intenção primordial e sua atração não é de uma conclusão, pois sempre aparecem mediante a casualidade singular dos eventos.[28]

Se o evento, nessa leitura nietzschiana, permanece nas garras do acaso, violento e inesperado, não corresponde aos vagalumes que iluminam apenas o que está mais perto deles: o evento é a própria floresta quando as árvores foram desenraizadas e surge uma nova paisagem.

Finalmente, podemos tomar temporalidades como sendo externas a indivíduos e como medidas do mundo – e dos homens? Pierre Bourdieu, em seu *Méditations pascaliennes*, ressalta enfaticamente

---

27 Foucault, Nietzsche, la généalogie, l'histoire. In: _____, *Hommage à Jean Hyppolite*, p.145-72, reimpresso em Foucault, *Dits et écrits, 1954-1988*, v.2, p.135-56. [Ed. ing.: Nietzsche, Genealogy, History. In: *Language, Counter--Memory, Practice: Selected Essays and Interviews*.]

28 Foucault, Nietzsche, la généalogie, l'histoire, p.148. [Ed. ing.: Nietzsche, Genealogy, History, p.154-5.]

92 ROGER CHARTIER

que uma relação com o tempo é uma das propriedades sociais distribuídas de maneira mais inequitativa: "Ela nos força a levantar a questão das condições econômicas e sociais que tornam possível o acesso ao tempo como algo tão autoevidente a ponto de passar despercebido".[29] Ser dono do seu próprio tempo, controlar o tempo de outros ("o todo-poderoso é aquele que não espera, mas faz os outros esperar"),[30] ter o domínio do tempo e, por esse simples fato, entregar-se aos jogos do acaso que "oferecem uma fuga do tempo negligenciado de uma vida sem justificação ou permitem romper com um tempo anulado de uma vida sem justificação ou possível investimento":[31] essas são as modalidades inerentes à relação com o tempo que expressam o poder do dominador e a ausência de poder do fraco sem futuro. Temporalidades variadas não deveriam, portanto, ser consideradas "tempos" no sentido de invólucros para fatos sociais. Elas são produto de estruturas sociais que asseguram o poder de alguns (sobre o presente e o futuro, sobre si mesmo ou os outros) e que levam outros ao desespero. Uma pedra angular do edifício braudeliano, a arquitetura dos vários níveis de tempo (*longue durée*, conjuntura, evento) talvez precise ser redefinida.

Micro-história e estruturas

Os sucessos da micro-história como prática lançaram um sério desafio ao projeto de uma história estrutural vinculada a longos intervalos de tempo e espaços estendidos. A micro-história nasceu da "crença no fato de que a esperança de adquirir uma compreensão

---

29 Bourdieu, *Méditations pascaliennes*, p.262-73, esp. p.265. [Ed. ing.: *Pascalian Meditations*, p.223.]

30 Ibid., p.270. [Ed. ing.: *Pascalian Meditations*, p.228.]

31 Ibid., p.264. [Ed. ing.: *Pascalian Meditations*, p.222.]

A MÃO DO AUTOR E A MENTE DO EDITOR **93**

global do social deve ao menos temporariamente ser posta de lado".[32] E nasceu também da percepção de que "em cada escala veem-se coisas que não se veem em outra escala e que cada visão tem sua própria escala legítima".[33] Logo, é totalmente impossível avaliar esses diferentes modos de considerar o social, e não há propósito em se buscar a "visão geral" da qual possam ser percebidos como comensuráveis.

Consequentemente, em reação ao privilégio há muito concedido às abordagens micro-históricas, e afastando-se das exigências braudelianas, vemos um estreitamento da escala de observação e uma análise intensiva de dados densos e complexos. Seria um erro, porém, pensar nos procedimentos da micro-história como inequívocos. Existe, de fato, uma grande lacuna entre a perspectiva que considera os tópicos da micro-história como tantos laboratórios que permitem uma análise em profundidade dos mecanismos de poder característicos da estrutura sociopolítica típica de um tempo específico e uma área limitada, de um lado,[34] e, de outro, a perspectiva que sustenta essas mesmas fatias de história como sendo uma condição de acesso a crenças e ritos dos quais as fontes usualmente não falam ou dos quais não estão cientes, e que se referem, em sua própria "anomalia" (o termo é de Ginzburg), a uma base cultural compartilhada por toda a

---

32 Revel, Microanalyse et construction du social. In: _____ (ed.), *Jeux d'échelles: La micro-analyse à l'expérience*, p.15-36, esp. p.18. [Ed. ing.: Microanalysis and the Construction of the Social (1996). In: Revel; Hunt (eds.), *Histories: French Constructions of the Past*, p.492-502, esp. p.494-5.

33 Ricoeur, *La mémoire, l'histoire, l'oubli*, p.280. [Ed. ing.: *Memory, History, Forgetting*, p.218.]

34 Para citar dois exemplos do uso sociopolítico da micro-história, ver Levi, *L'eredità immateriale: Carriera di un esorcista nel Piemonte del seicento* [Ed. franc.: *Le pouvoir au village: Histoire d'un exorciste dans le Piémont du XIVᵉ siècle*; Ed. ing.: *Inheriting Power: The Story of an Exorcist.*]; Contreras, *Sotos contra Riquelmes: regidores, inquisidores y criptojudíos* [Ed. franc.: *Pouvoir et Inquisition en Espagne au XVIᵉ siècle.*]

94 ROGER CHARTIER

humanidade.[35] Nesta última definição, não há contradição entre uma técnica micro-histórica de observação e uma descrição macroantropológica, nem entre a localização particular de dados observáveis e a própria longa duração de seu significado.

O que resta, porém, é a oposição comum entre essas duas perspectivas e o sempre depreciativo significado do termo "micro-história" no pensamento de Braudel. Para ele, esse tipo de história pode ser concebido apenas como situado dentro do registro de um evento, permanecendo na superfície da história. Assim, em seu artigo sobre a *longue durée*, ele faz uma ligação indissolúvel entre microanálise, o intervalo de curta duração, e fenômenos superficiais:

> À primeira vista, o passado parece consistir em apenas esta massa de fatos diversos, alguns dos quais chamam a atenção, e alguns dos quais são tênues e se repetem indefinidamente. Os fatos em si, isso é, aqueles que vão compor o saque diário da microssociologia ou da sociometria (há também a micro-história). Mas essa massa não forma toda a realidade, toda a profundidade da história sobre a qual o pensamento científico é livre para trabalhar. A ciência social tem praticamente horror ao evento. E não sem alguma justificação, pois o curto intervalo de tempo é o mais caprichoso e mais ilusório de todos.[36]

Esse juízo está longe de ser uma prática histórica que situa dentro de dimensões micro-históricas ou uma análise meticulosa dos conflitos, negociações e transações que constituem relações de poder e

---

35 Ginzburg, *Storia notturna: Una decifrazione del sabba* [Ed. franc.: *Le sabbat des sorcières*; Ed. ing.: *Ecstasies: Deciphering the Witches' Sabbath*.]. Ver também comentários críticos em Chartier, L'invention du Sabbat. In: _____, *Le jeu de la règle: lectures*, p.89-96.

36 Braudel, *Les écrits de Fernand Braudel*, v.2, *Les ambitions de l'histoire*, p.153. [Ed. ing.: History and Social Sciences: The *Longue Durée*. In: *On History*, p.28.]

relação social ou uma percepção dos mitos e ritos mais amplamente compartilhados.

Ainda assim, seria injusto forçar a comparação. Mesmo que tenha reagido negativamente ao termo, Braudel antecipou a prática da micro-história. Algumas das investigações que ele dirigiu na Sexta Seção da École Pratique de Hautes Études (fundada em 1947 por Lucien Febvre) não estão longe de se enquadrar nessa categoria. Na palestra dada perante o Collège Philosophique em 1955, ele apresentou um projeto de pesquisa coletiva sobre a cidade de Chioggia nos seguintes termos:

> Alguns dos meus colaboradores e ex-alunos vêm estudando com apaixonada intensidade, durante os últimos quatro ou cinco anos, e ao custo de grandes esforços, a evolução de preços na pequeníssima cidade de Chioggia, ao sul de Veneza [...]. Temos à disposição para essa cidade não só o movimento de preços, mas o de salários; conhecemos os vários números do censo, a evolução demográfica, nascimentos, casamentos, mortes e de que doenças as pessoas morreram (graças a relatórios de autópsias). Portanto, julgamos ter à nossa frente um caso privilegiado e que poderíamos ser capazes de ver se havia conexões entre diferentes ordens de fatos, e então indagar se o caso tinha significação para o todo da Itália e possibilitar-nos-ia passar para uma generalização que não fosse excessivamente abusiva. Nós haveríamos de vencer ou perder. Mas vocês podem adivinhar facilmente que esse esforço era justificado aos meus olhos apenas pela esperança de vencer e que o problema não era lançar luzes sobre a cidade de Chioggia em si. Não estou dizendo que não deveríamos nos importar com Chioggia, mas temos nela apenas um interesse muito limitado.[37]

---

37 Braudel, *Les écrits de Fernand Braudel*, v.2, *Les ambitions de l'histoire*, p.140-1.

96 ROGER CHARTIER

Diversos traços das técnicas da micro-história já se encontram presentes aqui: um tratamento intensivo e comparativo de dados excepcionais; uma busca por "conexões" entre vários fenômenos; menor interesse na especificidade do local estudado, tomado como laboratório que permite estabelecer – pelo menos como hipóteses – leis gerais. Esse procedimento é muito diferente, obviamente, daquele que governava as descrições monográficas contemporâneas que visam revelar as singularidades de várias áreas territoriais.

Em contrapartida, a perspectiva micro-histórica não abandona necessariamente a ideia de totalidade. A análise de "anomalias" (um dos termos favoritos de Ginzburg) faz sentido porque dá acesso às bases antropológicas mais profundas e ao estudo de relações entre indivíduos, famílias, comunidades, grupos de clientela e autoridades como um meio de penetrar na complexidade das conexões sociais. Nas palavras de Jacques Revel,

[a] contextualização múltipla dos micro-historiadores baseia-se em premissas muito diferentes. Assume-se, para começar, que cada ator histórico participa em um grau ou outro de vários processos (e, portanto, dentro de vários contextos) de diferentes dimensões e em diferentes níveis, dos mais locais aos mais globais – logo, não há descontinuidade, muito menos oposição, entre história local e história global. A experiência de um indivíduo, um grupo ou uma área possibilita apreender algumas modulações particulares da história global. É ao mesmo tempo particular e exclusivo, porque o que o ponto de vista micro-histórico oferece não é uma versão atenuada, parcial ou mutilada das realidades macrossociais, e sim uma versão diferente das mesmas.[38]

---

38 Revel, *Microanalyse et construction du social*, p.26. [Ed. ing.: *Microanalysis*, p.501.]

A MÃO DO AUTOR E A MENTE DO EDITOR 97

O vão entre a história estrutural braudeliana e a prática da micro-história pode ter uma ponte se considerarmos que aquilo que é essencial reside nos efeitos cognitivos específicos permitidos por diferentes níveis de observação.

A poética da história

Um hiato final parece separar a reflexão de Braudel e as interrogações dos historiadores de hoje. De fato, pouco podemos encontrar em seus trabalhos que diga respeito a escrever a história. Na esteira dos trabalhos fundadores de Paul Veyne,[39] Hayden White[40] e Michel de Certeau,[41] os historiadores tomaram consciência de que seus escritos dependem das estruturas narrativas e figuras retóricas que suas obras compartilham com todo discurso representacional, inclusive o da ficção. Braudel parece jamais ter tido grande interesse nos aspectos teóricos de tais questões, e nada nos seus grandes artigos sobre metodologia as prevê. Isso quer dizer que há pouca ou nenhuma referência a suas obras na discussão aberta referente ao *status* instável de uma história situada entre ciência e ficção.

A falta de interesse de Braudel na escrita da história é ainda mais surpreendente porque ele próprio sempre prestou grande atenção à elegância de sua expressão e sua prosa está entre as mais finas. Há diversos modos de interpretar sua reticência. Como outros e antes de outros, ele entendia a atenção prestada à escrita da história como possível enfraquecimento de sua capacidade para o conhecimento. Durante os anos 1970 e 1980, na verdade, a ênfase

---

39 Veyne, *Comment on écrit l'histoire: Essai d'épistémologie*. [Ed. ing.: *Writing History: Essay on Epistemology*.]

40 White, *Metahistory: The Historical Imagination in Nineteenth-Century Europe.*

41 Certeau, *L'écriture de l'histoire*. [Ed. ing.: *The Writing of History*.]

98   ROGER CHARTIER

sobre a dimensão "literária" da história às vezes levou a disciplina a privar-se de todo *status* como forma específica de conhecimento e a assemelhar o conhecimento que produzia àquele oferecido por mitos e romances.

Sob outro aspecto, Braudel, um grande escritor, era um homem que pensava em termos visuais. No parágrafo inicial de seu *O Mediterrâneo: O espaço e a história*, publicado em 1977 com a colaboração de Filippo Corelli e Maurice Aymard, palavras transmitem imagens e sons:

> Neste livro, barcos navegam; as ondas repetem sua canção; trabalhadores em vinhedos descem as encostas do Cinque Terre na Riviera Genovesa; olivas são derrubadas das árvores na Provença e na Grécia; pescadores lançam suas redes na imóvel laguna veneziana ou nos canais de Djerba; carpinteiros constroem botes que ainda hoje se assemelham aos de ontem [...]. E, mais uma vez, olhando para eles, nós nos encontramos fora do tempo.[42]

E, de fato, o livro veio a ser a base para uma série de doze programas de televisão feitos no outono de 1976 por Falco Quilici, que disse a Braudel: "Estou feliz por encontrar um historiador que pensa em imagens".[43] Essa primazia dada à imagem, mostrada na tela ou produzida dentro da imaginação do leitor, talvez seja um dos motivos para Braudel se afastar de uma reflexão exclusivamente focada em estruturas narrativas ou nas figuras retóricas da escrita.

Mais fundamentalmente, parece que, para o conhecimento de Braudel, uma apreensão rigorosa das realidades sociais passadas era em si uma forma de experiência poética. Ele termina seu segundo capítulo das aulas de 1940 com as seguintes palavras:

---

42 Braudel, *La Méditerranée: L'espace et l'histoire*, p.7.
43 Citado de Maurice Aymard in Braudel, *Autour de la Méditerranée*, p.125.

Querer fazer da história uma "ciência" – uma empreitada arriscada, como sabemos – é diminuir o lugar do homem; é aumentar nossos riscos de erro, mais uma vez, como sabemos; alguns chegam a dizer – embora eu não tenha certeza – que é diminuir o lugar da poesia. Mas então, o que é poesia? Em todo caso, acredito que não é esquecer a vida, nem privar-se da intensa alegria de compreendê-la, e melhor que o habitual.[44]

---

44 Braudel, L'histoire, mesure du monde. In: _____, *Les écrits de Fernand Braudel*, v.2, *Les ambitions de l'histoire*, p.46.

Parte II:
O que é um livro?

Capítulo 4

Os poderes da impressão

Como deveríamos pensar sobre as relações entre impressão, entendida como uma técnica específica de reprodução de textos, e outras formas de publicação e difusão da palavra escrita, a cópia manuscrita em particular? Como devemos situar os poderes próprios do livro em relação àqueles de outros objetos escritos, dado que se nem todos os livros são impressos, nem todos os objetos impressos são livros? E, mais fundamentalmente, o que é um livro? Essas são perguntas que este ensaio tentará responder.

A revolução da imprensa

Antes de continuar, precisamos voltar a uma oposição básica, herdada de Elizabeth Eisenstein, entre "cultura impressa" e "cultura escribal" [*scribal culture*].[1] Uma primeira reavaliação diz respeito à própria noção de "cultura da impressão" e a um dos efeitos mais

---

1 Eisenstein, *The Printing Press as an Agent of Change: Communication and Cultural Transformations in Early Modern Europe*; Eisenstein, *The Printing*

104 ROGER CHARTIER

fundamentais que Eisenstein atribui à "revolução da imprensa", que é a disseminação de textos numa escala desconhecida na era do manuscrito. Há pouca discussão acerca desse fato. Com a invenção de Gutenberg, mais textos foram colocados em circulação e cada leitor individual era capaz de encontrar um número maior deles. Mas o que eram esses textos cuja presença foi multiplicada pela impressão? Livros, seguramente, mas como demonstrou D. F. McKenzie,[2] sua impressão constituía uma porção menos importante, bem menos importante, das atividades das gráficas entre os séculos XVI e XVIII. A maior parte do que era produzido consistia em folhetos, panfletos, petições, cartazes e anúncios públicos, formulários, bilhetes, recibos, certificados e muitos outros tipos de impressos efêmeros e de serviços que geravam a maior parte da receita de tais estabelecimentos. Isso tem consequências importantes para a definição da cultura impressa e seus efeitos.

A impressão multiplicou objetos que eram desconhecidos ou pouco familiares na era do manuscrito e os tornou familiares. Nas cidades, pelo menos, a escrita impressa tomou conta dos muros, colocando material de leitura em espaços públicos, e transformou as práticas administrativas e comerciais.[3] Mas precisamos também reformular a oposição entre "cultura escribal" e "cultura impressa" e examinar mais de perto o manuscrito na era da impressão. Depois do surgimento de obras dedicadas à publicação manuscrita na Inglaterra,[4]

Revolution in Early Modern Europe [Ed. franc.: *La révolution de l'imprimé à l'aube de l'Éurope modern.*]

2 McKenzie, The Economies of Print, 1550-1750: Scales of Production and Conditions of Constraint. In: Cavaciocchi (ed.), *Produzione e commercio della carta e del libro, secc. XII-XVIII*, série II, n.23, p.389-425.

3 Castillo Gómez, *Escrituras y escribientes. Prácticas de la cultura escrita en una ciudad del Renacimiento.*

4 Love, *Scribal Publication in Seventeenth-Century England*; Marotti, *Manuscript, Print, and the English Renaissance Lyric*; Woudhuysen, *Sir Philip Sidney and the Circulation of Manuscripts, 1558-1640.*

A MÃO DO AUTOR E A MENTE DO EDITOR   105

na Espanha[5] e na França,[6] hoje ninguém afirmaria que "isto" (a prensa de impressão) matou "aquilo" (o manuscrito). Muitos gêneros escritos (antologias poéticas, tratados políticos, instruções nobiliárias, *nouvelles à la main* – folhas de notícias –, textos libertinos e heterodoxos, partituras musicais e mais) eram distribuídos em cópias manuscritas.[7] As razões variavam: o custo menor das cópias manuscritas; o desejo de evitar censura oficial; preferência por uma circulação limitada; ou a maleabilidade da forma manuscrita, que permitia acréscimos e revisões. Portanto, a impressão, pelo menos nos quatro primeiros séculos de sua existência, não causou o desaparecimento nem da comunicação manuscrita nem da publicação manuscrita.

Além disso, os manuscritos convidavam a novos usos de escrever à mão, conforme atestado por um inventário preliminar de objetos que incitavam seus compradores a preencher com seus próprios escritos espaços que a impressão deixara em branco. Esses espaços incluíam: páginas em branco inseridas em almanaques, espaços em aberto nos formulários, livros comuns contendo apenas rubricas impressas e margens largas e entrelinhas em obras planejadas para receber anotações dos leitores. Muitos exemplos poderiam ser fornecidos de objetos impressos cuja razão de ser era encorajar e preservar a escrita à mão: edições de autores latinos clássicos usadas nas escolas secundárias do século XVI;[8] *chartes de mariage* [contratos de

---

5 Bouza, *Corre manuscrito: una historia cultural del Siglo de Oro.*

6 Moureau (ed.), *De bonne main: la communication manuscrite au XVIIIe siècle*; Moureau, *Répertoire des nouvelles à la main: Dictionnaire de la presse manuscrite clandestine XVIe-XVIIIe siècle*; Moureau, *La plume et le plomb: espaces de l'imprimé et du manuscrit au siècle des Lumières.*

7 Chartier, Le manuscrit à l'âge de l'imprimé (XVe-XVIIIe siècles), *La lettre clandestine,* 7, 1998, p.175-93.

8 Grafton, Teacher, Text, and Pupil in the Renaissance Class-Room: A Case Study from a Parisian College, *History of Universities,* 1, 1981, p.37-70; Blair, Ovidius Methodizatus: The Metamorphoses of Ovid in a Sixteenth--Century Paris College, *History of Universities,* 9, 1990, p.72-118; Letrouit,

106 ROGER CHARTIER

casamento] usados em algumas dioceses no sul da França no século XVII;[9] ou, na Itália do século XVIII, as primeiras agendas que dividiam o dia em seções.[10]

As estreitas ligações entre escritos manuscritos e textos impressos não se limitam aos objetos que os organizam explicitamente. Leitores do passado, e leitores instruídos em particular, frequentemente pegavam obras recém-saídas das gráficas e as transformavam em obras próprias, usando pena e tinta para corrigir os erros que encontravam, elaborando um índice ou errata manuscrito, e mesmo cortando fragmentos das edições impressas e colando os recortes em folhas para criar um livro original.

Essas práticas nos permitem continuar a discussão aberta sobre a padronização que tem sido atribuída à impressão, reconhecendo que padronização não implica que devamos ignorar os muitos processos que limitavam seus efeitos: correção feita no decorrer da impressão que, por causa da pluralidade de associações possíveis entre folhas corrigidas e não corrigidas em cópias da mesma edição, multiplicam os estados de um "mesmo" texto;[11] notas marginais manuscritas que tornam única a cópia usada por um leitor individual;[12] ou uma

---

La prise de notes de cours sur support imprimé dans les collèges parisiens au XVIe siècle, *Revue de la Bibliothèque Nationale de France*, 2, 1999, p.47-56.

9 Chartier, Du rituel au for privé: Les chartes de mariage lyonnaises au XVIIe siècle. In: _____ (ed.), *Les usages de l'imprimé (XVe-XIXe siècles)*, p.229-52. [Ed. ing.: From Ritual to the Hearth: Marriage Charters in Seventeenth-Century Lyons. In: *The Culture of Print: Power and the Uses of Print in Early Modern Europe*, p.174-90.]

10 Braida, Dall'almanacco all'agenda. Lo spazio per le osservazioni del lettore nelle "guide del tempo" italiane (XVIII-XIX secolo), *Acme: Annali della Facoltà di Lettere e Filosofia dell'Università degli Studi di Milano*, 41(3), 1998, p.137-67.

11 McKitterick, *Print, Manuscript, and the Search for Order, 1450-1830*, p.121-6.

12 Ver os ensaios reunidos em Baron; Walsh; Scola, *The Reader Revealed*, e no número especial da *Revue de la Bibliothèque Nationale de France*, 2, 1999,

A MÃO DO AUTOR E A MENTE DO EDITOR   **107**

variedade de textos, impressos ou manuscritos, reunidos à maneira individual do leitor e encadernados em um único volume.[13]

O texto impresso era, portanto, aberto a mobilidade, flexibilidade e variação, mesmo que apenas pelo fato de que, em uma época em que as tiragens permaneciam limitadas (entre 1.000 e 1.750 exemplares por volta de 1680, segundo alguém do ramo, o impressor Alonso Victor de Paredes),[14] o sucesso, daí a reprodução, de uma obra supunha edições múltiplas, que nunca eram idênticas. Assim como a capacidade de reprodução das oficinas gráficas estava longe de estar totalmente mobilizada (pelo menos para a impressão de livros), a sua habilidade para reproduzir um texto idêntico em cada exemplar não implica que este fosse sempre o caso. Por outro lado, a transmissão manuscrita não envolvia necessariamente a alteração de textos, em particular quando, como era o caso dos textos sagrados, sua letra havia sido fixada e era mantido um controle rígido sobre as cópias. Mais do que um diagnóstico abrangente, claramente definido, contrastando a qualidade da impressão com a instabilidade do manuscrito, o que é importante é um exame cuidadoso da especificidade de cada forma de transmissão textual.

Publicação escribal

O vigor da publicação manuscrita entre os séculos XVI e XVIII também deve ser entendido como um efeito durável de uma

---

dedicado a "Le livre annoté". Ver também Sherman, *Used Books: Marking Readers in Renaissance England*.

13 Thomas, Reading and Writing in the Renaissance Commonplace Book: A Question of Authorship?. In: Woodmansee; Jaszi (ed.), *The Construction of Authorship: Textual Appropriation in Law and Literature*, p.401-15.

14 Paredes, *Institución y origen del arte de la imprenta y reglas generales para los componedores*, 2002.

108 ROGER CHARTIER

depreciação da impressão – o "estigma da impressão". O Século de Ouro espanhol oferece um exemplo disso. Quando Dom Quixote visita uma gráfica em Barcelona, fala com um autor superconfiante que mantivera para si os direitos de sua tradução de uma obra intitulada *Le Bagatelle*, da qual estavam sendo impressos 2 mil exemplares. Dom Quixote o adverte:

> Você parece saber um bocado sobre isto [...], mas parece que não levou em consideração a contabilidade fraudulenta dos impressores e os truques que usam. Eu lhe asseguro que, quando você estiver de posse de 2 mil exemplares do seu livro, estará tão exausto que ele irá assustá-lo, especialmente se for um livro um pouco perverso e nem um pouco divertido.[15]

Aqui o texto está brincando com um lugar-comum do Século de Ouro, denunciando a cupidez e desonestidade dos impressores, que são vistos como sempre prontos a falsificar seus livros contábeis e ocultar a verdadeira tiragem de edições que lhes são confiadas, permitindo, assim, vender cópias mais rapidamente e com um preço melhor do que o autor poderia fazê-lo.[16]

---

15 Cervantes, *L'ingénieux Don Quichotte*. In: _____, *Oeuvres romanesques*, 1, p.1359. [Ed. ing.: *Don Quixote*, p.801; Ed. esp.: *Don Quijote de la Mancha*, 1998), II, 62, p.1145.]:
¡Bien está vuesa merced en la cuenta! – respondió don Quijote. Bien parece que no sabe las entradas y salidas de los impresores y las correspondencias que hay de unos a otros. Yo le prometo que cuando se vea cargado de dos mil cuerpos de libros vea tan molido su cuerpo, que se espante, y más si el libre es un poco avieso y nonada picante.

16 As tapeações dos impressores referentes às tiragens reais das edições que imprimiam para o autor são denunciadas no primeiro tratado sobre arte tipográfica, uma obra destinada a confessores e escrita em latim por Lobkowitz e publicada em seu *Theologia moralis fundamentalis*, v.4, *Theologia praeterintentionalis*, p.185-200. Para uma edição recente deste texto, que cita

A MÃO DO AUTOR E A MENTE DO EDITOR   109

Cervantes já fizera uso desse tema em uma de suas *Novelas exemplares*, a "Novela del licenciado Vidriera". Tomás declara ao livreiro numa loja, encostado na parede, "sondando cuidadosamente o caminho por segurança", porque, após mordicar um marmelo encantado por uma amante que o desprezara, ele pensa que é feito de vidro: "Este ofício muito me agradaria, não fosse um defeito a ele ligado". Quando o livreiro pergunta que defeito poderia possivelmente ser, o amante desprezado responde que são

os truques que você usa quando adquire os direitos de um livro e a zombaria que faz de um autor se por acaso ele imprime o livro por sua própria conta; pois em vez de 1.500 cópias, você vai além e imprime 3 mil, e enquanto o autor pensa que são as cópias dele que estão sendo vendidas, na realidade são as suas próprias, das quais você está se livrando.[17]

A má conduta do livreiro era um dos tópicos prediletos entre todos os escritores que estigmatizavam a impressão, denunciando-a por corromper a integridade dos textos distorcidos por compositores ignorantes, adulterar o sentido das obras propostas aos leitores

---

Cervantes em respaldo a sua condenação, ver Caramuel, *Syntagma de arte typographica*, p.134-43.

17 Cervantes, Novela del licenciado Vidriera. In: _____, Cervantes, *Novelas ejemplares*, p.265-301:
Arrimóse un día con grandísimo tiento, porque no se quebrase, a la tienda de un librero, y díjole: – Este oficio me contentara mucho, si no fuera por una falta que tiene. Perguntóle el librero se la dijese. Respondióle: – Los melindres que hacen cuando compran un privilegio de un libro y de la burla que hacen a su autor si acaso le imprime a su costa, pues en lugar de mil y quinientos, imprimen tres mil libros, y cuando el autor piensa que se venden los suyos, se despachan los ajenos. (p.285 [Ed. ing.: *Three Exemplary Novels*, p.73-121, esp.100-1.].)

110 ROGER CHARTIER

incapazes de entendê-las e aviltar a ética do comércio das letras, degradada pelo comércio de livros.[18]

O diálogo que Lope de Vega imagina em *Fuente Ovejuna* entre Barrildo, um camponês, e Leonelo, um estudante retornando para casa de Salamanca, ilustra a falta de confiança que alguns sentiam diante da multiplicação de livros provocada pela invenção da imprensa – uma invenção recente em 1476, a data dos eventos históricos encenados nesta *comedia*. Quando Barrildo elogia os efeitos da impressão, dizendo "Ouço dizer que estão imprimindo tantos livros agora que todo mundo pode escrevê-los. É fantástico", Leonelo responde: "E quanto mais o livro soa como baboseira sem sentido, mais alto todo mundo aplaude. Não nego que a impressão trouxe à tona alguns gênios e ajuda a preservar sua obra, mas ao mesmo tempo destruiu a reputação de outros permitindo que nós os lêssemos".[19] Para o estudante culto, a multiplicação de livros e leitores que se julgavam cultos mas que não o eram subvertia as hierarquias dos mundos acadêmico e social, produzia mais desordem que conhecimento e na verdade não havia gerado nenhum gênio digno de comparação com os velhos Doutores da Igreja.

Os *Sueños* de Quevedo trazem seu próprio testemunho do medo da corrupção de textos que são lidos por leitores para os quais não eram dirigidos. Um livreiro condenado aos estados das chamas eternas, com amarga ironia:

---

18 Ver Nouza, Para qué imprimir: de autores, público, impresores y manuscritos en el Siglo de Oro, *Cuadernos de Historia Moderna*, 18, 1997, p.31-50.

19 Lope de Vega, *Fuente Ovejuna*, II, p.901-8, p.87: Barrildo: "Después que vemos tanto libro impreso, / no hay nadie que de sabio no presume". Leonelo: "Antes que ignoran más, siento por eso, / por no se reducir a breve suma; / porque la confusión, con el exceso, / los intentos resuelve en vana espuma; / y aquel que de leer tiene más uso, / de ver letreros sólo está confuso". [Ed. ing.: *All Citizens are Soldiers: Fuente Ovejuna*, p.22-3.]

A MÃO DO AUTOR E A MENTE DO EDITOR   111

Eu, e todos os outros livreiros, estamos condenados pelos maus trabalhos de outros, e por oferecer reduções em livros escritos em espanhol ou traduzidos do latim. Pois assim armados, tolos e ignorantes nos dias de hoje sabem o que em tempos passados era enaltecido por homens sábios. Mesmo criados sabem latinizar, e você se depara com versos de Horácio postos no vernáculo em qualquer estábulo.[20]

Há, portanto, muitas razões que levaram a cópia manuscrita a continuar presente mesmo quando a reprodução mecânica de textos possibilitada pela invenção de Gutenberg parecia predizer seu desaparecimento. Ao menos por um motivo, o manuscrito permitia uma difusão controlada e limitada de textos que evitavam censura prévia e que podiam circular clandestinamente com mais facilidade do que obras impressas, ao mesmo tempo que corriam menos risco de cair nas mãos de leitores incapazes de compreendê-los. É por isso que os manuscritos foram um veículo essencial para textos libertinos eruditos durante a primeira metade do século XVII e, no século seguinte, para os textos filosóficos materialistas.[21] Ademais, a própria forma do

---

20 Quevedo, *Los sueños: sueños y discursos de verdades descubridoras de abusos, vicios y engaños, en todos los oficios y estados del mundo*, 186, p.131-2: "Yo y todos los libreros nos condenamos por las obras malas que hacen los otros, y por lo que hicimos barato de los libros en romance y traducidos del latín, sabiendo ya con ellos los tontos lo que encarecían en otros tiempos los sabios, que ya hasta el lacayo latiniza, y hallarán a Horacio en castellano en la caballeriza". [Ed. ing.: *Dreams and Discourses*, p.107.]

21 Ver Alcover, Critique textuelle. In: Bergerac, *Oeuvres complètes*, 1, p.101-42; Bergerac, *L'autre monde ou les états et empires de la lune*; Chartier, *Inscrire et effacer: culture écrite et littérature (XIe-XVIIIe siècle)*, cap.5, "Livres parlants et manuscrits clandestins: les voyages de Dyrcona", p.101-25 [Ed. ing.: Talking Books and Clandestine Manuscripts: The Travels of Dyrcona. In: *Inscription and Erasure: Literature and Written Culture from the Eleventh to the Eighteenth Century*, p.63-83.]; Bénitez,

112 ROGER CHARTIER

livro manuscrito, aberto a correções, eliminações e adições em todos os estágios de sua fabricação, da composição à copiagem, e da cópia terminada à encadernação, permitia escrever em várias ocasiões (no caso de instruções nobiliárias, enriquecidas com textos novos com o passar de cada geração), ou escrever a várias mãos (como no caso de coletâneas de poesia cujos leitores eram frequentemente seus autores). Finalmente, a publicação manuscrita constituía uma alternativa para certas formas de corrupção produzidas pela impressão: removia o comércio das letras dos interesses econômicos (exceto quando assumia forma comercial, como no caso das *nouvelles à la main*)[22] e protegia textos de alterações introduzidas por compositores canhestros e revisores ignorantes.

Livro, obra e literatura

Os efeitos inerentes à invenção de Gutenberg talvez não sejam, portanto, aqueles que têm sido ressaltados com mais frequência. Eles dizem respeito às relações entre obras como textos e as maneiras como esses textos eram inscritos em forma material. Em primeiro lugar, embora o livro impresso tenha herdado as estruturas básicas do livro manuscrito (isto é, a distribuição do texto em meio às junções e folhas inerentes ao códice, qualquer que fosse a técnica para produzi-lo ou reproduzi-lo), propunha inovações que modificavam

---

La face cachée des lumières: Recherches sur les manuscrits philosophiques clandestins de l'âge classique.

22 Ver Dooley; Baron, *The Politics of Information in Early Modern Europe*. Ver também Chartier, *Inscrire et effacer*, cap.4, "Nouvelles à la main, gazettes imprimés: Cymbal et Butter", p.79-100 [Ed. ing.: Handwritten Newsletters, Printed Gazettes: Cymbal and Butter. In: *Inscription and Erasure*, p.46-62].

A MÃO DO AUTOR E A MENTE DO EDITOR   113

profundamente a relação do leitor com o material escrito.[23] O mesmo vale para os paratextos ou, mais precisamente (na terminologia de Gérard Genette), os peritextos, que formam o material introdutório do livro. Com a impressão, estes adquiriram uma identidade tornada imediatamente perceptível por meio de sinais particulares (itálico, vogais com sinais gráficos, símbolos) na assinatura ou assinaturas que compunham o material preliminar, que era sempre impresso (junto com tabelas e índices) depois que o corpo do livro já estava impresso e frequentemente redigido pelo livreiro ou editor.[24] As metáforas arquitetônicas dos séculos XVI e XVII que falavam em "pórticos" que conduziam à obra propriamente dita encontravam forte visibilidade na marcada separação tipográfica entre a obra e o que Borges chamou de "vestíbulo" que levava a ela.[25]

Obras de um autor eram mais comumente reunidas num livro impresso do que num manuscrito. A inovação não era absoluta, dado que, começando no século XIV, pois alguns escritores usavam o vernáculo, os leitores formaram o hábito de reunir seus textos em um volume. Isso rompeu com a tradição dominante da era do manuscrito, que era a miscelânea combinando textos de gêneros, datas e

---

23 Para um exemplo do efeito que elementos tipográficos (formato, *layout* de página, pontuação) tinham sobre o significado, ver o estudo pioneiro de McKenzie, Typography and Meaning: The Case of William Congreve. In: Barber; Fabian, *Buch und Buchhandel in Europa im achtzehnten Jahrhundert*, p.81-125, reimpresso em McKenzie, *Making Meaning: "Printers of the Mind" and Other Essays*, p.198-236.

24 Gaskell, *A New Introduction to Bibliography*, p.7-8; Veyrin-Forrer, Fabriquer un livre au XVIe siècle. In: Chartier; Martin (ed.), *Histoire de l'édition française*, v.2, *Le livre triomphant: du Moyen Âge au milieu du XVIIe siècle*, p.336-69, esp. p.345; Escapa et al., El original de imprenta. In: Rico (ed.), *Imprenta y crítica textual en el Siglo de Oro*, p.29-64, esp. p.40.

25 Chartier, Paratesto e preliminar: Cervantes e Avellaneda. In: Santoro; Tavoni (ed.), *I Dintorni del testo: Approcci alle periferie del libro*, p.137-48, incluído adiante como cap. 9.

114 ROGER CHARTIER

autores bem diferentes.[26] A edição fólio dos *Workes*, de Ben Jonson, reunida por ele mesmo em 1616, ou a edição fólio de Shakespeare de 1623, que não deveu nada a Shakespeare, mas tudo aos seus antigos camaradas e aos papeleiros que detinham ou haviam adquirido os "direitos de cópia" de suas peças,[27] deram exemplares ilustrações da ligação entre a materialidade do livro impresso e o conceito de uma obra autoral.

O mesmo era verdade para a noção de "literatura nacional", como foi mostrado pela iniciativa do livreiro/editor Humphrey Moseley, que publicou uma série de trabalhos de poetas e dramaturgos ingleses contemporâneos começando em 1645. Esses volumes tinham um formato homogêneo (*in-octavo* para poesia, *in-quarto* para peças); suas páginas de título tinham um *layout* similar e seus frontispícios traziam um retrato do autor. Numa época em que a escrita para teatro não era reconhecida como "literatura" (como mostra o fato de Bodley e seus bibliotecários excluírem tais trabalhos de sua coleção), o empreendimento de Moseley, ultrassimpatizante do rei e editor (em 1647) da edição fólio das obras de Beaumont e Fletcher,[28] deu uma coerência que separava poesia e teatro de outros gêneros textuais, como história, narrativa, relatos de viagens e mais, e construiu

---

26 Guerrini, Il sistema di comunicazione di un corpus di manoscritti quattro-centeschi, *Scrittura e Civiltà*, 10 1986, p.122-97; Petrucci, Dal libro unitario al libro miscellaneo. In: Giardina (ed.), *Società romana e imperio tardoantico*, v.4, *Tradizione dei classici, trasformazioni della cultura*, p.173-87 [Ed. ing.: From the Unitary Book to the Miscellany. In: Petrucci, *Writers and Readers in Medieval Italy: Studies in the History of Written Culture*, p.1-18.].

27 Blayney, *The First Folio of Shakespeare*; West, *The Shakespeare First Folio: The History of the Book*; Chartier, Éditer Shakespeare (1623-2004), *Ecdotica*, 1, 2004, p.7-23, que aparece adiante como cap. 11.

28 Kastan, Humphrey Moseley and the Invention of English Literature. In: Baron; Lindquist; Shevlin (ed.), *Agent of Change: Print Culture Studies after Elizabeth L. Eisenstein*, p.105-24; Masten, *Textual Intercourse: Collaboration, Authorship, and Sexualities in Renaissance Drama*.

um repertório que incluía apenas escritores ingleses. Essa iniciativa não foi única, dado que na mesma época, na França, Charles Sorel publicou sua *Bibliothèque françoise* (1644–5),[29] obra que continha apenas autores nascidos dentro do reino ou naturalizados por meio de traduções, como foram, por exemplo, as "novelas cômicas" que apareceram na Espanha e foram julgadas suficientemente morais.

A autoridade sobre o texto e o prazer de ler

Portanto, a palavra impressa não era destituída de poderes. Mas deveriam esses poderes ser atribuídos às possibilidades abertas pela invenção técnica ou à construção social e cultural do crédito a eles concedido?[30] A tese agora clássica que estabelecia uma ligação próxima entre corrigir, padronizar e difundir textos e sua reprodução mecânica e a disseminação das oficinas tipográficas opunha-se frontalmente à perspectiva que ressaltava que a tipografia não tinha propriedades intrínsecas. Segundo Adrian Johns, tais propriedades são sempre construídas pelas representações e convenções que permitem aos leitores ter confiança (ou não) nos empreendedores, julgar a autenticidade dos textos e o valor das edições, ou dar crédito ao conhecimento transmitido por livros impressos.[31] Ao estabelecer regras compartilhadas (embora não sem conflitos e diferenças de opinião) que podiam ser mobilizadas para identificar textos corrompidos e informações falsas, pessoas do ofício do livro tentaram responder ao descrédito longamente estabelecido vinculado tanto aos livros impressos quanto àqueles que os produziam.

---

29 Sorel, *La Bibliothèque Françoise* (1664).

30 Ver a troca de comentários (às vezes amarga) entre Elizabeth Eisenstein e Adrian Johns em AHR Forum: How Revolutionary Was the Print Revolution?, *American Historical Review*, 107(1), 2002, p.84-128.

31 Johns, *The Nature of the Book: Print and Knowledge in the Making*.

116 ROGER CHARTIER

O foco em práticas coletivas que conferiam autoridade a obras impressas inscreve a história da "cultura da impressão" dentro do paradigma que governa a nova história das ciências. Essa história, como se sabe, privilegia três coisas: negociações que estabelecem as condições para a replicação de experimentos, permitindo assim a comparação ou acumulação de seus resultados; as convenções que definem o crédito a ser atribuído (ou recusado) à certificação de descobertas de acordo com a reputação das testemunhas e sua competência para dizer a verdade; e as controvérsias que estabelecem não só teorias antagônicas, porém, mais ainda, concepções opostas referentes a condições sociais e epistemológicas que governam a produção de enunciados acerca do mundo natural.[32] Esse modelo de inteligibilidade fala com pertinência às múltiplas transações que conferem (ou tentam conferir autoridade a todos os textos e todos os livros que oferecem discursos dentro do regime do verdadeiro e do falso. A filosofia natural – mas também livros de teologia e relatos de viagem – produz tais verdades, que devem ser creditadas de várias maneiras, dentro ou fora do texto.

Mas será isso verdade também para todos os produtos impressos, grande parte dos quais – talvez a maior parte – é dedicada a textos que escapam dos critérios de veracidade? Entre estes, por exemplo, estão todas as obras de ficção que ainda não são consideradas literatura e cuja recepção não é comandada pelas convenções dos discursos do conhecimento. No caso de obras teatrais, a civilidade que deveria ditar respeito ao "direito de cópia" possuído pelo livreiro que primeiro deu entrada com um título do registro da Companhia dos Papeleiros de forma alguma implica um respeito similar

---

32 Shapin; Schaffer, *Leviathan and the Air-Pump: Hobbes, Boyle, and the Experimental Life*; Shapin, *A Social History of Truth, Civility and Science in Seventeenth-Century England*.

A MÃO DO AUTOR E A MENTE DO EDITOR **117**

à autenticidade do texto ou à exatidão do trabalho de impressão.[33] Aqui, nem o desejo de ler nem o prazer na leitura parecem depender do crédito atribuído à edição ou à confiança concedida ao editor. Esse foi o caso envolvendo a circulação de *comedias* no Século de Ouro na Espanha. Na epístola dedicatória de *La Arcadia*,[34] Lope de Vega deplora a circulação de edições falhas de suas peças, justificando, assim, sua própria decisão de publicá-las, apesar de sua reticência em relação a imprimir obras destinadas a representação teatral. Nessa dedicatória ele descreve um dos procedimentos que levaram à publicação de textos corrompidos, graças a

> algumas pessoas que vivem, se alimentam e se vestem roubando comédias daqueles que as produzem no palco, dizendo que as memorizam simplesmente escutando-as e que isso não é roubo porque o autor as está vendendo ao público e eles próprios podem se beneficiar de sua memória.[35]

Visando poder verificar se esses ladrões tinham a boa memória da qual se gabavam, Lope afirma que havia comparado seus trabalhos com as transcrições feitas por um deles, conhecido como "o da grande memória" [*el de la gran memoria*]. O resultado confirmou seus piores temores:

> Descobri, lendo essas transcrições, que para uma linha de verso que era minha, havia uma infinidade feita por ele, composta com

---

33 Kastan, *Shakespeare and the Book*.

34 Impresso na 13ª *Parte* de suas *comedias* em 1620.

35 "Unos hombres que viven, se sustentan, y visten de hurtar a los autores las comedias, diciendo que las toman de memoria de sólo oirlas, y que éste no es hurto, respecto de que el representante las vende al pueblo, y que se pueden valer de su memoria." (Case (ed.), *Las dedicatorias de partes XIII-XX de Lope de Vega, Parte XIII* (1620), p.54-6.)

suficientes tolices, extravagâncias e ignorâncias para destruir a honra e a reputação do melhor dos poetas, seja aqui na nossa nação ou no estrangeiro, onde [as peças] já são lidas com muito prazer.[36]

A observação de Lope é plenamente confirmada pela análise de um manuscrito, provavelmente baseado numa reconstituição de memória, de *Peribáñez y el Comendador de Ocaña* que mal chega a conter cem versos em comum com o texto conforme foi impresso em 1614, na quarta *Parte* das obras de Lope.[37] Leitores não parecem ter sido afastados dessas edições corrompidas e carentes de fidelidade mais do que foram por edições que atribuíam falsamente a Lope de Vega *comedias* que ele nunca escreveu, o que era outro golpe na sua honra e reputação, levando-o a publicar uma lista de trabalhos que escrevera nas edições de 1604 e 1618 de seu romance cristão, *El peregrino en su patria*.[38]

O sagrado, magia e sentimento

Em forma impressa ou manuscrita, o livro era duradouramente dotado de grandes poderes, tanto desejados quanto temidos. Por toda a cristandade, a Bíblia era o objeto de usos propiciatórios que pouco tinham a ver com a leitura de seu texto e muito a ver com sua presença

---

36 "He hallado, leyendo sus traslados, que para un verso mío hay infinitos suyos, llenos de locuras, disparates e ignorancias, bastantes a quitar la honra y opinión al mayor ingenio en nuestra nación, y las extranjeras, donde ya se leen con tanto gusto." (Ibid.)

37 Ruano de la Haza, An Early Rehash of Lope's Peribañez, *Bulletin of the Comediantes*, 25, 1983, p.6-29; Ruano de la Haza, En torno a una edición crítica de "*La vida es sueño*", de Calderón. In: Canavaggio (ed.), *La comedia*, p.77-90.

38 Lope de Vega, *El peregrino en su pátria*, p.57-64.

A MÃO DO AUTOR E A MENTE DO EDITOR   119

em proximidade com o corpo. E também por toda a cristandade, o livro de magia era investido com uma carga de sacralidade que dava conhecimento e poder ao homem ou mulher que o lesse, mas que, na mesma moeda, caía sob seu domínio.[39] Livros de magia continham esse duplo poder, fossem eles impressos, como as muitas edições do *Grand Albert* e do *Petit Albert*, ou em manuscrito, como os livros de encantamentos que eram copiados e mantidos com temor. Seus leitores eram invadidos e tomados pelo livro, que os sujeitava ao seu poder. Esse tipo de captura podia apenas ser expresso na linguagem da possessão diabólica ou de uma loucura provocada pela leitura em excesso.[40]

No século XVIII, corpos refletiam, para o melhor e às vezes para o pior, os poderes do livro e os perigos ou benefícios da leitura. O discurso assumiu um tom médico, construindo uma patologia da leitura excessiva, considerada como doença que acometia o indivíduo ou como epidemia coletiva. A leitura incontrolada era tida como perigosa porque combinava imobilidade corporal e excitação da imaginação. E introduzia a pior das enfermidades: estômago ou intestinos ingurgitados, nervos perturbados, exaustão corporal. Profissionais da leitura – isto é, homens de letras – eram os mais expostos a tais distúrbios, considerados as fontes de hipocondria, sua doença característica.[41] Mas o exercício solitário da leitura também conduzia

---

39 Estou seguindo aqui a magnífica análise de Fabre, Le livre et sa magie. In: Chartier (ed.), *Pratiques de la lecture* (1985), p.231-63. Para os poderes mágicos de textos manuscritos, ver Bouza, *Corre manuscrito*, cap. 2, "Tocar las letras: cédulas, nóminas, cartas de toque, resguardo y daño en el siglo de Oro", p.85-108.

40 Charuty, *Le couvent des fous: l'internement et ses usages en Languedoc aux XIXe et XXe siècles.*

41 Ver Tissot, *De la santé des gens de lettres* (1768) [Ed. ing.: *An Essay on Diseases Incidental to Literary and Sedentary Persons.*]; Chartier, L'homme de lettres. In: Vovelle (ed.), *L'homme des lumières*, p.159-209, esp. p.196-9 [Ed. ing.: Cochrane, The Man of Letters. In: Vovelle (ed.), *Enlightenment Portraits*, p.142-89.].

120 ROGER CHARTIER

à imaginação dispersiva, rejeição da realidade e preferência por fantasias. Isso implicava uma estreita ligação entre leitura excessiva e "prazeres solitários", que produziam os mesmos sintomas: palidez, preocupação e prostração.[42] O perigo era maior quando a obra sendo lida era uma novela ou romance e o leitor ou a leitora havia se retirado para a solidão. A essa altura, a leitura era julgada com base em seus efeitos corporais, e aquela somatização de uma prática, cujos perigos haviam sido tradicionalmente descritos com o auxílio de categorias filosóficas e morais,[43] talvez fosse o primeiro sinal de uma mudança acentuada tanto de comportamentos como de representações.

Mas o corpo podia revelar também a mais sincera forma de emoção – do tipo produzido por identificação com um texto que traz uma consciência pragmática de coisas e seres e possibilita ao leitor apreender, na evidência do sentimento, a diferença entre bem e mal. Diderot expressou esse tipo de perturbação emocional ao ler Richardson. Ele descreve seus sentimentos ao ler o relato de Richardson sobre o enterro de Clarissa numa carta a Sophie Volland, datada de 17 de setembro de 1761: "Meus olhos se encheram de lágrimas, não pude mais ler, levantei-me e comecei a lamentar, interpelando o irmão, a irmã, o pai, a mãe e os tios e falando em voz alta, para grande espanto de Damilaville, que não entendia uma palavra dos meus apaixonados discursos e perguntou-me o que havia de errado".[44] Vários meses depois, no *Éloge de Richardson* que escreveu para o *Journal Étranger*, Diderot atribuiu suas próprias reações a Damilaville:

> Eu estava com um amigo quando recebi o funeral e testamento de Clarissa, dois trechos que o tradutor francês deixou de fora,

---

42 Laqueur, *Solitary Sex: A Cultural History of Masturbation*.
43 Ife, *Reading and Fiction in Golden-Age Spain: A Platonist Critique and Some Picaresque Replies*, p.49-83.
44 Diderot, *Correspondance*, p.348. [Ed. ing.: *Diderot's Letters to Sophie Volland: A Selection*, p.93.]

A MÃO DO AUTOR E A MENTE DO EDITOR **121**

por algum motivo. Esse amigo é um dos homens mais meigos que conheço e um dos mais ardentes devotos de Richardson: quase tão ardente quanto eu. Ele prontamente agarrou as páginas e retirou-se para um canto para lê-las. Eu fiquei a observá-lo: primeiro vi lágrimas correndo, ele parou de ler sem saber aonde ia, chorando como um homem aflito e dirigindo os mais amargos reproches a toda a família Harlowe.[45]

Movimentos corporais cada vez mais violentos e uma alma abalada acompanham a irreprimível perturbação que invade o leitor, e suas lágrimas, soluços, agitação, gritos e, finalmente, imprecações mostram, portanto, que, como tão bem colocou Jean Starobinski, "a energia que emerge do romance pode ser totalmente derramada na vida real".[46]

Os poderes da impressão; os poderes do códice

Refletir sobre os poderes da impressão sugere dois comentários. O primeiro é uma advertência contra qualquer identificação abertamente apressada da impressão com o livro. A invenção de Gutenberg permitiu a produção maciça e a ampla disseminação de objetos impressos que não eram livros. Esses humildes produtos impressos que só raramente sobreviveram ao tempo de sua utilidade trouxeram profundas transformações nas práticas sociais. Tornaram mais necessário saber ler e, para os que ofereciam espaços em branco

---

45 Diderot, *Éloge de Richardson*. In: _____, *Arts et lettres (1739-1766), Critique I*, p.181-208. [Ed. ing.: In Praise of Richardson. In: Diderot, *Selected Writings on Art and Literature*, p.82-97, esp. p.94.]

46 Starobinski, "Se mettre à la place": (La mutation de la critique, de l'âge classique à Diderot), *Cahiers Vilfredo Pareto*, 38-9 (1976), p.364-78, esp. p.377.

para acréscimos manuscritos, saber escrever. Em suas formas mais frágeis e humildes, então, um dos primeiros poderes da impressão foi fortalecer a escrita à mão e criar novos usos para ela.

Um segundo comentário ligado ao poder e à inquietante força do livro o coloca num intervalo de tempo mais longo. Apesar do título do livro justamente famoso de Lucien Febvre e Henri-Jean Martin, *L'apparition du livre* [A aparição do livro],[47] o livro, nosso livro, feito de folhas e páginas, não surgiu com a impressão. Isso significa que precisamos tomar cuidado para não atribuir à prensa e aos caracteres de tipos móveis inovações textuais (índice remissivo, tabelas, concordâncias, paginação numerada) ou costumes que acompanharam a invenção, mais de dez séculos antes, que as tornaram possíveis: a invenção do códice. Quando a nova forma de livro substituiu o rolo, foi uma primeira revolução que permitiu ações que antes eram totalmente impossíveis, tais como folhear a obra, encontrar uma passagem específica com facilidade, usar um índice ou escrever no decorrer da leitura.[48] O período que vai do século II ao século IV introduziu a nova forma de livro herdada pela impressão, formando a base para a sedimentação histórica no muito longo prazo que, até a revolução digital, definiu tanto a ordem de discursos como a ordem de livros.

Se o aparecimento do códice é o primeiro legado dessa mudança, uma segunda ruptura ocorreu com a invenção de Gutenberg durante os séculos XIV e XV, com o surgimento do "livro unitário", conforme o denomina Armando Petrucci, que reunia dentro de uma mesma

---

47 Febvre; Martin, *L'apparition du livre*. [Ed. ing.: *The Coming of the Book: The Impact of Printing 1450-1800*.]

48 Cavallo, Testo, libro, lettura. In: Cavallo; Fedeli; Giardina (ed.), *Lo spazio letterario di Roma antica*, v.2, *La circolazione del testo*, p.307-34; Cavallo, Libro e cultura scritta. In: Momigliano; Schiavone (ed.), *Storia di Roma*, v.4, *Caratteri e morfologie* (1989), p.693-734. Ver também Blanchard (ed.), *Les débuts du codex*.

encadernação as obras (ou uma obra) de um autor.[49] Embora essa forma material fosse a regra para um corpo jurídico, para as obras canônicas da tradição cristã ou para os clássicos da antiguidade, o mesmo não era verdade para textos em linguagens vernáculas, que eram geralmente publicados em miscelâneas de trabalhos de diferentes datas, gêneros ou linguagens. Para escritores "modernos", o livro "unitário" – um livro estabelecendo uma ligação entre o objeto material, a obra (uma obra particular ou uma série de obras) e o autor – brotou em torno de figuras tais como Petrarca ou Boccaccio, Christine de Pisan ou René d'Anjou. O terceiro período na longa história ligando o objeto, a obra e o livro foi, é claro, impulsionado pela invenção da prensa e do tipo móvel em meados do século XIV. A partir desse momento, embora sem causar o desaparecimento da publicação manuscrita, a impressão tornou-se a técnica usada com mais frequência para reprodução da escrita e produção de livros.

Nós somos os herdeiros dessas três histórias. Primeiro, referente à definição do livro, que é para nós tanto um objeto diferente daqueles outros objetos da cultura escrita como uma obra intelectual ou estética dotada de uma identidade e de uma coerência atribuídas ao seu autor. Segundo, e mais amplamente, para uma percepção da cultura escrita fundamentada nas distinções imediatas e materiais entre os objetos oferecidos pelos vários gêneros textuais e que implicam diferentes usos.

Textualidade digital

A textualidade eletrônica desafia a ordem do discurso. Um suporte – neste caso, a tela do computador – confronta o leitor com

---

49 Petrucci, From the Unitary Book to the Miscellany. In: _____, *Writers and Readers in Medieval Italy: Studies in the History of Written Culture*, p.1-18.

124 ROGER CHARTIER

vários tipos de texto que, no mundo da cultura manuscrita e, por razão ainda maior, na cultura impressa, estavam distribuídos entre objetos distintos. Agora todos os textos, o que quer que sejam, podem ser produzidos ou recebidos no mesmo suporte e numa forma usualmente escolhida pelo próprio leitor. Isso cria uma continuidade textual que não mais diferencia gêneros com base na sua inscrição material. Na mesma moeda, a percepção de obras como obras torna-se mais difícil. Ler em uma tela de computador é geralmente uma leitura descontínua que usa palavras-chave ou pistas temáticas para encontrar os fragmentos desejados – um artigo num periódico eletrônico, um trecho de livro, uma informação num *site* da *web* –, e isso é feito sem que o operador necessariamente tenha qualquer conhecimento da identidade daquele fragmento ou de sua inerente coerência dentro da totalidade textual da qual ele é extraído.

A relação que torna visível a coerência de obras, impondo uma percepção das mesmas como entidade textual mesmo a um leitor que quer ler apenas algumas páginas, é, portanto, quebrada. Este não é mais o caso no mundo da textualidade digital, porque os discursos não são mais inscritos em objetos que nos permitem classificá-los, estabelecer uma hierarquia entre eles ou reconhecê-los pela sua natureza. O mundo digital é um mundo de fragmentos descontextualizados, justapostos e indefinidamente recompostos, livres de qualquer necessidade ou desejo de compreensão da relação que os inscreve dentro das obras das quais foram extraídos.

Pode-se discordar afirmando que este sempre foi o caso na cultura escrita, que tem sido ampla e duravelmente construída com base em coletâneas de trechos, antologias de lugares-comuns (no sentido nobre dessa palavra na Renascença) e *morceaux choisis*. É verdade. Mas, na cultura da impressão, o desmembramento de obras escritas é acompanhado de seu oposto: sua circulação em formas que respeitam sua integridade e que, às vezes, as reúnem em *"oeuvres"* que podem ou não ser completas. Ademais, na antologia em si, fragmentos estão

A MÃO DO AUTOR E A MENTE DO EDITOR   125

necessária e materialmente ligados com uma totalidade textual que é reconhecível como tal.

O mundo digital carrega uma promessa sedutora, oferecida pela capacidade da nova tecnologia de inventar formas originais de escrever, livres das restrições impostas pela morfologia do códice e do regime jurídico do *copyright*. Essa escrita, que combina polifonia e palimpsesto e que é aberta e maleável, infinita e em movimento, perturba as categorias que, desde o século XVIII, têm sido o alicerce da propriedade literária e de todas as práticas e hábitos de leitura.[50] No reino digital, não é o objeto escrito que é dobrado, como no caso do manuscrito ou da página impressa, mas o próprio texto. Isso significa que a leitura consiste em "desdobrar" aquela textualidade móvel e infinita.[51] Uma leitura dessa espécie traz para a tela unidades textuais efêmeras, múltiplas e individuais, reunidas pela vontade do leitor, que não podem ser definidas, de uma vez por todas, como páginas.

É nesse sentido que a promessa é também um desafio. A imagem da navegação digital que se tornou tão familiar mostra claramente as características de uma maneira de ler nova, segmentada e descontínua. Embora seja bastante apropriada para textos como enciclopédias, que são fragmentados pela sua própria construção, esse modo de ler é perturbado ou desorientado quando usado em gêneros cuja apropriação supõe uma leitura contínua e a percepção do texto como uma criação original e coerente.

Esse desafio é particularmente marcante para as gerações mais jovens de leitores, que (pelo menos em meios suficientemente abastados e nos países mais desenvolvidos) penetraram na cultura escrita diante de uma tela de computador. No caso deles, uma prática muito imediata e muito espontânea de leitura acostumada à fragmentação de textos de todos os tipos colide frontalmente com categorias forjadas

---

50 Doueihi, *La grande conversion numérique*. [Ed. ing.: *Digital Cultures*.]
51 de las Heras, *Navegar por la información*, p.81-164.

126   ROGER CHARTIER

no século XVIII para definir obras com base em sua singularidade e sua totalidade. Há muita coisa em jogo. Um resultado poderia ser a possível introdução na textualidade digital de procedimentos capazes de perpetuar os critérios clássicos de definição e percepção de obras que subjazem à propriedade literária; outro poderia ser o abandono desses critérios em proveito de um novo meio de perceber e pensar a palavra escrita, sustentada como sendo um discurso contínuo no qual o leitor corta e recompõe textos com total liberdade.

A história não nos dá uma resposta. A única competência dos historiadores, que são profetas pobres de coisas por vir, é recordar que, dentro da longa duração da cultura escrita, toda mudança (o aparecimento do códice, a invenção da prensa, revoluções em práticas de leitura) produziu uma coexistência original de ações do passado com técnicas novas. Toda vez que tal mudança ocorreu, a cultura escrita conferiu novos papéis a velhos objetos e práticas: o rolo na era do códice, publicação manuscrita na era da impressão. É exatamente uma tal reorganização da cultura escrita que a revolução digital requer, e pode-se supor que, como no passado, escritos serão redistribuídos entre os velhos e novos suportes que permitam sua inscrição, sua publicação e sua transmissão. Resta, porém, o fato novo da dissociação de, e até mesmo a contradição entre, categorias que constituíram uma ordem de discurso fundamentada no nome do autor, na identidade de obras e na propriedade intelectual e, de outro lado, o radical desafio a essas noções, todas elas expressas pelo mundo digital, que propõe para a escrita o que Michel Foucault desejava para a fala:

> Eu realmente gostaria de ter escorregado imperceptivelmente para dentro desta palestra, como para dentro de todas as outras que vou proferir, talvez no decorrer dos anos pela frente. Eu teria preferido estar envolvido em palavras, transportadas muito além de todos os inícios possíveis. No momento de falar, eu gostaria de

ter percebido uma voz sem nome, precedendo-me em muito, dei-xando-me meramente para imergir nela, assumindo sua cadência, e me alojar, quando ninguém estivesse olhando, em seus interstícios como se ela tivesse feito um instante de pausa, em suspense, para me fazer um aceno.[52]

---

52 Foucault, *L'ordre du discours: leçon inaugurale au Collège de France prononcée le 2 décembre 1970*, p.7. [Ed. ing.: *The Archeology of Knowledge and the Discourse on Language*, p.215.]

Capítulo 5

A mão do autor

O ponto de partida desta reflexão é a constituição de arquivos literários por toda a Europa. O primeiro deles foi o Deutsches Literaturarchiv Marbach [Arquivo de literatura alemã de Marbach], um projeto definido nestes termos: "Os arquivos visam colecionar, catalogar e processar todo tipo de documentos relacionados com a moderna literatura germânica (de 1750 até o presente dia)". De onde surge a primeira pergunta: por que 1750? Os arquivos literários francês e britânico, em parte inspirados pelo exemplo de Marbach, não servem como ajuda direta para responder a essa pergunta, uma vez que escolheram deliberadamente enfocar apenas registros dos séculos XIX e XX. Esse é o caso do Institut Mémoires de l'Édition Contemporaine (Imec) [Instituto Memórias da Edição Contemporânea], fundado em 1988 com o objetivo "de reunir, preservar e explorar os arquivos dos diferentes atores envolvidos em publicação e criação estética". As coleções do Imec, armazenadas e consultadas desde 1998 na Abbaye d'Ardenne, perto de Caen, são compostas principalmente de suas séries de registros: 85 arquivos de editores, sendo o mais antigo os arquivos de Hachette, Hetzel e Flammarion – todos editores da segunda metade do século XIX – e 345 arquivos de autores que viveram no século XX.

130 ROGER CHARTIER

A mesma ênfase nos séculos XIX e XX vale para as duas coleções do Archive of British Publishing and Printing and Author's Papers [Arquivo de Publicação e Impressão e Documentos de Autores Britânicos] mantidas nas Coleções Especiais da Biblioteca da Universidade de Reading, onde, entre os manuscritos literários de cinquenta autores, o arquivo mais espetacular é a Coleção Beckett, com mais de seiscentos dos manuscritos e textos tipografados do autor. Seguindo os exemplos britânico e francês, a resposta para a minha pergunta inicial poderia ser muito simples: os arquivos literários modernos colecionam e preservam documentos que não foram anteriormente levados em consideração pelos arquivos tradicionais. Eles guardam um precioso patrimônio de registros e documentos modernos que era geralmente ignorado pelos arquivos nacionais ou regionais, sendo, em vez disso, preservado por editores e escritores.

A data de 1750, porém, permanece intrigante, porque levanta outra questão: teria sido possível construir arquivos literários para o início dos tempos modernos? Registros de editores e impressores dos três primeiros séculos após a invenção de Gutenberg são realmente raros, bem como manuscritos de autores. Essa ausência tem preocupado eruditos que fazem a *critique génétique* [crítica genética] dedicada a seguir o processo criativo que leva ao texto impresso e deixa registros múltiplos: esboços e esquemas da obra, notas e documentos, séries de rascunhos, provas corrigidas. Tal abordagem crítica pressupõe que traços de diferentes estágios do processo criativo eram mantidos – geralmente pelo próprio autor. Mas será a crítica genética possível antes do século XIX ou do século XX, quando autores como Flaubert, Zola ou Proust deixaram vestígios que permitem aos críticos ir, como escreveu Pierre-Marc de Biasi, "do autor para o escritor, do que foi escrito para a escrita, da estrutura para o processo, da obra para sua gênese?"[1]

---

1 Biasi, *La génétique des textes*, p.9.

A MÃO DO AUTOR E A MENTE DO EDITOR   131

Manuscritos assinados antes da metade do século XVIII

Tal pergunta levou primeiro a uma busca por manuscritos de autores anteriores ao século XIX. Para escritores franceses do século XVIII, os achados não são tão raros. Existem rascunhos assinados com rasuras, correções, alterações ou anotações para *A nova Heloísa*, de Rousseau, *A religiosa*, de Diderot, *Ligações perigosas*, de Choderlos de Laclos, e *Paulo e Virgínia*, de Bernardin de Saint-Pierre (para não mencionar o excepcional rolo de doze metros de *Os 120 dias de Sodoma*, de Sade). Também sobrevivente é o manuscrito assinado de *Diálogos ou Rousseau juíz de Jean-Jacques*, de Rousseau, que o autor quis deixar no coro de Notre Dame imediatamente após ter completado o trabalho, mas, como os portões da catedral estavam fechados, resolveu dá-lo a Condillac. Rousseau fez outras três cópias assinadas dos *Dialogues*, uma obra que foi publicada somente em 1782. Portanto, manuscritos assinados franceses existem, mas todos os exemplos que mencionei são posteriores a 1750, como o são as cópias de escribas corrigidas pelo autor, tais como o *Cândido*, de Voltaire, ou as obras de Diderot copiadas por seu escriba Girbal.

Antes da metade do século XVIII, manuscritos autorais são infrequentes e foram preservados por razões excepcionais. Brantôme, que morreu em 1614, deixou para seus herdeiros os sete volumes de seu *Livre des dames* [Livro das senhoras], pedindo-lhes que publicassem o trabalho, o que foi só feito em 1665.[2] Os fragmentos de Pascal da sua apologia da fé cristã foram reunidos, transcritos e colocados em ordem pelos Messieurs de Port-Royal para sua edição dos *Pensamentos* em 1669-1670. Mesmo hoje, os manuscritos de Pascal fracassam em resolver a questão da relação entre as duas cópias desta transcrição (BNF Ms Fr. 9203 e Fr. 12449), a chamada edição "Port-Royal"

---

2 Germain; Thibault, *Brouillons d'écrivains*, p.18.

132 ROGER CHARTIER

dos *Pensamentos* e os textos assinados escritos por Pascal em grandes folhas de papel e recortados por ele. Pascal pôs esses fragmentos em vários maços, prendendo os pedaços de papel uns aos outros por meio de um barbante passado por um pequeno furo feito em cada pedaço. Infelizmente, durante o século XVIII, esses fragmentos foram rearrumados e colados nos fólios de um caderno (BNF Ms. Fr. 9202), o que torna muito difícil considerá-los o manuscrito "original" dos *Pensamentos*.[3] Um último exemplo é Montaigne: seus únicos "manuscritos literários" assinados são as anotações que deixou em alguns dos livros impressos que leu (agora na Bibliothèque Nationale de France e na biblioteca do Trinity College, Cambridge) e as correções e acréscimos que escreveu na sua cópia da edição de 1588 em *in-quarto* de luxo dos *Ensaios* (hoje conhecidos como o *exemplaire de Bordeaux*), no qual largas margens forneciam espaço para extensos reescritos, acréscimos e acréscimos aos acréscimos.[4]

Há algumas exceções, porém, para essa escassez de manuscritos assinados antes de 1750. A primeira diz respeito a obras dramáticas, tanto na Espanha como na Inglaterra. Manuscritos autorais ou parcialmente autorais ainda existem para peças de Calderón, Tirso de Molina e Lope de Vega. Duas das 46 peças assinadas estão nas coleções da Biblioteca da Universidade da Pensilvânia: *Los Benavides*, assinada por Lope em 15 de junho de 1600, e *Carlos V en Francia*, assinada em 20 de novembro de 1604.[5] A Biblioteca Nacional em Madri contém 17 manuscritos assinados por Calderón e 22 por Lope, bem como um total de pelo menos 100 manuscritos assinados de

---

3 Sacquin, Les pensées de Pascal: des manuscrits en quête d'une oeuvre. In: _____, *Brouillons d'écrivains*, p.22-3.

4 Hoffmann, *Montaigne's Career*, p.97-107.

5 Arellano: "La edición de textos teatrales del Siglo de Oro (S. XVII): notas sueltas sobre el estado de la cuestión (1980-1990)". Canavaggio (ed.), *La comedia*, p.36.

A MÃO DO AUTOR E A MENTE DO EDITOR   133

dramaturgos do Século de Ouro.[6] Tais manuscritos confirmam que, em suas práticas de escrita, Lope de Vega respeitava as regras que enunciou em sua poética normativa. Para ele, a primeira condição para uma *comedia* era a duração aceitável do espetáculo (isto é, não mais que duas horas), o que ditava o número de *pliegos* ou folhas de papel dobradas que o dramaturgo tinha de escrever. Segundo sua *Nuevo arte de hacer comedias en este tiempo*, lida em 1609 na academia do Conde de Saldanha, em Madri, cada ato devia corresponder a quatro *pliegos*, e como uma *comedia* era composta de três atos, seu manuscrito não devia exceder doze *pliegos*. O termo *pliego* deve ser entendido como uma grande folha de papel dobrada duas vezes, dando, assim, quatro folhas por *pliego*, dezesseis para um ato e quarenta e oito para a peça inteira.[7] O manuscrito assinado da peça *Carlos V en Francia* se encaixa quase exatamente nesse tamanho, uma vez que o texto contém cinquenta folhas.[8] Os últimos fólios do manuscrito indicam a razão para sua sobrevivência: mencionam as licenças dadas pelos inquisidores ou bispos para apresentações da peça entre 1607 e 1620 em várias cidades da Espanha (Valladolid, Madri, Málaga, Múrcia) como se o manuscrito assinado tivesse sido usado como cópia para encenação pela companhia de atores ambulantes que o possuía.

Também na Inglaterra, alguns manuscritos autorais de dramaturgos sobrevivem. Um exemplo espetacular é *The Booke of Sir*

---

6 Greer, Early Modern Spanish Theatrical Transmission, Memory, and a Claramonte Play. Artigo apresentado na conferência Producing the Renaissance Text, Duke University, 3 fev. 2007.

7 Lope de Vega, *Rimas, aora de nuevo imprimidas, con el nuevo arte de hazer comedias deste tiempo*. [Ed. ing.: *The New Art of Writing Plays*.]

8 Lope de Vega, *El primero Benavides*, editado a partir de um manuscrito assinado com introdução e notas de Arnold G. Reichenberger e Augusta Espantoso-Foley; e Lope de Vega, *Carlos V en Francia*, editado a partir de um manuscrito assinado com introdução e notas de Arnold G. Reichenberger.

134   ROGER CHARTIER

Thomas More, um manuscrito dramático não datado escrito a seis
mãos – ou sete, com as observações feitas pelo Master of Revels,[9]
que pedia alguns cortes ou textos reescritos (British Library, MS
Harleian 7368). A peça original parece ter sido escrita, provavelmente entre 1592 e 1595, por Anthony Munday, cuja caligrafia
pode ser identificada por uma comparação com duas de suas peças
manuscritas assinadas, *John a Kent* e *John a Cumber* (ambas na
Huntington Library). Henry Chettle e Thomas Dekker parecem ter colaborado na peça original. No começo do século XVII
o manuscrito foi revisto e cenas foram adicionadas por Thomas
Heywood e talvez também por Shakespeare, cuja caligrafia seria a
Mão D do manuscrito, segundo evidências paleográficas e estilísticas. Se esse for realmente o caso (como agora se acredita, apesar
da fraqueza de comparações paleográficas entre a mão das duas
passagens atribuídas a Shakespeare e suas poucas e mutáveis assinaturas ou seu possível, mas não certo, testamento holográfico), as
159 linhas acrescentadas à cena três do Segundo Ato seriam o único
"manuscrito literário" sobrevivente de Shakespeare.[10] *The Book
of Sir Thomas More* não é o único manuscrito dramático assinado
elisabetano ou jacobiano: entre outros exemplos, há um dos seis
manuscritos de *A Game at Chess*, escrito total ou parcialmente na
caligrafia de Middleton.[11]

---

9 Master of Revels: Posição oficial no reino, inicialmente responsável pelos
festejos (*revels*), posteriormente encarregada da censura de peças. Equivale
a um Censor Geral. (N. T.)

10 Greg (ed.), *The Book of Sir Thomas More*; McMillin, *The Elizabethan Theatre and "The Book of Sir Thomas More"*; McMillin, The Book of Sir Thomas
More: Dates and Acting Companies. In: Howard-Hill (ed.), *Shakespeare
and Sir Thomas More: Essays on the Play and its Shakespearean Interest.*

11 Middletom, A Game at Chess: General Textual Introduction. In: Taylor;
Lavagnino (ed.), *Thomas Middleton and Early Modern Textual Culture: A
Companion to the Collected Works*, p.712-873.

A MÃO DO AUTOR E A MENTE DO EDITOR   135

O Trecento italiano é outro exemplo anterior que prova que manuscritos literários assinados existiram antes da metade do século XVIII. Os assinados de Petrarca são numerosos e preservam traços de seu criativo labor poético.[12] Os mais espetaculares desses manuscritos, estudados por Armando Petrucci, são o códice rascunho do *Rerum vulgarium fragmenta* (Vat. Lat. 3196) e o chamado original do *Canzoniere* (Vat. Lat. 3195).[13] O primeiro manuscrito encaderna nove fólios e duas folhas soltas dos papéis de Petrarca. Contém esboços, primeiros rascunhos, correções, adições e trechos riscados, mas também, nas margens, referências cronológicas precisas para os sucessivos estágios de rascunhos de textos individuais. O segundo manuscrito, o *Canzoniere*, é um "livro de autor" no qual Giovanni Malpaghini, escriba e discípulo de Petrarca, copiou as seções de abertura da primeira e segunda partes da coleção, enquanto de 1368 a 1373 o próprio Petrarca continuou a paciente tarefa de copiar, fazendo adições e correções e reordenando materiais. Esse manuscrito ilustra as tentativas de Petrarca de reformar o sistema de produção do livro e garantir ao autor o controle sobre suas obras, protegendo-as contra o que ele percebia ser a copiagem falha dos escribas profissionais. Assim, com a multiplicação de cópias assinadas, podia-se instituir uma relação mais direta e autêntica entre o autor e seus leitores, porque, conforme indica Petrucci, "uma textualidade perfeita, uma emanação direta do autor validada pela escrita assinada, era (e permanecia para sempre) uma garantia de legibilidade absoluta para o leitor".[14]

---

12 Para uma lista provisória dos assinados de Petrarca, ver Petrucci, *La scrittura di Francesco Petrarca. Studi e testi*, 248.

13 Petrucci, Minute, Autograph, Author's Book. In: Radding (ed.), *Writers and Readers in Medieval Italy, Studies in the History of Written Culture*, p.145-68.

14 Petrucci, Il libro manoscritto. In: Rosa (ed.), *Letteratura italiana*, 2, p.516-7.

136 ROGER CHARTIER

O códice de rascunho do *Rerum vulgarium fragmenta*, de Petrarca, pertence a um outro mundo e mostra como hábitos de escrita dos poetas vernáculos dependiam das práticas notariais contemporâneas. Minutas notariais e manuscritos poéticos assinados compartilhavam diversas práticas: esboços escritos em caligrafia fluente extremamente rápida sobre folhas de papel, notas nas margens testemunhando as várias fases de elaboração do texto e correções com grandes traços oblíquos riscando fragmentos de texto transcritos para outro local. Observações do tipo nos lembram que famílias de muitos poetas incluíam notários: Petrarca era ele mesmo filho e neto de notários, e Francesco da Barberino, cujo manuscrito parcialmente assinado do seu *Documenti d'amore* em verso vernáculo mostra as mesmas características que o códice de rascunho de Petrarca (Vat., Barb. Lat. 4076); não só era filho e neto de notários, mas ele próprio também era notário.

A estreita ligação entre escrita notarial e esboço poético no Trecento italiano também indica que muitos manuscritos assinados do início do período moderno não devem ser considerados equivalentes aos esboços e rascunhos literários de autores do século XIX. No período inicial, autores frequentemente atuavam como seus próprios escribas e escreviam na sua própria caligrafia cópias de apresentação oferecidas aos seus patronos. Consequentemente, seus manuscritos devem ser situados – talvez de forma paradoxal – dentro do *corpus* das cópias de escribas que constituem a maioria dos manuscritos literários dos séculos XVI e XVII. É o caso, por exemplo, das peças de Middleton: cinco dos seis manuscritos de *A Game at Chess* e os manuscritos de *The Witch, Hengist, King of Kent* e *The Lady's Tragedy* são cópias de escribas, e cinco delas foram copiadas pelo mesmo copista, Ralph Crane, que também foi empregado pela companhia de Shakespeare. O mesmo vale para os manuscritos dramáticos de escribas guardados na Biblioteca del Palacio em Madri de 80 peças pré-1600 coletadas pelo conde de Gondomar em sua biblioteca em

A MÃO DO AUTOR E A MENTE DO EDITOR 137

Valladolid[15] e, mais genericamente, para as centenas de cópias não assinadas de *comedias* e *autos sacramentales* escritas no Século de Ouro espanhol com diferentes propósitos: como cópias para encenação usadas por companhias teatrais, como "edições" vendidas por papeleiros, ou como revisões ou adaptações de peças originais de *autores de comedias*, isto é, empresários teatrais ou diretores de companhias.

A ligação entre cópias de escribas e manuscritos assinados é mostrada pela coexistência, no mesmo manuscrito, de ambas as caligrafias, autoral e escribal – a Mão C em *The Booke of Sir Thomas More* é uma mão de copista – e também pela confusão denunciada por Ben Jonson na epístola que abre a edição de 1607 de *Volpone*, na qual ele estigmatiza tanto os poetas corruptos quanto os escribas desonestos. Para ele, "os escritores destes dias" não são mais "o intérprete e o árbitro da natureza, um professor das coisas divinas não menos que humanas, um mestre dos modos", porque "não apenas seus modos, mas também suas naturezas, estão invertidos; e nada permanece com eles da dignidade do poeta a não ser o nome abusado, *que todo escriba usurpa*".[16] Nesse sentido, manuscritos dramáticos assinados pertencem a um domínio de múltiplas produções dos escribas profissionais que transformavam "papéis ilícitos" em "cópias justas" para os censores ou impressores, estabeleciam elegantes cópias de apresentação para os patronos e propunham aos leitores o que Harold Love chama de "edições escribais".[17]

O papel decisivo dos escribas no processo de publicação é um dos motivos para a perda de manuscritos autorais no início dos tempos modernos. No Século de Ouro em Castela, manuscritos enviados ao

---

15 Arata, *Los manuscritos teatrales (siglos XVI y XVII) de la Biblioteca de Palacio*.

16 Jonson, *Volpone*. In: Jonson, *Three Comedies*, p.42.

17 Love, Thomas Middleton: Oral Culture and the Manuscript Economy. In: _____, *Thomas Middleton and Early Modern Textual Culture*, p.98-109.

138 ROGER CHARTIER

Conselho Real para receber *aprobación* e *privilegio* nunca eram cópias assinadas, mas sempre *copias en limpio* (cópias justas) escritas por um amanuense profissional e com frequência corrigidas pelo autor que quisesse mudar algumas palavras ou sentenças, fazer acréscimos nas margens, riscar algumas linhas, ou mesmo anexar folhas em branco ao manuscrito. Uma vez aprovado ou eventualmente corrigido pelo censor, o manuscrito era dado ao editor e então ao impressor. Essa cópia para impressão, chamada em espanhol *original*, sujeitava o texto a uma primeira série de transformações em grafia e pontuação. Enquanto manuscritos autorais, por exemplo suas cartas, geralmente mostram poucos sinais de pontuação e grande irregularidade na grafia, os "originais" escribais (que obviamente não eram absolutamente originais) propiciavam uma legibilidade necessária para o texto dirigida aos censores e compositores. .

Uma vez que a cópia escribal do manuscrito assinado entrava em gráfica, era posteriormente preparada por um revisor, que adicionava acentos, letras maiúsculas, pontuação e marcas de sequência para que as folhas pudessem ser montadas na tipografia em formas, e não *seriatim*. Assim preparada e corrigida, a cópia manuscrita era composta e impressa. Após essas intervenções textuais feitas pelo copista, pelo censor, pelo editor de cópia e pelos compositores, o manuscrito assinado perdia toda a importância. Além disso, depois da impressão do texto, a cópia do impressor compartilhava o mesmo destino e era geralmente destruída ou reciclada. É por isso que apenas um número limitado de cópias usadas nas gráficas sobreviveu,[18] com exceção, porém, da Espanha, onde a Biblioteca Nacional em Madri mantém várias centenas de *originales*, datando desde a metade do século XVI

---

18 Ver o censo de cópias de impressores em Moore, *Primary Materials Relating to Copy and Print in English Books of the Sixteenth and Seventeenth Centuries*, e Trovato, *L'ordine dei tipografi: Lettori, stampatori, correttori tra Quattro e Cinquecento*.

A MÃO DO AUTOR E A MENTE DO EDITOR   139

até o fim do século XVIII. Talvez seja porque na Espanha, uma vez impresso um livro, ele precisava ser confrontado com o manuscrito autorizado por um secretário do Conselho Real para conferir se nada havia sido acrescentado ao texto após a autorização concedida pelos censores.[19]

O fetichismo da mão do autor

Então por que manuscritos assinados foram mantidos e preservados após meados do século XVIII? Claramente, a constituição de arquivos literários não pode ser separada da construção de categorias filosóficas, estéticas e jurídicas que definiam um novo regime para a composição, publicação e apropriação de textos – particularmente os "literários". Os processos legais que se desenvolveram na Inglaterra seguindo-se ao Estatuto da Rainha Anne em 1710 levaram a uma nova associação de noções de autoria individual, originalidade estética e propriedade literária, em oposição à escrita colaborativa, à reciclagem de histórias ou lugares-comuns e ao direito de cópia dos papeleiros. A defesa dos direitos tradicionais dos livreiros e impressores de Londres, que fora minado por essa nova legislação que limitava a duração do direito de cópia para 14 anos, presumia que a propriedade do manuscrito implicava um direito patrimonial perpétuo a uma obra uma vez que o editor a coadquirisse do autor, e portanto que o autor possuía anteriormente uma propriedade imprescritível, mas transmissível, de sua composição.

---

19 Andrés et al., El original de imprenta, e Merino, La cuenta del original. In: Andrés (ed.), *Imprenta y crítica textual en el Siglo de Oro. Estudios publicados bajo la dirección de Francisco Rico*, p.29-64 e p.65-95, respectivamente; Rico, *El texto del "Quijote": preliminares a una ecdótica del Siglo de Oro*, p.55-93.

140 ROGER CHARTIER

O objeto dessa propriedade primária era a obra conforme composta pelo seu autor em sua existência imaterial, "invisível e intangível" nas palavras de William Enfield.[20] Definida pela identidade fundamental e perpétua conferida pela mente de seu autor, a obra transcendia qualquer possível corporificação material. Segundo Blackstone, que defendeu a causa dos livreiros londrinos,

> A identidade de uma composição literária consiste inteiramente no *sentimento* e na *linguagem*; as mesmas concepções, vestidas nas mesmas palavras, devem ser necessariamente a mesma composição, e qualquer que seja o método tomado para transmitir essa composição ao ouvido ou ao olho de outro, por recital, por escrita ou por impressão, em qualquer número de cópias ou em qualquer período de tempo, é sempre o trabalho idêntico do autor que é transmitido; e nenhum outro homem pode ter o direito de transmiti-lo ou transferi-lo sem seu consentimento, seja dado tácita ou expressamente.[21]

Para Diderot, toda obra é propriedade legítima de seu autor porque uma composição literária é a expressão irredutivelmente singular dos pensamentos e sentimentos do autor. Conforme ele expõe em seu *Mémoire sur le commerce de la librairie* [Cartas sobre o comércio do livro]:

> Que propriedade pode um homem possuir se uma obra de sua mente – o fruto exclusivo de sua criação, seus estudos, suas noites, sua idade, suas pesquisas, suas observações; se suas melhores horas, os momentos mais belos de sua vida; se seus próprios

---

20 Enfield, *Observations on Literary Property*.
21 Blackstone, *Commentaries on the Laws of England*, 2, p.405-6 apud Rose, *Authors and Owners: The Invention of Copyright*, p.89-90.

A MÃO DO AUTOR E A MENTE DO EDITOR **141**

pensamentos, os sentimentos de seu coração, a parte mais preciosa dele mesmo, aquela que não perece, que o torna imortal – não lhe pertence?[22]

Depois de Diderot, Fichte reformulou a mesma alegação de uma forma nova no curso de um debate sobre reimpressão de livros na Alemanha, onde a pirataria era especialmente difundida devido à fragmentação do Império em muitos pequenos estados, nos quais privilégios dos livros eram confinados ao estreito território de sua soberania. À dicotomia clássica entre as duas naturezas do livro, corporal e espiritual, como *opus mechanicum* e discurso dirigido ao público, ele acrescentou uma segunda, localizada dentro do texto em si, entre as ideias expressas por um livro e a forma dada a essas ideias pela escrita. Ideias são universais por natureza, propósito e uso, daí não se pode justificar nenhuma apropriação pessoal delas. A proprie-dade literária é legítima apenas porque

cada pessoa tem seu próprio processo de pensamento, seu próprio modo de formar conceitos e conectá-los [...]. Agora, uma vez que ideias puras sem imagens sensíveis não podem ser pensa-das, menos ainda são capazes de apresentação aos outros. Logo, cada escritor precisa dar a seus pensamentos uma certa forma, e não pode dar-lhes nenhuma outra forma que não a sua própria, porque não tem outra [...]. Ninguém pode apropriar-se de seus

---

22 Quel est le bien qui puisse appartenir à un homme, si un ouvrage d'esprit, le fruit unique de son éducation, de ses études, de ses veilles, de son temps, de ses recherches, de ses observartions; si les plus belles heures, les plus beaux moments de la vie; si ses propres pensées, les sentiments de son coeur; la portion de lui même la plus précieuse, celle qui ne périt point; celle qui l'immortalise, ne lui appartient pas? (Diderot, *Oeuvres completes*, v.8, *Encyclopédie IV (Lettres M-Z)*; Diderot, *Lettre sur le commerce de la librairie*, p.509-10.

pensamentos sem alterar a forma deles. Essa forma permanece para sempre sua propriedade exclusiva.[23]

A forma textual, sempre irredutivelmente singular, era a única, mas poderosa, justificativa para a apropriação individual das ideias comuns transmitidas a outros por livros impressos. Assim, paradoxalmente, visando conceituar textos como propriedade individual, eles precisam ser conceitualmente dissociados de qualquer corporificação material particular e localizados na mente – ou na mão – do autor. De fato, o mais perto que alguém podia chegar de uma forma material de uma obra imaterial era o traço deixado pela mão do autor. O manuscrito assinado tornou-se, assim, o signo exterior e visível do gênio interior e invisível do escritor para todos aqueles que não eram capazes de visitá-lo e conhecê-lo.

Esse não era o caso nos séculos XVI e XVII, quando uma assinatura podia ser delegada a alguém, seja nos registros da paróquia ou num testamento, e quando mesmo assinaturas de autógrafos podiam ser muito diferentes uma da outra, como se vê nas seis assinaturas autenticadas de Shakespeare. Na época, o texto impresso podia ser considerado uma ficção da mão sem qualquer necessidade de mostrá-la. Em seu discurso à "Grande Variedade de Leitores", os dois editores do primeiro fólio de Shakespeare, John Heminges e Henry Condell, alegavam que sua edição impressa dos "escritos" de Shakespeare estava na verdade transmitindo a escrita manual do dramaturgo: "Sua mente e sua mão iam juntas. E o que ele pensava,

---

23 Fichte, *Beweis der Unrechtmässigkeit des Büchernachdrucks: Ein Räsonnement und eine Parabel* (1971); *Proof of the Illegality of Reprinting: A Rationale and a Parable* (1793), p.227-8 apud Woodmansee, *The Author, Art, and the Market: Rereading the History of Aesthetics*, p.51-3, a ver para comentário sobre este texto.

A MÃO DO AUTOR E A MENTE DO EDITOR **143**

pronunciava com tal facilidade que mal recebemos dele um borrão em seus papéis".[24]

No século XVIII, tal afirmação não era mais suficiente e a mão real do autor tornou-se garantia da autenticidade de suas obras. Consequentemente, forjar manuscritos assinados tornou-se uma arte da época. Em fevereiro de 1795, William Henry Ireland exibiu na casa de seu pai diversos manuscritos de Shakespeare recentemente "descobertos": o manuscrito assinado de *Rei Lear;* duas peças desconhecidas, *Henrique II* e *Vortigern and Rowena* (encenada sem grande sucesso uma única vez no Drury Lane Theater em 2 de abril); as cartas trocadas pelo poeta e seu patrono, Southampton; a muito protestante "Profissão de Fé" de Shakespeare e uma carta endereçada a ele pela Rainha Elizabeth.[25] Quando os documentos foram publicados em dezembro de 1795 sob o título *Authentic Account of the Shakespearean MSS.* [Conta Autêntica da MSS. Shakespeariana], Edmond Malone foi o primeiro a expor as falsificações de Ireland, comparando a caligrafia nos documentos forjados e autênticos. Sua meticulosa exposição da impostura foi publicada com o longo, mas significativo, título de *An Inquiry into Authenticity of Certain Miscellanies Papers and Legal Instruments. Published Dec. 2 MDCCXCV, and Attributed to Shakespeare, Queen Elizabeth, and Henry, Earl of Southampton: Illustrated by Fac-similes of the Genuine Hand-writing of that Nobleman, and of Her Majesty; a New Fac-simile of the Handwriting of Shakespeare, Never before Exhibited; and Other Authentick Documents* [Uma averiguação da autenticidade de certas coleções de papéis e instrumentos

---

24 *Mr. William Shakespeares Comedies, Histories & Tragedies: Published according to the True Originall Copies,* A3 recto.

25 Pierce, *The Great Shakespeare Fraud: The Strange, True Story of William--Henry Ireland; The Confessions of William Henry Ireland: Containing the Particulars of His Fabrication of the Shakespeare Manuscripts; Together with Anecdotes and Opinions (Hitherto Unpublished) of Many Distinguished Persons in the Literary, Political, and Theatrical World.*

144 ROGER CHARTIER

legais. Publicados em 2 de dezembro MDCCXCV e atribuídos a Shakespeare, Rainha Elizabeth e Henry, conde de Southampton: ilustrado por fac-símiles da caligrafia genuína daquele nobre e de Sua Majestade; um novo fac-símile da caligrafia de Shakespeare, nunca antes exibido; e outros documentos autênticos].[26]

No século XX, o fetichismo da mão do autor levou alguns escritores à fabricação de supostos manuscritos assinados que eram, na verdade, cópias corretas de escritos preexistentes. Foi o caso, por exemplo, do famoso manuscrito "original" assinado de *Ulisses* agora no Museu e Biblioteca Rosenbach, na Filadélfia. Esse texto foi escrito por Joyce como uma cópia limpa de rascunhos anteriores (geralmente escritos em seu caderno) com o intuito de fazer um texto legível que um datilógrafo pudesse ler, mas Joyce também pensou nele como um objeto que poderia ser vendido a um colecionador e cujo valor residia em ser um original autoral escrito à mão. O advogado e patrono das artes nova-iorquino John Quinn o comprou de Joyce em 1919 e em 1923 o vendeu junto com sua coleção num leilão, quando foi adquirido pelo Dr. Rosenbach, um homem que era tanto um erudito quanto comerciante de livros. Como escreveu Vicki Mahaffey, o Manuscrito Rosenbach de *Ulisses* é ao mesmo tempo "um manuscrito de apresentação e um manuscrito de trabalho, uma relíquia e uma *commodity*".[27]

---

26 *An Inquiry into the Authenticity of Certain Miscellaneous Papers and Legal Instruments: Published Dec. 24, MDCCXCV, and Attributed to Shakspeare, Queen Elizabeth, and Henry, Earl of Southhampton: Illustrated by Fac-similes of the Genuine Hand-writing of that Nobleman, and of Her Majesty; a New Fac-simile of the Hand-writing of Shakspeare, Never before Exhibited; and Other Authentick Documents: in a Letter Addressed to the Right Hon. James, Earl of Charlemont, By Edmond Malone, Esq.*. Ver também Schoenbaum, *Shakespeare's Lives*, p.193-223; e Grazia, *Shakespeare Verbatim: The Reproduction of Authenticity and the 1790 Apparatus*, p.107-9.

27 Mahaffey, Introduction. In: Barsanti (ed.), *Ulysses in Hand: The Rosenbach Manuscript*, p.8-10.

A MÃO DO AUTOR E A MENTE DO EDITOR 145

A forte relação entre manuscritos assinados e a autenticidade da obra foi internalizada por escritores que se tornaram arquivistas de si mesmos e, antes de Hugo ou Flaubert, criaram seus próprios arquivos literários. Rousseau manteve o rascunho, quatro cópias assinadas, provas corrigidas e cópias impressas anotadas de três diferentes edições de *A nova Heloísa*, uma coleção que constitui um "dossiê" de várias centenas de páginas da gênese daquela obra.[28] Os papéis de Goethe oferecem um exemplo semelhante. Numa carta escrita ao chanceler Müller perto do fim da vida, Goethe indicou: "Meus manuscritos, minhas cartas e minhas coleções merecem a maior atenção [...]. Por um longo tempo não se encontrará uma coleção tão rica e variada para um único indivíduo [...]. Essa a razão por que espero que sua conservação seja assegurada".[29] Para ambos os autores, não só o projeto de uma edição completa e geral de suas obras, mas também – ou principalmente – uma relação autobiográfica muito intensa com o escrever, os levou a constituir meticulosamente "o poeta e os arquivos do escritor", segundo o título que Goethe deu a um de seus ensaios. Mais tarde, a mesma relação podia às vezes ser desvinculada de qualquer desejo de transmitir manuscritos assinados para a posteridade e expressar a inseparabilidade entre a obra como *corpus* e o corpo do autor como cadáver. Foi o caso quando Flaubert expressou o desejo numa carta a Louise Colet, datada de 3 de abril de 1852: "Espero sinceramente que meus manuscritos durem tanto quanto eu mesmo; é tudo que

---

28 Ferrand, J.-J. Rousseau, du copiste à l'écrivain: Les manuscrits de *La nouvelle Héloïse* conservés à la Bibliothèque de l'Assemblée Nationale. In: Lebrave; Grésillon (ed.), *Écrire aux XVIIe et XVIIIe siècles: Genèse de textes littéraires et philosophiques*, p.191-212.

29 Hahn, *Goethe-und-Schiller-Archiv: Bestandsverzeichnis*, p.11 apud Hurlebusch, Rarement vit-on tant de renouveau: Klopstock et ses contemporains: Tenants d'une "esthétique du génie" et précurseurs de la littérature moderne. In: _____, *Écrire aux XVIIe et XVIIIe siécles*, p.169-89.

146 ROGER CHARTIER

eu quero. Eu mandaria enterrá-los comigo, como um selvagem faz com seu cavalo".[30]

Arquivos literários, obra e biografia

Numa famosa palestra, "O que é um autor?", proferida em 1968, Foucault afirmou que, longe de ser relevante para todos os textos e gêneros em todas as épocas, atribuir uma obra a um nome próprio não é nem universal nem constante: "A função do autor é [...] característica do modo de existência, circulação e funcionamento de certos discursos dentro de uma sociedade". A atribuição de um nome próprio a um discurso era, para Foucault, o resultado de "operações específicas e complexas" que punham a unidade e coerência de uma obra (ou conjunto de obras) numa relação com a identidade de um sujeito construído. Essas operações se baseiam num processo dual de seleção e exclusão. Primeiro, os discursos atribuíveis ao autor-função – a *"oeuvre"* [obra] – devem ser separados dos "milhões de traços deixados por alguém após a sua morte". Segundo, os elementos pertinentes à definição da posição do autor devem ser escolhidos entre os inúmeros eventos que constituem a vida de qualquer indivíduo.[31] O que se transforma nessas duas operações quando arquivos literários existem e quando não existem?

---

30 "Pourvu que mes manuscrits durent autant que moi, c'est tout ce que je veux, Je les ferai enterrer avec moi, comme un sauvage fait de son cheval." (Neefs, Gustave Flaubert: Les aventures de l'homme-plume. In: _____, *Brouillon d'écrivains*, p.68.)

31 Foucault, Qu'est-ce qu'un auteur? (1969). In: _____, *Dits et écrits, 1954-1988*, p.789-821. [Ed. ing.: What Is an Author?. In: *The Foucault Reader*, p.101-20, esp. p.108, 110.] Ver também Chartier, Foucault's Chiasmus: Authorship between Science and Literature in the Seventeenth and Eighteenth Centuries. In: Biagioli; Galison (ed.), *Scientific Authorship: Credit and Intellectual Property in Science*, p.13-31.

A MÃO DO AUTOR E A MENTE DO EDITOR   147

A presença de arquivos literários abundantes torna a própria delimitação da obra mais complexa, dificultando separar claramente textos "literários", reconhecidos como tais, dos "milhões de traços [escritos] deixados por um indivíduo". Para Foucault, o problema era tanto teórico como técnico. Ele escreveu ironicamente:

> Ao assumir a publicação da obra de Nietzsche, por exemplo, onde se deveria parar? Seguramente tudo deve ser publicado, mas o que é "tudo"? Tudo que o próprio Nietzsche publicou, com certeza. E quanto aos rascunhos em estado bruto para suas obras? Obviamente. Os planos para seus aforismos? Sim. As passagens apagadas e as notas no pé das páginas? Sim. E se, dentro de um livro de trabalho cheio de aforismos, for encontrada uma referência, a anotação de um encontro ou um endereço, ou uma lista de lavanderia: é uma obra ou não? Por que não? E assim por diante, *ad infinitum*.[32]

"É uma obra ou não?" Precisamos agora inverter a pergunta de Foucault sobre a "proliferação" infinita dos escritos de Nietzsche e levantar a questão de sua possível ou necessária "rarefação" – para usar o termo que Foucault utiliza em *A ordem do discurso*. Conforme foi provado convincentemente por Mazzino Montinari, a obra mais canônica de Nietzsche, *Der Wille ur Macht*, jamais foi escrita por ele, devendo ser considerada uma espécie de "falsificação" ou fabricação de Elisabeth Förster-Nietzsche. Ela recortou, juntou e ordenou num livro vários fragmentos (notas, esboços, reflexões) deixados por seu irmão, os quais ele próprio não tinha intenção de transformar em livro.[33] Portanto, será que *A vontade de poder* existe como obra, e será que ela deveria ou não ser incluída na obra de Nietzsche?

---

32 Foucault, What Is an Author?, p.103-4.

33 Montinari, *La volonté de puissance n'existe pas*.

148 ROGER CHARTIER

Outro exemplo da manipulação textual possibilitada pela existência de arquivos literários autorais é dado por Borges, que em diversas ocasiões estabeleceu os limites para suas "obras".[34] Ele excluiu de suas *Obras completas*, publicadas pela Emecé em 1974, três livros que havia publicado entre 1925 e 1928 – *Outras inquisições, O tamanho de minha esperança* e *O idioma dos argentinos* – e proibiu qualquer reedição dessas três obras banidas. Elas só foram reeditadas em 1993 e 1994 por sua viúva, María Kodama, sete anos após a morte de Borges – e não sem uma feroz controvérsia. No sentido oposto, Borges, junto com seu editor (neste caso, Jean-Pierre Bernès, editor de suas *Oeuvres complètes* [Obras completas], traduzidas para o francês e publicadas na Bibliothèque de la Pléiade), selecionou todos os textos que considerou necessário incluir em sua obra, ou seja, não só livros e antologias, mas também resenhas de livros e filmes, prólogos, artigos, crônicas e as primeiras versões impressas de muitos poemas ou ficções que mantivera em seu arquivo pessoal ou eram guardadas por colecionadores.[35]

Modernos arquivos literários que permitem tais manipulações não deixam de ter efeitos retroativos sobre práticas editoriais dedicadas a obras impressas nos séculos XVI e XVII. Por outro lado, têm inspirado uma busca pela identificação do tipo de manuscrito usado para a publicação de textos impressos. Paradoxalmente, talvez, a bibliografia material e analítica descreve e analisa rigorosamente os diferentes estados (edições, números, cópias) nos quais um determinado trabalho apareceu, na esperança de estabelecer uma cópia de texto ideal, purgado das alterações a ele infligidas no processo de publicação, representando o texto tal como foi escrito, ditado ou imaginado pelo seu autor. Numa disciplina quase exclusivamente dedicada à comparação de textos impressos, isso levou a uma

---

34 Louis, *Jorge Luis Borges: Oeuvre et manoeuvre.*
35 Borges, *Oeuvres complètes.*

A MÃO DO AUTOR E A MENTE DO EDITOR **149**

obsessão por manuscritos perdidos e a uma distinção radical entre o "essencial" de uma obra, localizado no seu manuscrito assinado ausente, e os "acidentais" escribais ou tipográficos que a distorceram ou corromperam.

Por outro lado, a instável delimitação da obra introduzida pela riqueza de arquivos literários inspirou decisões editoriais para autores que não deixaram documentos assinados. A proliferação da obra pode ser ilustrada pela publicação de dois textos para o "mesmo" trabalho, como foi o caso de *Rei Lear* no *Complete Oxford Shakespeare*,[36] ou, mais recentemente, de *A Game at Chess* [Um jogo no xadrez] no *Oxford Middleton's Collected Works*, editado por Gary Taylor e John Lavagnino. Inversamente, a "rarefação" da obra pode achar um exemplo na mesma edição com a provocativa inclusão no *corpus* de peças de Middleton geralmente publicadas sob outro nome, tais como *A vida de Timão de Atenas*, *Macbeth* ou *Medida por medida*, nas quais a mão de Shakespeare é considerada como não sendo a única.[37]

A consequência mais importante da existência de arquivos literários e da configuração conceitual que os tornou possíveis ou necessários desde meados do século XVIII é a relação estabelecida entre a obra do autor e a vida do escritor, entre Borges e "eu". Desde meados do século XVIII, composições literárias não são mais pensadas como baseadas em histórias que foram reutilizadas, lugares-comuns que foram compartilhados, ou colaborações requeridas por patronos ou empresários teatrais, e sim como criações originais que expressam os sentimentos mais íntimos, bem como experiências pessoais e decisivas. A primeira consequência disso foi um desejo de editar as obras de um autor segundo a cronologia de sua vida; a segunda foi a redação de biografias literárias – um gênero radicalmente diferente das "vidas" dos filósofos ou artistas escritas

---

36 Shakespeare, *The Complete Works*.
37 Middleton, *The Collected Works*.

150 ROGER CHARTIER

na Renascença, cujo objetivo era a constituição de repertórios de nomes próprios e a proposição de uma periodização histórica sem estabelecer uma relação forte entre a narração da vida e a cronologia ou os conteúdos das obras. Para Shakespeare, Edmond Malone foi o primeiro a associar as duas empreitadas. Ele estabeleceu a primeira cronologia putativa das obras de Shakespeare[38] e baseou seu "Vida de Shakespeare" (impresso em 1821)[39] em "documentos originais e autênticos", rompendo com a compilação de anedotas impressa por Nicholas Rowe em sua edição de 1709. Consequentemente, as peças tiveram de ser publicadas na ordem em que Shakespeare as tinha escrito, e não segundo sua distribuição em "Comédias, histórias e tragédias", na tradição do fólio. Boswell respeitou essa decisão em sua reedição de 1821 da edição de Malone de 1790 – exceto para as "histórias", que ainda estavam ordenadas segundo reinos, como se os reis fossem para sempre mais importantes que seu poeta.

No entanto, a tarefa não foi fácil, dada a ausência de quaisquer documentos shakespearianos assinados e autobiográficos e os pouquíssimos documentos sobre sua vida. Em compensação, Malone inaugurou a exigência fundamental para qualquer biografia literária de escritores sem arquivos: localizar obras dentro da vida do autor requer encontrar a vida dentro das obras. Como escreve Margreta de Grazia:

---

38 *The Plays and Poems of William Shakespeare in Ten Volumes: Collated Verbatim with the Most Authentick Copies, and Revised: With the Correction and Illustrations of Various Commentators; to Which are Added, an Essay on the Chronological Order of his Plays; an Essay Relative to Shakespeare and Jonson; a Dissertation on the Three Parts of King Henry VI; an Historical Account of the English State; and Notes by Edmond Malone.*

39 *The Plays and Poems of William Shakespeare: With the Corrections and Illustrations of Various Commentators; Comprehending a Life of the Poet and an Enlarged History of the Stage by the Late Edmond Malone; with a New Glossarial Index.*

A MÃO DO AUTOR E A MENTE DO EDITOR   151

A vida deu lugar para a obra passada de volta para a vida, tudo num único *continuum* temporal. Em lugar de documentos de arquivo, as peças eram posicionadas para servir como fontes primárias para informação sobre a vida de Shakespeare durante seus anos em Londres. O arranjo em si sugeria que apenas examinando exaustivamente as peças, como se fossem documentos de arquivo, seria possível conhecer a vida inteira de Shakespeare – do começo até o fim.[40]

Depois de Malone, todos os biógrafos de Shakespeare seguiram esse imperativo de impor a autores sem arquivos um paradigma interpretativo possibilitado apenas pela existência de ricos registros literários e por uma nova compreensão e leitura de composições literárias. Uma "incompatibilidade radical", para usar a expressão de Margreta de Grazia, existe, portanto, entre a estética romântica e pré-romântica da obra, escrita, como disse Diderot, pelo coração de seu autor e legível por sua genuína mão, e um regime anterior de produções textuais que não considerava que "literatura" (uma categoria que nem sequer existia no sentido moderno) deve necessariamente ser atribuída a uma singularidade individual. É essa incompatibilidade que explica por que o *Deutsches Literaturarchiv* [Arquivo de literatura Alemã] houve por bem lançar uma busca por materiais assinados e autorais apenas para o período começando em 1750. E é mantendo essa incompatibilidade em mente que nós devemos entender os efeitos produzidos sobre práticas editoriais e, mais fundamentalmente, as mutações conceituais que, a partir do século XVIII, as tornaram possíveis, desejáveis e necessárias.

---

40 De Grazia, *Shakespeare Verbatim*, 142.

Capítulo 6

Pausas e tônicas

Edwardum occidere nolite timere bonum est. Em *Eduardo II*, de Marlowe, estas são as seis palavras escritas no papel que Mortimer dá a Lightborne quando o envia ao castelo de Berkeley, onde Eduardo é mantido prisioneiro. Seis palavras. Mas qual é o seu significado? Se Lightborne marcar uma pausa depois das quatro primeiras, ele deve matar o rei: "Não temas matar o rei / é bom que morra." Mas se dividir a sentença em duas partes iguais, a ordem precisa ser entendida de forma muito diferente, e a vida do rei deve ser protegida: "Não mates o rei / é bom temer o pior". O que está em jogo na sentença latina "sem pontuação" é nada menos que a vida ou morte de um soberano, ou, colocando mais "astutamente", como diz Mortimer, a atribuição do crime, não à pessoa que escreveu a sentença e ordenou o assassinato, mas àquele que recebeu a ordem e lhe deu um de seus dois possíveis significados.[1]

---

1 "Mortimer: The king must die, or *Mortimer* goes downe, / The commons now begin to pitie him, / Yet he that is the cause of *Edwards* death, / Is sure to pay for it when his sonne is of age, / And therefore will I do it cunninglie. / This letter written by a friend of ours, / Containes his death, yet bids them save his life. / *Edwardum occidere nolite timere bonum est.* / Feare not

154 ROGER CHARTIER

Felizmente, a pontuação nem sempre é tão dramática. Mas sempre constrói o significado guiando o olho – ou a voz. Como sugere Yves Bonnefoy num texto curto intitulado "Les deux points, c'est un peu, en prose la poésie" [Os dois pontos, em prosa, é um pouco de poesia], uma distinção deveria ser feita entre dois sistemas de pontuação:

> A pontuação que elucida as articulações de um discurso é aquela requerida pela sintaxe, suponho eu, e que portanto tende a coincidir com as estruturas de pensamento. Ao passo que a pontuação que ajudaria a leitura ali estaria para a compreensão das necessidades da voz ou para tornar óbvios sons e ritmos; em suma, não para pensar, mas para seduzir.[2]

Voz e grafia

Nos séculos XVI e XVII este segundo tipo de pontuação era o objetivo de todos os reformadores de ortografia tanto na Inglaterra como na França. Mais do que padronizar a ortografia, seu propósito era aproximar-se da perfeição ou, ao menos, reduzir a imperfeição

---

to kill the king tis good he die. / But read it thus, and thats an other sence: / *Edwardum occidere nolite timere bonum est.* / Kill not the king tis good to feare the worst. / Unpointed as it is, thus shall it goe, / That being dead, if by chaunce to be found, / *Matrevis* and the rest may beare the blame, / And we be quit that caused it to be done." (Marlowe, *Edward II*, V, 4. In: Bowers (ed.), *The Complete Works of Christopher Marlowe*, p.86.)

2 "La ponctuation que dégage les articulations d'un texte, c'est celle que réclame la syntaxe, je suppose; et qui tend ainsi à coïncider avec les structures de la pensée. Tandis que celle qui aiderait la lecture serait là plutôt pour comprendre les besoins de la voix, ou mettre en évidence des rythmes, des sons: en somme, non pour penser mais pour séduire." (Bonnefoy, *La petite phrase et la longue phrase*, p.15-22.)

A MÃO DO AUTOR E A MENTE DO EDITOR **155**

sobre a qual Antonio de Nebrija, falando do catalão, escreveu em sua *Gramática*, impressa em 1492: "Devemos escrever como pronunciamos e pronunciar como escrevemos".[3] Em todas as línguas europeias era difícil efetivar uma correspondência estreita entre pronúncia e forma de escrever. Uma primeira possibilidade seria pronunciar todas as letras das palavras, como se faz em latim. É essa maneira pedante de falar inglês que Holofernes louva em *Love's Labour's Lost* [Trabalhos de amores perdidos] quando acusa (talvez paradoxalmente) o espanhol Dom Adriano de Armado de estar entre os "atormentadores da ortografia" que têm o "abominável" hábito de suprimir letras nas palavras inglesas que pronunciam:

> Ele manuseava o fio de sua verbosidade com mais elegância que a presilha de seu argumento. Abomino espectros tão fanáticos, companheiros tão insociáveis e detalhistas, tais atormentadores da ortografia, a ponto de dizer *"dout"*, sem "b", quando deveriam dizer *"doubt"* [dúvida]; *"det"*, quando deveriam pronunciar *"debt"* [dívida] – "d, e, b, t", não "d, e, t". Ele denomina *"calf"* [bezerro] como *"cauf"*, *"half"* [metade] como *"hauf"*: *"neighbour"* [vizinho] é vocalizado *"nebour"* – *"neigh"* abreviado *"ne"*. Isto é *abhominable* [abominável] – que ele chamaria de *"abominable"*. Insinua-me *insanire – ne intelligis, domine?* – para tornar frenético, lunático.[4]

Uma solução menos extravagante opta pela abordagem contrária, propondo reformar a forma de escrever as palavras buscando ajustar a grafia à pronúncia. Os títulos de livros publicados na Inglaterra reivindicando efetuar uma "emenda de ortografia" indicavam que

---

3 "Tenemos de escrivir como pronunciamos: I pronunciar como escrivimos." (Nebrija, *Gramática castellana*, p.158-9.)

4 Shakespeare, *A Pleasant Conceited Comedie Called Loues Labors Lost*, V, 1 apud Shakespeare, Love's Labour's Lost. In: Greenblatt (ed.), *The Norton Shakespeare*, p.777.

156 ROGER CHARTIER

sua meta não era fundamentalmente a redução da diversidade ortográfica, mas harmonia entre escrita e "a imagem da voz humana",
como diria John Hart, ou a representação ortográfica acurada da "fala
inglesa", para William Bullokar.[5]

Na França, o desejo de impor uma "escrita oral", nas palavras
de Nina Catach, ia além de uma transformação na ortografia. Com
Ronsard, esse desejo levava a uma revisão profunda do próprio
alfabeto, o que envolveria a introdução de novos caracteres emprestados do alfabeto espanhol (o "ñ" e o "ll") e a abolição de algumas
letras inúteis – "k" e "z" sistematicamente substituiriam "c" ou "q",
escrevendo, por exemplo, "kalité" (para *qualité*) e "roze" (para *rose*).
Ele afirma:

> Nossa maneira de escrever é profundamente viciada e corrom-
> pida, e me parece que necessita de uma profunda reforma, uma
> reforma que restaure o *K* e o *Z*, introduza novos caracteres para o
> duplo *N*, do tipo do ñ espanhol, para escrever *Monseigneur* [Monse-
> nhor], e um duplo *L*, para escrever *orgueilleux* [orgulhoso].[6]

As gráficas não seguiam em suas práticas proposições tão radicais
e audaciosas. No entanto, introduziram sim uma inovação decisiva
para uma melhor correspondência entre inscrição textual e emissão

---

5 Hart, *An Orthographie, Conteyning the Due Order and Reason, Howe to
Write or Paint Thimage of Mannes Voice, Most Like to the Life or Nature*;
Bullokar, *Booke at Large, for the Amendment of Orthographie for English
Speech: Wherein, a Most Perfect Supplie Is Made, for the Wantes and Double
Sounde of Letters in the Olde Orthographie...*

6 "Quant à nostre escriture, elle est fort vicieuse et corrompue, & me sem-
ble qu'elle a grand besoin de reformation, & de remettre en son premier
honneur, le *K*, & le *Z*, & faire des caractères nouveaux pour la double *N*, à
la mode des Espagnols ñ, pour escrire *Monseigneur*, & une L double pour
escrire *orgueilleux*." (Ronsard, Préface sur la Franciade touchant le poëme
héroïque. In: _____, *Oeuvres complètes*, 1, p.1177-80.)

A MÃO DO AUTOR E A MENTE DO EDITOR   157

oral: uma determinação das diferentes durações das pausas. Aqui o texto fundamental é um trabalho do impressor (e autor) Étienne Dolet intitulado *La ponctuation de la langue françoyse* [A pontuação da língua francesa], que ele próprio imprimiu em Lyon em 1540. Cada sentença ou *période*, quando sujeita à "respiração humana", pode ser estruturada por pausas de três possíveis durações, indicadas por três sinais de pontuação diferentes: o *point à queue ou virgule* (a vírgula); a *comma*, como Dolet chama o ponto e vírgula, "que é colocado numa sentença suspensa", e o *point rond*, ponto-final, que "é sempre colocado no fim de uma sentença". Dolet continua:

> Todo argumento ou discurso, seja oratório ou poético, é dividido em períodos. Período é uma palavra grega para o que os romanos chamam cláusula, ou *compraehensio verborum*, isto é, uma sentença. Esse período ou sentença é completo e dividido pelos sinais de pontuação mencionados acima [vírgula, ponto e vírgula, ponto-final]. E geralmente [a sentença] deve ter apenas duas ou três partes porque se seu comprimento exceder a respiração humana, ela será defeituosa.[7]

Uma nomenclatura similar, mas com maneiras diferentes de designar os sinais de pontuação, foi proposta por Jean Gérard em sua edição de *Instruction des enfants* [Educação das crianças], de

---

7 "Tout argument, & discours de propos, soit oratoire, ou poëtique, est deduict par periodes. Periode est une diction Greque, que les Latins appellent clausula, ou compraehensio verborum: c'est adire une clausule, ou une comprehension de parolles. Ce periode (ou aultrement clausule) est distingué, & divisé par les points dessusdicts [*poinct à queue ou virgule, comma, poinct rond*]. Et communement ne doibt avoir que deux, ou trois membres; car si par sa longueur il excede l'aleine de l'homme, il est vicieux." (Dolet, *La maniere de bien traduire d'une langue en autre. D'avantage de la punctuation de la langue Françoyse, plus des accents d'ycelle.*)

158   ROGER CHARTIER

Olivétan, publicado em 1537 em Genebra, onde ele faz distinção entre a *virgule ou point à queue*, os *deux-points* e o *point final*.[8]

Dicionários franceses no fim do século XVII refletem o sucesso do sistema imposto pelos impressores do século XVI, mas enriquecido por um uso maior do ponto e vírgula, raro até 1550, para indicar uma pausa de duração intermediária entre a vírgula e os dois-pontos. Os mesmos dicionários mostram também que havia sido estabelecida uma distância entre a voz do leitor e a pontuação, o que o dicionário de 1690 de Furetière considerava uma "observação gramatical" marcando as divisões sintática e lógica do discurso.

Ênfase

O que estava faltando nesse sistema de pontuação era um modo de indicar o tom de voz em vez da duração das pausas. Isso levou ao uso inesperado de alguns sinais de pontuação, privando-os de seu sentido original e apropriando-se deles de modo a indicar ao leitor onde se requeria ênfase vocal. É assim que Ronsard usou o ponto de exclamação em sua mensagem ao leitor que abre os primeiros quatro livros de seu poema épico *La Franciade* (1572):

> Rogo-lhe apenas uma coisa, caro leitor, que pronuncie meus versos apropriadamente e que adapte a sua voz para combinar com sua intensidade. Não os leia, como fazem alguns, como se fosse uma mera epístola ou alguma carta real, e não um poema merecendo enunciação apropriada. E rogo-lhe mais que, ao ver o sinal "!", gentilmente erga um pouco a sua voz para dar mais graça ao que está lendo.[9]

---

8 Olivétan, Au lecteur. In: _____, *Instruction des enfants* (1533) apud Baddeley, *L'orthographe française au temps de la Réforme*, p.433-6.

9 "Je te supliray seulement d'une chose, lecteur, de vouloir bien prononcer mes vers & accomoder ta voix à leur passion, & non comme quelques uns les

A MÃO DO AUTOR E A MENTE DO EDITOR   159

No caso de Racine, como sugeriu George Forestier, a presença inesperada de um ponto de interrogação numa sentença que não é interrogativa pode indicar um uso excepcional desta marca de pontuação como sinal de intensidade, como, por exemplo, na primeira edição de *La Thébaïde* (III, 3): *"Parlez, parlez, ma Fille?"* [Fala, fala, minha filha]. Inversamente, a ausência de um ponto de interrogação no fim de uma sentença interrogativa indica que a voz deve manter-se uniforme, sem nenhuma ênfase: *"Ma Fille, avez-vous vu l'excès de nos misères"* [Minha filha, viste como são insuperáveis nossos sofrimentos] (*La Thébaïde*, I, 2).[10]

Outra maneira de estabelecer "entonação e colocação de Ênfase" numa palavra num texto impresso era colocá-la em itálico e começá-la com letra maiúscula. Em seu *Mechanick Exercises on the Whole Art of Printing* [Exercícios mecânicos em toda a arte da impressão], Joseph Moxon afirma:

> *Palavras* de grande Ênfase também são *Colocadas* em *Itálico*, e às vezes começam com *Letra Maiúscula*: Se a Ênfase recai fortemente sobre a Palavra a ser expressa tão bem como a Coisa a ser expressa, deve começar com uma *Maiúscula*. Trarei, por exemplo, uma Observação que fiz mais de quarenta anos atrás sobre a Palavra *that*,[11] isto é, que essa [*that that*] Palavra pode ser repetida cinco vezes e fazer bom Sentido: Se assim for colocada, parecerá sem sentido, *that that*

---

    lisent, plustost à la façon d'une missive, ou de quelques lettres Royaux que d'un Poëme bien prononcé: & te suplie encore derechef où tu verras cette marque! vouloir un peu eslever ta voix pour donner grace à ce que tu liras." (Ronsard, Au lecteur, La Franciade (1572). In: _____, *Oeuvres complètes*, 1, p.1180-6. [Ed. ing.: *The Franciad (1572) by Pierre Ronsard*, p.7-8.])

10 Forestier, Lire Racine. In: Racine, *Oeuvres complètes*, v.1, *Théâtre. Poésie*, p.lix-lxiii. [Ed. ing.: Racine, *Complete Plays*.]

11 Pronome demonstrativo: "esse" ou "aquele"; conjunção "que". (N. T.)

160 ROGER CHARTIER

that, that, that;[12] mas se for *Colocada* assim: *that that That that that Man would have stand at the beginning of the* Line *should stand at the end;*[13] ela haverá, reforçando e colocando Ênfase no *That* central, de ter bom Sentido. Agora todos os *thats* deveriam ser *Postos* em *Itálico,* e o *That* central deveria começar com *Maiúscula,* porque é tanto Coisa como Palavra.[14]

Tal uso de letras maiúsculas para indicar que os leitores ou os atores devem erguer suas vozes e destacar uma palavra é dado nas primeiras edições das peças de Racine, por exemplo, nesta fala de *Bajazet: "J'ai cédé mon Amant, Tu tu t'étonnes du reste"* [Eu perdi minha Amante e Tu te chocas de eu morrer].[15]

A última edição de *Les caractères* de La Bruyère, revista pelo autor e publicada em 1696, apresenta um exemplo soberbo dos usos musicais das diferentes durações de pausas e letras maiúsculas. A pontuação original dessa edição, que foi seguida por Louis Van Delft em sua edição do texto, mostra claramente que La Bruyère concebeu a composição de todos seus *caractères* e *remarques* como uma única frase musical, sem ser quebrada por pontos-finais, mas baseando-se em sequências agitadas alternantes, cujo ritmo é dado por uma rápida sucessão de vírgulas, e sequências mais longas sem pontuação. Ele trata o texto como se fosse uma partitura musical e a pontuação marca os diferentes *tempi* das árias: *staccato, alegro, largo.* Esse modo de composição textual, em que sinais de pontuação guiam a "respiração" e o tom vocal, é claramente direcionado para a leitura da obra em voz

---

12 Sem tradução, exatamente porque não tem sentido. (N. T.)

13 "Que aquele *That* que aquele Homem teria posto no início da Linha deveria estar no final". Neste caso, o *That* central é substantivo, é a própria palavra *That,* portanto sem tradução. (N. T.)

14 Moxon, *Mechanick Exercises on the Whole Art of Printing (1683-4),* p.216-7.

15 Forestier, Lire Racine, 1, p.lxi, n.4. [Ed. ing.: Racine, *Complete Plays,* 2, p.39.]

A MÃO DO AUTOR E A MENTE DO EDITOR   161

alta, na sua totalidade ou em parte, seja para o prazer do próprio leitor ou para uma audiência seleta.

A pontuação musical de La Bruyère não é o único recurso que governa a estética e recepção de seu texto. As letras maiúsculas usadas para palavras dentro de uma sentença afetavam a construção do significado, dando dignidade a algumas palavras e, consequentemente, aos indivíduos, instituições ou conceitos que designavam. E também sugeriam que o leitor deveria destacar aquelas palavras fazendo uma pausa antes delas ou erguendo a voz ao lê-las. Essas maiúsculas, portanto, contribuíam para o efeito visual e semântico produzido pelas formas como o texto era inscrito na página e atestam a sensibilidade tipográfica de La Bruyère. Para perceber tal sensibilidade, porém, precisamos voltar à pontuação de edições do século XVII e libertar *Les caractères* da pontuação pesada, enganosa e anacrônica que, começando no século XIX, introduziu pontos finais e aspas ao mesmo tempo, suprimindo as letras maiúsculas.[16]

---

16 O capítulo sobre Arrias, "De la société et de la conversation", fornece um exemplo disto. No que concerne à diferença entre uma edição moderna, La Bruyère, De la société et de la conversation. In: Garapon (ed.) *Les caractères de Théophraste traduits du grec avec les caractères ou les moeurs du siècle*, p.150-1, e a edição de 1696 conforme editada por La Bruyère, De la société et de la conversation. In: _____, *Les caractères* (1696), p.206, está indicada dentro de colchetes, separados por um traço inclinado.
Quelqu'un/quelqu'un] se hasarde de le contredire [, /] et lui prouve nettement qu'il dit des choses qui ne sont pas vraies [. / ;] Arrias ne se trouble point, prend feu au contraire contre l'interrupteur [: "Je / ; je] n'avance, lui dit-il, je ne raconte rien que je ne sache d'original: je l'ai appris de [*Sethon*, / Sethon] ambassadeur de France dans cette [cour / Cour], revenu à Paris depuis quelque jours, que je connais familièrement, que j'ai fort interrogé, et qui ne m'a caché aucune circonstance [." Il / ; il] reprenait le fil de sa narration avec plus de confiance qu'il ne l'avait commencée, lorsque l'un des conviées lui dit: [: "C'est /, c'est] Sethon à qui vous parlez, lui-même, et qui arrive de son [ambassade". / Ambassade]

162   ROGER CHARTIER

Compositores e revisores

Podemos supor que todos os autores eram tão atentos como Ronsard ou La Bruyère quanto à pontuação das edições impressas de suas obras? E seria a pontuação tarefa e responsabilidade do autor? Como diz Malcolm Parkes: "A pontuação impressa pode refletir a do autor, a da pessoa que preparou a cópia para impressão, a do compositor, ou todas as três".[17] Poderíamos acrescentar à lista o leitor, muitas vezes convidado a corrigir a pontuação do livro que adquiriu segundo não só uma lista de errata impressa na edição, mas também segundo seu próprio juízo, como na edição londrina de 1543 das *Homiliae* de São João Crisóstomo: "Sempre que encontrar pontuação faltando e acentos mal colocados ou totalmente omitidos, será um ato de delicadeza da sua parte, gentil leitor, fazer as emendas segundo juízo".[18]

[Alguém presume contradizê-lo, e claramente lhe prova que o que ele diz não é verdade. Arrias não fica desconcertado; ao contrário, zanga-se com a interrupção, e exclama: "Eu digo e relato nada mais do que sei com excelente autoridade; eu ouvi de Sethon, o embaixador da França naquela corte, que apenas alguns dias atrás voltou a Paris, e é um amigo particular meu; fiz-lhe várias perguntas, e ele as respondeu sem ocultar nada." Ele continua a história com maior confiança do que quando começou, até que alguém da companhia informa-lhe que o cavalheiro que ele vinha contradizendo era o próprio Sethon, tardiamente chegado de sua embaixada.] (La Bruyère, *The "Characters" of Jean de la Bruyère*, p.66.)

17 Parkes, *Pause and Effect: An Introduction to the History of Punctuation in the West*, p.5.

18 Este exemplo é dado em Binn, STC Latin Books: Evidence for Printing-House Practice, *The Library*, ser. 5, 32(1), 1977, p.1-27, citando Chrysostom, *Homiliae duae*. Ver também The Printer to the Reader. In: Hartwell, *Reginae literata sive de... Elizabethae... Reginae... in Academiam Cantabridiensem adventu*:

Both the inversion and transpositions of letters is very frequent; and the punctuation marks are either wholly omitted or else badly placed. You should therefore attribute the errors which have crept in to my haste and to the poorness of my type. I have listed below the errors which spoil the

A MÃO DO AUTOR E A MENTE DO EDITOR 163

Na Espanha do Século de Ouro, a pontuação, ou *apuntuación*, era serviço dos compositores ou dos revisores. Em 1675, Melchor de Cabrera, escrevendo em defesa de isenções fiscais para impressores, ressaltou que "o compositor [deve] ter cuidado com pontos de interrogação, pontos de exclamação e parênteses".[19] Alguns anos mais tarde, segundo Alonso Víctor de Paredes em seu *Institución y origen del arte de la imprenta* [Instituição e origem da arte da impressão], composto por volta de 1680, "o revisor [deve] marcar a pontuação correta".[20] Decisões referentes a aspectos materiais do texto eram, portanto, claramente atribuídas aos múltiplos agentes envolvidos no processo de publicação. Hoje, porém, como as tradições no campo da crítica textual diferem, a principal responsabilidade não é dada a esses mesmos indivíduos ou ao equivalente a eles na contemporaneidade.

A bibliografia física enfatizava o papel dos compositores. Nem todos os compositores de gráficas do começo da era moderna grafavam ou marcavam pontuação da mesma maneira. É precisamente por isso que "a análise da grafia" permite-nos atribuir a composição da *forme* de um impressor particular a um certo compositor, e o motivo

---

meaning of the poem, so that you can excuse the smaller ones and correct those that are more serious.

[Tanto a inversão quanto transposições de letras são muito frequentes; e os sinais de pontuação ou são totalmente omitidos ou mal colocados. O leitor deve, portanto, atribuir os erros que se insinuaram à minha pressa e à pobreza do meu tipo. Listei abaixo os erros que estragam o sentido do poema, de modo que se possam desculpar os menores e corrigir aqueles que são mais sérios.]

19 "El componedor [debe] Hazer interrogacion, admiracion, y parentesis." (Guzmán, *Discurso legal, histórico y politico en prueba del origin, progressos, utilidad, nobleza y excelencias del Arte de la Imprenta.*)

20 "El corrector [debe] poner la apuntuacion legitima." (Paredes, *Institución y origen del arte de la imprenta y reglas generales para los componedores*, Madri: ca. 1680, 2002.)

164   ROGER CHARTIER

pelo qual isso constitui a base para reconstruir o processo efetivo de fazer um livro na gráfica, seja *seriatim*, seguindo a ordem do texto da cópia, ou por *formes*, nas quais as páginas impressas do mesmo lado de uma folha eram compostas uma depois da outra. Nessa perspectiva analítica, a pontuação é considerada, como a grafia, resultado das decisões dos compositores, que, segundo Moxon, devem "fazer Parágrafos, Pontuação, Quebras, Itálicos [de uma obra] de modo que se identifiquem melhor com o Gênio do Autor e também com a capacidade do Leitor".[21] Mas, como afirma Alonso Víctor de Paredes, grafia e pontuação também podem ser guiadas pela necessidade quando a moldagem de uma cópia que permite composição por *formes* foi feita de maneira errada.[22] Nesse caso, os compositores tinham de ajustar o *layout* da página, o tamanho dos tipos e a pontuação de modo a economizar espaço ou preencher o espaço deixado para composição na última página da assinatura.[23] Segundo Paredes, para resolver a dificuldade, compositores às vezes usavam *"medios feos y no permitidos"* [meios feios e não permitidos], adicionando ou deixando de fora palavras ou sentenças no texto que estavam compondo.

De outra perspectiva mais filosófica, um papel essencial na pontuação era desempenhado não no processo de composição, mas na preparação da cópia pelos revisores, que acrescentavam acentos, letras maiúsculas e sinais de pontuação. Embora escolhas relativas à pontuação permanecessem resultado de um processo ligado à gráfica, eram atribuídas aos clérigos, estudantes universitários ou professores empregados por editores e impressores. Paolo Trovato observou como era importante para os editores do Cinquecento, que insistiam na "correção" dos livros que publicavam, divulgar suas edições,

---

21 Moxon, *Mechanick Exercises*, p.211-2.

22 Paredes, *Institución y origen del arte de la imprenta*.

23 Masten, Pressing Subjects; or, The Secret Lives of Shakespeare's Compositors. In: Masten; Stallybrass; Vickers (ed.), *Language Machines: Technologies of Literary and Cultural Production*, p.75-107.

A MÃO DO AUTOR E A MENTE DO EDITOR   165

pondo em suas páginas de rosto expressões como *"con ogni diligenza corretto"* [corrigido com a devida diligência].[24] Daí o papel decisivo de editores de cópia, que às vezes eram também leitores de provas e cujas intervenções no texto eram espalhadas pelos diversos estágios do processo de edição: preparação da cópia, leitura de prova, correções no prelo, interrompendo a impressão, compilação da errata em suas diversas formas, tais como páginas impressas de errata dentro do livro, páginas soltas inseridas no livro, ou correções feitas à mão em cada exemplar impresso. Em todo estágio desse processo, a pontuação do texto podia ser enriquecida ou transformada.

No século XVI, os textos que passavam por tal pontuação pelos revisores pertenciam a diferentes repertórios: obras clássicas, ou em grego ou em latim;[25] textos em vernáculo que circulavam como manuscritos, cuja grafia, e às vezes a linguagem (como no caso da Toscana, na Itália), era padronizada;[26] as obras de autores contemporâneos cuja caligrafia era muitas vezes difícil de ler. Em sua *Orthotypographia*, impressa em 1608 em Leipzig, Hieronymus Hornschuch queixava-se da negligência e falta de cuidado de autores que dão aos impressores "manuscritos defeituosos que não podem ser lidos exceto com extrema dificuldade". "Portanto", escreve Hieronymus,

Eu gostaria, não tanto em nome dos revisores quanto dos impressores, de aconselhar seriamente e solicitar a todos aqueles que algum

---

24 Trovato, *"Con ogni diligenza corretto": La stampa e le revisioni editoriali dei testi letterari italiani (1470-1570)*; Trovato, *L'ordine dei tipografi; lettori, stampatori, correttori tra Quattro e Cinquecento*.

25 Grafton, Printers' Correctors and the Publication of Classical Texts. In: _____, *Bring Out Your Dead: The Past as Revelation*, p.141-55; Grafton, *The Culture of Correction in Renaissance Europe*, The Panizzi Lectures 2009.

26 Richardson, *Print Culture in Renaissance Italy: The Editor and the Vernacular Text, 1470-1600*; Richardson, *Printers, Writers and Readers in Renaissance Italy*.

166 ROGER CHARTIER

dia pretendam publicar alguma coisa impressa que a apresentem de tal maneira que nunca se tenha que fazer a pergunta na oficina do impressor feita pelo escravo na comédia [Plauto, *Pseudolus*]: "Galinhas também têm mãos?"

Invertendo a distribuição habitual de papéis, Hornschuch mobiliza o autor a verificar a pontuação:

> O que é quase o mais importante de tudo, que ele se encarregue de *pontuar* seu escrito. Pois todo dia muitos erros são cometidos por muitas pessoas por causa disso; e em poesia nada é mais cansativo ou condenável que o número de pessoas que deixam de fora sinais de pontuação [...]. Além disso, a pontuação correta produz grande elegância e leva, mais do que qualquer outra coisa, a uma compreensão clara do assunto em pauta, enquanto uma pontuação inconsistente parece ser produto de uma mente desordenada.

Portanto, o autor deveria enviar à gráfica não sua *"cópia bruta real"* – alguns diriam seus papéis defeituosos –, mas uma cópia "reescrita da maneira mais asseada possível, seja por ele mesmo ou seu amanuense, em papel firme, não absorvente, e conferida novamente com o máximo cuidado".[27]

Pontuação autoral?

Nos exemplos dados em seu *Dictionnaire*, Furetière afirmou, como seria de esperar: "Este revisor de gráfica compreende

---

27 Hornschuch, *Orthotypographia Hoc est: Instructio operas typographicas correcturis et Admonitio scripta sua in lucem edituris* apud Gaskell; Bradford (ed.), *Hornschuch's Orthotypographia*, p.29-30.

A MÃO DO AUTOR E A MENTE DO EDITOR   167

pontuação perfeitamente bem", mas também, e mais surpreenden-temente: "A exatidão deste autor é tal que ele chega a prestar atenção a pontos e vírgulas".[28] Se a primeira afirmação segue o procedimento normal e atribui a pontuação às qualificações técnicas próprias dos editores de cópias empregados pelos impressores, a segunda refere--se à costumeira falta de interesse do autor na pontuação. E indica também, todavia, que alguns raros autores eram atentos à pontuação de seus textos como eram Ronsard ou La Bruyère.

E então há Molière. Podemos achar traços de seu uso de pon-tuação nas edições impressas de suas peças? Como sabemos, seria muito arriscado atribuir diretamente a ele as escolhas de pontuação encontradas nas primeiras edições de suas peças. Por exemplo, na edição de 1660 de *As preciosas ridículas*, a pontuação varia de folha para folha, mesmo de uma *forme* de impressão para outra, segundo as preferências ou hábitos dos compositores.[29] Não obstante, as dife-renças entre a pontuação das primeiras edições das peças (impressas logo depois das primeiras produções parisienses) e edições posterio-res permitem-nos reconstituir, se não o intento autoral, pelo menos a destinação implícita do texto e sua relação com a performance teatral.

A pontuação das primeiras edições das peças de Molière mos-tra um elo claro com a emissão oral do texto, seja porque recorda o texto como era falado no palco ou porque guiava uma possível

---

28 Furetière, *Dictionnaire Universel*, artigos "Ponctuation: observation grammaticale des lieux d'un discours, où on doit faire de differentes pauses, & qu'on marque avec des points & petits caracteres pour en advertir les lecteurs. Il y a plus de difficulté qu'on ne pense à faire bien la ponctuation. Ce Correcteur d'Imprimerie entend fort bien la punctuation" e "Virgule: Terme de grammaire [...]. L'exactitude de cet auteur va jusques-là, qu'il prend soin de points et des virgules".

29 Veyrin-Forrer, À la recherché des "Précieuses". In: _____, *La lettre et le texte: trente années de recherches sur l'histoire du livre*, p.338-66.

168 ROGER CHARTIER

leitura da peça em voz alta. Consequentemente, os sinais de pontuação originais são mais numerosos e frequentemente utilizados para retratar os personagens de diferentes maneiras. Um exemplo é a vírgula, presente na edição de 1669 de *O tartufo* e posteriormente suprimida, que se segue à primeira palavra da fala: *"Gros, et gras, le teint frais, et la bouche vermeille"* [Robusto, e gordo, bochechas vermelhas e lábios carmim] (I, 4). Ou o acúmulo de vírgulas e letras maiúsculas que distingue entre a forma pedante de falar do Mestre da Filosofia e a fala corrente do Mestre da Dança em *O burguês fidalgo* (II, 3).[30]

A pontuação original também enfatizava palavras carregadas de significação particular. Um exemplo espetacular são as duas últimas linhas de *O tartufo*, faladas por Orgon. Edições modernas têm imprimido estas linhas sem qualquer indicação de pausa: *"Et par un doux hymen couronner en Valère / La flamme d'un amant généreux et sincère"*. A primeira edição da peça, em 1669, e a edição seguinte, de 1673, põem vírgulas, em particular, uma exatamente antes das últimas palavras *"& sincere"*: *"Et par un doux hymen, couronner en Valère, / La flamme d'un Amant généreux, & sincère"*. A última palavra de toda a peça é, portanto, claramente destacada e designada como o antônimo da palavra que figura na página de rosto, *O tartufo ou O impostor*.[31] Quem quer que tenha sido responsável por essa pontuação expressiva e teatral (o próprio Molière, um escriba, um revisor, os compositores), ela indicava uma forte relação com a voz – as vozes dos atores no palco ou as vozes daqueles

---

30 Hall, Ponctuation et dramaturgie chez Molière. In: *La bibliographie matérielle*, p.125-41, reimpresso como Hall, Ponctuation et Dramaturgie. In: _____, *Comedy in Context: Essays on Molière*, p.56-76.

31 Molière, *Le tartuffe ou l'imposteur. Comedie*, 1669; Molière, *Le tartuffe ou l'imposteur. Comedie*, 1673; Molière, *Oeuvres complètes collationnées sur les textes originaux*, 6, p.180. A última edição das peças de Molière respeita a pontuação do século XVII: Molière, *Oeuvres complétes*.

que liam a peça em voz alta e compartilhavam o prazer do texto com seus ouvintes.

Jogos de pontuação: "Sustentar-se nos pontos"

Na Inglaterra do início da Era Moderna, é frequente encontrar um uso jocoso da pontuação, seja no "poema da pontuação", cujo significado se altera dependendo da escolha do leitor de respeitar ou ignorar as pausas indicadas pelas vírgulas ou pontos,[32] ou, no palco, em efeitos cômicos ou dramáticos produzidos por uma pontuação falha. O exemplo mais famoso é obviamente o prólogo declamado por Quince antes da apresentação da "Comédia de Píramo e Tisbe", dado pela "mecânica" ateniense perante a corte de Teseu em *Sonho de uma noite de verão*:

Prólogo:
Se ofendemos, é com nossa boa vontade,
Que deveis pensar, não viemos para ofender,
Mas com boa vontade. Para demonstrar nossa habilidade simples,
Esse é o verdadeiro começo do nosso fim.

Uma pontuação correta teria dado:

Se ofendemos, é com nossa boa vontade
Que deveis pensar, não viemos para ofender.
Mas com boa vontade para demonstrar nossa habilidade simples:
Esse é o verdadeiro começo do nosso fim.

A cena continua:

---

32 Parkes, *Pause and Effect*, p.210-1.

170 ROGER CHARTIER

Teseu: Este sujeito não se sustenta nos pontos.

Lisandro: Ele montou seu Prólogo, como um Potro selvagem; não sabe onde parar. Uma boa moral meu Senhor. Não é suficiente falar; mas falar a verdade.[33]

O *capitatio benevolentiae* é transformado no seu contrário pelas pausas erradas feitas por Quince ao proferir o seu discurso. Os compositores da edição *in-quarto* de 1600, e depois deles os do fólio, traduziram tipograficamente a cômica falta de jeito do artesão, colocando pontos finais em lugares errados, invertendo, assim, o sentido pretendido do texto sem mudar uma única palavra. Como conclui Teseu, quando a pontuação é erroneamente distribuída, o discurso é "como uma Corrente emaranhada, nada está quebrado, mas tudo desordenado".

O traiçoeiro Mortimer e o desajeitado Quince nos lembram que a pontuação afeta o significado. Devemos aceitar a tese tradicional de que, desde o século XVIII, a pontuação gramatical e sintática substituiu uma pontuação retórica que indicava pausas e, às vezes, tônicas?[34] Ou devemos considerar, com Malcolm Parkes, que o equilíbrio entre "delinear a estrutura retórica de um período e chamar a atenção para as relações lógicas expressas por suas estruturas sintáticas" tem dominado o uso da pontuação da Renascença em diante e pode ser encontrado nesse mesmo período ou até num mesmo texto?[35]

Será que também é legítimo supor que todos os indivíduos que podem ser encarregados de decisões sobre pontuação compartilhavam as mesmas normas e as mesmas expectativas? Ou, segundo a hipótese de Philip Gaskell, não deveríamos atribuir as variações entre diferentes pontuações para a "mesma" obra a diversas destinações ou

---

33 Shakespeare, *A Midsommer Nights Dreame.*

34 Nelson, From "Listen Lordings" to "Dear Reader", *University of Toronto Quarterly. A Canadian Journal of the Humanities,* 46(2), 1976-7, p.110-24.

35 Parkes, *Pause and Effect,* p.88.

A MÃO DO AUTOR E A MENTE DO EDITOR   171

usos do texto?[36] A profunda distância entre o roteiro do ator e a edição impressa no caso de Edward Alleyn quando representou Orlando em *The Historie of Orlando Furioso* [A história de Orlando Furioso],[37] de Robert Greene, ou a pontuação manuscrita adicionada por John Ward em sua cópia impressa da edição de 1676 de *Hamlet*[38] poderiam respaldar tal hipótese.

Uma questão final poderia ser elucidar as razões e modalidades para as tentativas de restaurar a pontuação oral e retórica durante o século XVIII. Foi em 1754, e apenas em 1754, na segunda edição de sua *Ortografía de la lengua española*, que a Real Academia introduziu na língua espanhola o ponto de interrogação invertido e o ponto de exclamação invertido para guiar a entonação do leitor:

> Após um longo exame, a Academia julgou possível usar o mesmo ponto de interrogação virado de cabeça para baixo e colocá-lo antes da palavra pela qual começa a entonação interrogativa, além do ponto de interrogação regular no fim do período, no sentido de evitar a confusão que a falta de tal pontuação muitas vezes produz na leitura de sentenças longas.[39]

Trinta e cinco anos depois, Benjamin Franklin propôs introduzir no inglês um ponto de interrogação no começo de sentenças

---

36 Gaskell, Milton, A Maske (Comus), 1634. In: _____, *From Writer to Reader: Studies in Editorial Method*, p.28-61.

37 Palfrey; Stern, *Shakespeare in Parts*, p.21-4.

38 Chartier, Hamlet 1676: le temps de l'oeuvre. In: Neefs (ed.), *Le temps des oeuvres: Mémoire et préfiguration*, p.143-54, no presente livro como capítulo 12.

39 "Despues de un largo exámen ha parecido a la Academia se pueda usar de la misma nota de interrogation poniendola inversa antes de la palabra en que tiene principio el tono interrogante, ademas de la que ha de llevar la cláusula al fin de la forma regular, para evitar así la equivocacion que por falta de alguna nota se padece comunmente en la lectura de los periodos largos." (*Ortografía de la lengua española castellana compuesta por la Real Academia Española*.)

172 ROGER CHARTIER

interrogativas, como era o hábito dos impressores espanhóis, de modo que uma "tipografia expressiva" pudesse ordenar convenientemente a modulação da voz. Numa carta endereçada a Noah Webster Jr., datada de 26 de dezembro de 1789, ele escreveu:

> Buscando ser mais sensato da Vantagem da Impressão clara e distinta, consideremos a Assistência que ela propicia a uma boa Leitura em voz alta para um auditório. Ao fazê-lo, o Olho geralmente escorrega para frente três ou quatro Palavras antes da Voz. Se a Visão distingue claramente quais são as Palavras por vir, ela tem o tempo de comandar a Modulação da Voz para expressá-las adequadamente. Mas se estão obscuramente impressas, ou disfarçadas pela omissão das Maiúsculas e *ss* longos, ou de outro modo, o Leitor é capaz de modular errado e, descobrindo que o fez, é obrigado a voltar e começar novamente a Sentença; o que reduz o Prazer do Ouvinte. Isso me leva a mencionar um velho Erro no nosso Modo de Imprimir. Nós somos sensíveis ao fato de que, quando uma Pergunta é encontrada na Leitura, há uma Variação apropriada a ser usada na Administração da Voz. Temos, portanto, um Ponto, chamado de Interrogação, afixado à Pergunta para distingui-la. Mas este é absurdamente colocado no seu Final, de modo que o Leitor não o descobre até descobrir que modulou erradamente sua Voz, e portanto é obrigado a começar de novo a Sentença. Para evitar isso, os Impressores espanhóis, mais sensatamente, colocam uma Interrogação no Início, bem como no final, da Pergunta [...]. A Prática da nossas Damas em reunir-se cinco ou seis juntas para formar pequenas e animadas Festas, quando cada uma é empregada em algum Trabalho útil; enquanto uma lê para elas, algo tão louvável em si, que merece a Atenção de Autores e Impressores para torná-lo o mais agradável possível, tanto para a Leitora como para as Ouvintes.[40]

---

40 Franklin, Carta a Noah Webster, Jr., 26 dez. 1789 (inédita): *Franklin Papers*.

A MÃO DO AUTOR E A MENTE DO EDITOR   173

Consequentemente, para Franklin, seria possível organizar outras reuniões além de círculos de costura de senhoras em torno da leitura em voz alta e emissão oral, mas também, ou principalmente, criar um espaço público baseado na reprodução de discurso oral – um espaço público que não necessariamente seria englobado pelos limites da antiga cidade-estado. No palco, a vida ou morte de um rei podia depender da colocação de uma vírgula. Mas a pontuação também importava para a elaboração da nova esfera política republicana.

Capítulo 7

Tradução

"Separada da realidade, a Espanha de 1600 preferia sonhar".[1] Esse sonho, interpretado de forma sublime por Cervantes, era um refúgio em face do fim do mundo. Apesar de parecer estar no auge do seu poder, a Espanha do começo do século XVII estava sendo minada por suas fraquezas e, na opinião de Pierre Vilar, a história do *hidalgo* transformado em cavaleiro errante é a expressão mais contundente dessa contradição: "Cervantes fez uma despedida irônica, cruel e delicada aos valores feudais cuja morte no mundo – e, paradoxalmente, ao preço de sua ruína, cuja sobrevivência em seu próprio país – os conquistadores desavisadamente prepararam. Nesse dialeto único do imperialismo espanhol jaz o segredo de *Dom Quixote*".[2]

---

1 Vilar, Le temps du "Quichotte", *Europe* (1956), p.3-16, reimpresso em Vilar, *Une histoire en construction: Approche marxiste et problématiques conjoncturelles*, p.233-46, esp. p.245. [Ed. ing.: The Age of Don Quixote. In: Earle (ed.), *Essays in European Economic History 1500-1800*, p.100-13.]

2 Ibid., 238.

A época de Quixote

A ampla distribuição da obra de Cervantes transmitiu esse segredo para muito além das fronteiras de Castela, Aragão e Portugal, que estavam submissos ao rei da Espanha desde 1580. A "história", conforme escrita por Cide Hamete Benengeli, retrata sua própria circulação. No capítulo 3 da Parte II das aventuras de Dom Quixote, publicado em 1615, quando Dom Quixote pergunta ao *bachiller* Sansão Carrasco, que retornava de Salamanca: "Então é verdade que há uma história sobre mim e que foi escrita por Mouro e um sábio?"; o jovem responde: "É tão verdade, *señor*, que estou convencido que a esta altura há mais de 12 mil cópias impressas dessa história. E se o senhor não acredita, basta perguntar em Portugal, Barcelona e Valência, onde foram impressas. Há até mesmo um rumor de que ela está sendo impressa na Antuérpia".[3] A cifra de 12 mil exemplares do livro de Cervantes colocadas no mercado entre 1605 e 1615 é perfeitamente razoável, dado que nesta última data haviam sido publicadas nove edições do romance, três em Madri (duas em 1605 uma em 1608), duas em Lisboa (ambas em 1605), uma em Valência (em 1605), uma em Milão e duas em Bruxelas (não Antuérpia), em 1607 e 1611. De acordo com os manuais dos impressores, como o de Alonso Víctor de Paredes (publicado por volta de 1680),[4] a tiragem normal para uma edição era de 1.500 exemplares. Isso significa que

---

3 "¿Verdad es que hay historia mía y que fue moro y sabio el que la compuso?" "Es tan verdad, señor, que tengo para mí que ele día de hoy están impresos más de doce mil libros de la tal historia: si no, dígalo Portugal, Barcelona y Valencia, donde se han impreso, y aun hay fama que se está imprimiendo en Amberes". (Cervantes, *Don Quijote de la Mancha*, 1998, II, 3, p.647. [Ed. ing.: *Don Quixote*, p.441-3.])

4 Paredes, *Institución y origen del arte de la imprenta y reglas generales para los componedores*, 1984; nova edição com uma "Nueva noticia editorial", por Víctor Infantes, 2002.

A MÃO DO AUTOR E A MENTE DO EDITOR   177

havia provavelmente cerca de 13.500 exemplares do *Dom Quixote* em Castela circulando nos dez anos que se seguiram à primeira edição impressa no fim de 1604 na gráfica madrilena de Juan de la Cuesta para o livreiro Francisco de Robles.

Sansão Carrasco acrescenta: "E me parece que não haverá nação ou língua que não tenha o seu".[5] Duas traduções do *Dom Quixote* já haviam sido publicadas antes de 1615: em 1612, a tradução inglesa de Thomas Shelton e, em 1614, a tradução francesa de César Oudin. A tradução italiana veio pouco depois, em 1622. Há diversos sinais do impacto imediato da narrativa. Durante os primeiros meses de 1613, os King's Men [Homens do Rei] (a trupe na qual Shakespeare era ao mesmo tempo autor, ator e sócio) apresentou perante a corte da Inglaterra uma peça intitulada *Cardenno* ou *Cardenna*. Quarenta anos depois, o livreiro Humphrey Moseley registrou junto à Companhia dos Papeleiros, a corporação de livreiros, impressores e encadernadores de Londres, o "direito em cópia" de uma peça apresentada como *The History of Cardenio* [A história de Cardenio], de *Mr. Fletcher. & Shakespeare*. A peça nunca foi impressa e, apesar das afirmações de Lewis Theobald em 1728 de que havia revisto e adaptado a obra com base em cópias manuscritas que alegava possuir (dando-lhe um título novo, *Double Falsehood, or the Distrest Lovers*), não há vestígio dela. Seja como for, essa ligação inesperada entre Shakespeare e Cervantes serve de testemunho para o eco da tradução de Shelton.[6]

---

5 "Y a mí se me trasluce que no ha de haber nación ni lengua donde no se traduzga." (Cervantes, *Don Quijote de la Mancha*, II, 3, p.647-8. [Ed. ing.: *Don Quixote*, p.443.])

6 Greenblatt (ed.), *The Norton Shakespeare*, p.3109. Ver também Hammond (ed.), *Double Falsehood: Or, The Distrest Lovers*; Chartier, *Cardenio entre Cervantès et Shakespeare: histoire d'une pièce perdue* [Ed. ing.: *Cardenio between Cervantes and Shakespeare: The Story of a Lost Play*.]. Ver também Carnegie; Taylor (ed.), *The Quest for Cardenio: Shakespeare, Fletcher, Cervantes and the Lost Play*.

178 ROGER CHARTIER

A tradução francesa de *Dom Quixote* abriu caminho para um denso fluxo de traduções de outras obras de Cervantes. Em 1615, François de Rosset publicou *Nouvelles exemplaires*, sua tradução das *Novelas exemplares*, seguida, três anos depois, por *Don Quichotte*, Parte II, e *Les travaux de Persille et Sigismonde*. Também em 1618, outra tradução francesa desta obra (que fora publicada em Madri por Juan de la Cuesta apenas um ano antes) foi publicada em Paris por Vidal d'Audiguier como *Les travaux de Persiles et de Sigismonde, sous les noms de Périandre et d'Auristele*. A primeira tradução inglesa desse "conto do norte" apareceu em 1619 e a primeira tradução italiana saiu em Veneza em 1626.

"Ver tapeçarias por trás"

Mais adiante na história de Dom Quixote, no capítulo 62 da Parte II, quando ele visita uma gráfica em Barcelona, conhece um tradutor que "traduziu um livro do italiano para a nossa língua castelhana", conforme lhe conta um dos compositores. O diálogo que ele inicia com o *autor* que está traduzindo um livro intitulado *Le bagatelle* [A ninharia] refere-se a duas realidades aparentemente contraditórias. Dom Quixote fala menosprezando traduções, que ele considera como um simples copiar:

> Parece-me que traduzir de uma língua para outra, a menos que seja das rainhas das línguas – grego e latim –, é como ver tapeçarias flamengas por trás. Embora seja possível ver as figuras, os fios confundem as imagens, e não se pode ver com a clareza e as cores da frente. E traduzir de línguas fáceis não mostra nenhuma engenhosidade e bom estilo a mais que copiar de um pedaço de papel para outro.[7]

---

7 "Me parece que el traducir de una lengua en otra, como no sea de las reinas de las lenguas, griega y latina, es como quien mira los tapices flamencos por

A MÃO DO AUTOR E A MENTE DO EDITOR   179

O significado dual do verbo *trasladar* é dado no *Tesoro* de Covarrubias nos seguintes termos: "*Trasladar*: Às vezes significa interpretar alguma peça escrita de uma língua para outra; outras vezes significa copiar",[8] apresentando, assim, a tradução de uma língua vernácula para outra como inútil ou puramente mecânica. Poucas são as exceções que elevam uma tradução à dignidade do original. Dom Quixote menciona apenas duas: a tradução da tragicomédia de Battista Guarini, *Il pastor fido*, feita por Cristóbal Suárez de Figueroa, publicada em 1602 e revista em 1609, e a tradução da "*favola pastorale*" de Torquato Tasso, *L'aminta*, feita por Juan de Jáuregui, publicada em 1607.[9]

Por outro lado, igualar tradução e transcrição faz a tradução parecer uma forma da profissionalização do escrever que pudesse assegurar aos tradutores sólidos rendimentos. É isso pelo menos o que o tradutor de *Le bagatelle* espera. Quando Dom Quixote lhe pergunta "Mas diga-me sua graça, este livro, o está imprimindo às suas próprias custas ou vendeu os direitos a algum livreiro?", o homem responde com arrogância: "Às minhas próprias custas, e planejo ganhar mil *ducados*, pelo menos, com esta primeira impressão, que é uma tiragem de 2 mil exemplares, e que serão vendidos por seis *reales* cada um num piscar de olhos".[10] A tiragem

---

el revés, que aunque se veen las figuras, son llenas de hilos que las escurecen y no se veen con la lisura y tez de la haz; y el traducir de lenguas fáciles ni arguye ingenio ni elocución, como no le arguye el que traslada ni el que copia un papel de otro papel." (Cervantes, *Don Quijote de la Mancha*, II, 62, p.1144. [Ed ing.: *Don Quixote*, p.800-1.])

8 "Trasladar. Vale algunas veces interpretar alguna escritura de una lengua en otra; y tambien vale copiar." (Orozco, *Tesoro de la lengua castellana, o española*, s. v. "Trasladar".)

9 Cervantes, *Don Quijote de la Mancha*, II, 62, p.1144. [Ed. ing.: *Don Quixote*, p.801.]

10 "Pero dígame vuestra merced: este libro ¿imprímese por sua cuenta o tiene ya vendido el privilegio a algún librero?" "Por mi cuenta lo imprimo y

180 ROGER CHARTIER

da primeira edição da Parte I de *Dom Quixote* foi provavelmente de 1.500 ou, no máximo, 1.700 exemplares, e a *Tasa* datada de 20 de dezembro de 1604 fixou seu preço de venda em algo pouco acima de oito *reales*. Isso quer dizer que o tradutor que Dom Quixote conheceu em Barcelona era extremamente presunçoso, mas sua intenção era clara ao manter para si mesmo o privilégio, ter cópias impressas às suas custas e controlar sua venda, assegurando, assim, qualquer lucro. Ele declara: "Eu não publico meus livros para ficar famoso pelo mundo, porque já sou bem conhecido pelos meus livros. Estou procurando lucro, porque, sem ele, ser famoso não vale um *cuatrín* [tostão]".[11]

Os contratos elaborados pelos livreiros de Paris e os tradutores dos romances de cavalaria castelhanos em meados do século XVI mostram que a tradução para o francês de obras clássicas espanholas podia produzir tais lucros. Em 19 de novembro de 1540, Nicolas de Herberay cedeu aos livreiros Jean Longis e Vincent Sertenas o privilégio que obtivera para a tradução do segundo, terceiro e quarto livros de *Amadís de Gaula*, transferindo-lhes as partes do segundo livro que ele já traduzira e prometendo-lhes traduzir, "tão logo possa ser feito", o resto do Livro II e os dois livros seguintes. Em troca, os livreiros lhe deram, como era costume, dois exemplares não encadernados de cada livro, de modo que ele pudesse presenteá-los ao rei e oferecê-los em dedicatória, mas também lhe pagaram 25 *écus* de ouro na assinatura do contrato, prometendo-lhe outros 25 quando desse início ao

---

pienso ganar mil ducados, por lo menos, con esta primera impresión, que ha de ser de dos mil cuerpos, y se han de despachar a seis reales cada uno en daca las pajas." (Cervantes, *Don Quijote de la Mancha*, II, 62, p.1144. [Ed. ing.: *Don Quixote*, p.801.])

11 "Yo no imprimo mis libros para alcanzar fama en el mundo, que ya en él soy conocido por mis obras: provecho quiero, que sin él no vale un cuatrín la buena fama." (*Don Quijote de la Mancha*, II, 62, p.1144-5. [Ed. ing.: *Don Quixote*, p.801.])

A MÃO DO AUTOR E A MENTE DO EDITOR   181

terceiro livro e 30 quando da apresentação do quarto livro.[12] Numa época em que os autores geralmente recebiam apenas exemplares de seus trabalhos como pagamento, os tradutores de Paris foram os primeiros a serem pagos em dinheiro. A remuneração indireta do patronato, reconhecido ou obtido por meio de dedicatórias, era assim adicionada à renda vinda diretamente do mercado de livros. Em 2 de março de 1542, o contrato elaborado entre o mesmo Nicolas de Herberay, os dois livreiros e Denis Janot incluía cláusulas semelhantes para a tradução dos quinto e sexto livros de *Amadís*. O tradutor prometeu submeter o texto traduzido dentro de um ano e os livreiros lhe prometeram não só doze exemplares de cada um dos dois livros, dez *en blanc* [sem encadernação] e dois *reliés et dorés* [encadernados e com bordas douradas], mas lhe pagaram imediatamente, "manualmente e em moeda", 62 *écus* de ouro, bem como perdoaram uma dívida de 22 *écus* por um cavalo que Denis Janot havia lhes vendido.[13]

Antes de Cervantes, a paixão por romances de cavalaria foi uma das bases mais precoces da "Europa castelhana". O sucesso de tais obras levou a notáveis inovações nas relações entre livreiros e "autores" (ou, neste caso, tradutores). Entre elas, adiantamentos pagos por um manuscrito ainda por vir. Em 19 de abril de 1543, num contrato novo elaborado entre Herberay e os três livreiros (Longis, Janot e Sertenas) para a tradução de *Palmerin*, os livreiros concederam ao tradutor um adiantamento de 40 libras pela submissão, no Dia de São João Batista, de uma cópia dos vinte primeiros cadernos do primeiro livro, "para começar sua impressão do dito livro", e então, em agosto, pelo resto do Livro I.[14] Para satisfazer as exigências de um público impaciente para ler o último trabalho castelhano traduzido

---

12 Este contrato está publicado em Parent, *Les métiers du livre à Paris au XVIᵉ siècle (1535-1560)*, p.300-1.

13 Ibid., p.301-2.

14 Ibid., p.303-4.

para o francês, os livreiros parisienses decidiram imprimir romances de cavalaria caderno por caderno, sem esperar a tradução da obra inteira. Não podia haver melhor sinal de sucesso de obras da Espanha no mercado livreiro francês.

Romances de cavalaria não podem ser separados de outros gêneros que assentaram a base para a difusão da literatura espanhola por toda a Europa entre 1540 e 1560. O inventário de seu estoque levantado em abril de 1561 por um importante livreiro parisiense, Galliot du Pré, serve como ilustração para isso.[15] Seu depósito continha quase 40 mil volumes, 637 dos quais eram traduções do espanhol e 73 eram edições em castelhano. E essas eram em quantidade inferior à dos livros italianos que ele possuía, mas essa "biblioteca espanhola" reflete claramente a hierarquia dos autores espanhóis mais proeminentes. O primeiro deles era, incontestavelmente, Frei Antonio de Guevara. Galliot du Pré oferecia aos seus clientes traduções do *Libro áureo de Marco Aurelio*, que publicou em 1529, só um ano depois da edição espanhola, e o *Reloj de príncipes*, datado de 1540. Du Pré mantinha 52 exemplares do *Livre doré* e 42 do *L'horloge des princes*. Mas também estocava exemplares de *Le favori de court* (uma tradução de *Aviso de privados y doctrina de cortesanos*) e de *Mespris de la court* (uma tradução de *Menosprecio de corte e alabanza de aldea*), bem como exemplares de *Epîtres dorées, morales et familières*.

Outro autor favorecido por Galliot du Pré e, podemos supor, pelos leitores parisienses era Pedro Mexía, dado que sua loja no Palais Royal tinha oito exemplares de *Silva de varia lección* e 32 exemplares da tradução, *Les diverses leçons de Pierre Messie Gentilhomme de Séville*, traduzido por Claude Gruget e publicado em 1552. Gruget traduziu a obra a partir da edição italiana, que havia aparecido em Veneza em 1544 e incluía apenas as três primeiras partes do livro de Mexía (mais catorze capítulos adicionais do tradutor italiano, Roseo

---

15 Ibid., p.221-50 e, para livros espanhóis, p.246-7.

A MÃO DO AUTOR E A MENTE DO EDITOR   183

da Fabriano). A tradução de Gruget foi, por sua vez, usada para a tradução inglesa de 1571 e para a flamenga em 1587. *Silva de varia lección* foi ao mesmo tempo um *"best-seller"* e um livro de venda constante por toda a Europa. A obra passou por 25 edições em espanhol entre 1540 e 1643 (a edição de 1550-1 incluía, pela primeira vez, os 22 capítulos da Parte IV), 37 traduções francesas entre 1552 e 1654 e cerca de 30 em italiano. Em ambos estes últimos casos, o texto de Mexía recebeu acréscimos ou continuações, geralmente publicados com tradução: na Itália, as de Francesco Sansovino em 1560 e de Geronimo Giglio em 1565; na França, a de Antoine du Verdier, que surgiu em 1577.[16]

O gosto pelos livros espanhóis não era exclusividade das cidades francesas. Eles também encontravam leitores em áreas rurais. Um nobre menor normando, o Sire de Gouberville, que manteve uma revista entre 1553 e 1562, oferece prova disso. Com a data de 6 de fevereiro de 1554, ele anota: "Chove constantemente; [meus homens] estavam nos campos, mas a chuva os afugentou. No anoitecer, com todas as vésperas, lemos em *Amadís de Gaula* como ele venceu Dardan". Embora essa cena de leitura em voz alta numa noite de inverno num solar de Cotentin seja única na revista, ela mesmo assim atesta à ampla circulação da tradução de Nicolas de Herberay. Em novembro do mesmo ano, um amigo devolve a Gouberville um livro que fora tomado emprestado. Não era um daqueles romances que podem ser lidos em companhia, como os ceifeiros liam *Dom Quixote*, mas uma obra culta contendo todo o conhecimento do mundo: as *"leçons* de Pierre Messie".[17]

---

16 Ver Mexía, Introducción. In: _____, *Silva de varia lección*, p.52-9; Courcelles, La *Silva de varia lección* de Pedro Mexía. In: _____ (ed.), *Traduire et adapter à la Renaissance*, p.99-124.

17 Tollemer (pub.), *Un sire de Gouberville, gentilhomme campagnard du Cotentin de 1553 à 1562*, p.203-11; Foisil, *Le sire de Gouberville: un gentilhomme normand au XVIe siècle*, p.80-1, p.231-4.

184 ROGER CHARTIER

A era do picaresco

Na época do *Dom Quixote*, uma segunda onda de traduções atingiu o mercado livreiro parisiense – e europeu. Basicamente, ela tirou forças de uma paixão por novelas picarescas. Corneille é uma boa testemunha deste entusiasmo. Em *A ilusão cômica*, apresentada pela primeira vez durante a temporada teatral de 1635-6 e publicada em 1639, o mágico Alcandre descreve a movimentada carreira de Clindor, expulso de casa pelas rigorosas exigências de Pridamant, seu pai, que então sai desesperadamente à sua procura. Alcandre conta a Pridamant sobre a carreira itinerante de Clindor como cartomante, escrivão público, funcionário notarial, jogador de cartas profissional, autor de cantigas de rua e farmacêutico que frequenta feiras. Para Corneille e sua audiência, uma existência desse tipo só podia ser comparada às atribulações dos *pícaros* espanhóis:

> Enfim Buscón, Lazarillo de Tormes
> Sayavedra e Guzmán não tomaram tantas formas.[18]

Em apenas duas linhas, Corneille refere-se aqui a três das principais obras picarescas, todas elas imediatamente reconhecíveis pelos leitores e espectadores franceses do começo do século XVII.[19]

A vida de Lazarilho de Tormes e de suas fortunas e adversidades, cujos acréscimos mais antigos datam de 1554, foi traduzido para o francês em 1560 e reeditado em 1561. Os espectadores assistindo *A ilusão cômica*, porém, tinham provavelmente lido a segunda tradução, que foi publicada pela primeira vez em 1601 e reimpressa seis vezes

---

18 Corneille, *L'illusion comique*, em suas *Oeuvres complètes*, 1, p.622-3.

19 Sobre traduções francesas de obras picarescas espanholas, ver Greifelt, *Die Übersetzungen des spanische Schmelromans in Frankreich im XVIII Jahrhunderts*, *Romanische Forschungen*, 50(1), 1939, p.51-84.

A MÃO DO AUTOR E A MENTE DO EDITOR   185

antes de 1628, ampliada pela tradução de Pierre d'Audiguier da continuação de Juan de Luna.

A Parte I de *Guzmán de Alfarache*, publicada em Madri em 1599, também foi traduzida para o francês duas vezes: a primeira por Gabriel Chappuys em 1600 e depois por Jean Chapelain em 1619, como *Le gueux, ou la vie de Guzman de Alfarache*. No ano seguinte, Chapelain publicou sua tradução da Parte II (que aparecera em espanhol em 1604), chamando-a *Le voleur, ou la vie de Guzman d'Alfarache*. Entre 1621 e 1646, traduções da obra inteira de Mateo Alemán foram publicadas três vezes em um volume e três vezes com um volume para cada parte. Corneille fez dupla referência a Guzmán e a Sayavedra, um pseudônimo de Juan Marti, que escreveu uma continuação para a novela publicada em 1602 sob o nome Mateo Luján de Sayavedra, que Mateo Alemán transformou em personagem da Parte II de seu trabalho.

O romance de Quevedo, *Historia de la vida del Buscón, llamado don Pablos*, publicado em 1626, também foi rapidamente traduzido para o francês: a tradução do "sieur de La Geneste" (que tem sido identificado como Scarron)[20] saiu do prelo em 1633 e gozou de um durável sucesso, com oito impressões entre 1634 e 1691. Até mais notável que esse fluxo ininterrupto de edições foi a entrada, em 1657, de Quevedo em tradução no repertório de textos que os livreiros/editores de Troyes, na Champagne, propuseram aos leitores de mais baixo nível social por meio de volumes não caros da "Bibliothèque bleue" vendidos por mascates. Foi com o custo de um serviço de censura e adaptação que amputava a tradução de falas blasfemas, personagens eclesiásticos e alusões sexuais abertamente fortes que o *Buscón* de Quevedo pôde deliciar

---

20 Stoll, Scarron als Übersetzer Quevedo: Studien zur Rezeption des Pikaresken Romans "El Buscón". In: *Frankreich, L'Aventurier Buscon, 1633.*

186 ROGER CHARTIER

leitores franceses tanto em cidades como em aldeias até o fim do século XVIII.[21]

Além dessas três obras essenciais, os tradutores franceses não negligenciaram outros textos do repertório picaresco. Vidal d'Audiguier traduziu o *Relaciones de la vida del escudero Marcos de Obregón* em 1618, mesmo ano em que o trabalho surgiu em espanhol, que foi republicado em 1626. Traduziu também *La desordenada codicia de los bienes ajenos*, de Carlos García, em 1619. Publicada em 1621, a tradução foi republicada em 1623 e 1632. *La pícara Justina*, de Francisco López de Úbeda, publicado em 1605, teve de esperar mais tempo para sua tradução, que surgiu em 1635 (mesmo ano que *A ilusão cômica*), com o título *La narquoise Justine*. Expectativas similares aguardavam as *Novelas exemplares* de Cervantes, publicado em 1613, com uma tradução francesa feita em colaboração por François de Rosset e Vidal d'Audiguier em 1615. Essa tradução foi republicada oito vezes durante o século XVII e emprestou muitas reviravoltas de trama para as obras de escritores franceses de comédias românticas e dramaturgos ingleses.[22]

Autores e leitores franceses tinham tanta familiaridade com romances espanhóis que, quando Charles Sorel publicou sua *Bibliothèque françoise* em 1664, os incluiu entre livros franceses.[23] Sob o título "Romans comiques" [Romances cômicos], ele cita, em ordem, *L'ingénieux Don Quichotte de la Manche*, "que é uma agradável sátira contra romances de cavalaria", *Guzman d'Alfarache*, *L'écuyer*

---

21 Chartier, Figures littéraires et expériences sociales: la littérature de la gueuserie dans la Bibliothèque bleue. In: _____, *Lectures et lecteurs dans la France d'Ancien Régime*, p.271-351.[Ed. ing.: The Literature of Roguery in the *Bibliothèque bleue*. In: *The Cultural Uses of Print in Early Modern France*, p.265-342.]

22 Ver Hainsworth, *Les "Novelas ejemplares" de Cervantes en France au XVIIe siècle*.

23 Sorel, *La Bibliothèque Françoise* (1664), p.192-3.

A MÃO DO AUTOR E A MENTE DO EDITOR   187

Marc d'Obregon, Lazarille de Tormes, Buscon, La narquoise Justine, La fouine de Seville, L'aventurier nocturne e *Visions,* de Quevedo. A tradução havia naturalizado todas essas obras: Sorel afirma, "Estou nomeando os Livros que são de origem Espanhola, mas que, tendo se tornado Franceses por Tradução, podem ocupar seu lugar nesta categoria". Para Sorel, todos esses trabalhos compartilhavam dois traços. Ele escreve: "Os espanhóis foram os primeiros a criar Romances verossímeis e divertidos", e ele insiste nos "discursos morais" (que lhe pareciam às vezes exageradamente abundantes no *Guzman* ou no *L'écuyer Marc d'Obregon*), que eram como muitas advertências contra o pecado e convites para a reforma dos costumes. Nesse contexto, contos de aventuras divertidas de *pícaros* e *pícaras* eram entendidos simultaneamente como descrições realistas de sua condição e uma lição de moral. Os títulos das traduções frequentemente enfatizavam esse intento dual. Por exemplo, a Parte I do *Guzman,* de Chapelain, trazia o subtítulo "Imagem da vida humana. Na qual todos os truques e maus atos que são comuns no mundo são revelados de forma agradável e útil". O subtítulo da Parte II diz: "Retrato dos tempos e espelho da vida humana".

Tradução e transcrição

O grande número de traduções de textos espanhóis para outras línguas europeias não explica totalmente as transferências culturais que elas conseguiram. Cervantes sabia disso, como podemos ver pelo diálogo entre Dom Quixote e o tradutor castelhano de *Le Bagatelle.* A tradução, na verdade, sempre implica uma apropriação especial de textos. Há diversas razões para isso. Primeiro, há a personalidade do tradutor, para quem a tradução era muitas vezes uma entrada para uma carreira nas letras. Para alguns, a tradução era simplesmente uma atividade profissional; para outros, era uma tarefa da qual foram encarregados, mas que podia tornar-se também um ato literário. Este último aspecto era verdade no caso de Chapelain, que traduziu *Guzmán de Alfarache* em 1619, enquanto era tutor dos filhos do marquês de La Trousse, a quem também servia como secretário. E também era verdade no caso de Scarron, que traduziu *Buscón* em 1633 enquanto estava a serviço do bispo de Le Mans e que posteriormente introduziu no seu próprio *Roman comique* traduções de quatro novelas de Solorzano e María de Zayas.

Isso pode explicar o *status* ambivalente da tradução, como Chapelain enfatiza fortemente nas peças que precedem sua tradução de *Guzmán*.[24] Em 1619, ele afirmou que "tradução é uma coisa vil, e tradução, naqueles que a professam, pressupõe uma baixeza de coragem e um aviltamento da mente". Em 1620, foi ainda mais enfático: "Imagine que para uma mente ambiciosa seja um golpe cruel matar alguém por uma coisa que não é nem estimada nem estimável, da qual alguém não só não ousaria se gabar, mas consideraria ofensivo se outros elogiassem". Ainda assim, uma tradução era uma dádiva digna dos que a ela se dedicavam porque oferecia a oportunidade de ler uma obra de inigualável valor:

> O *Guzman*, de modo geral, é uma concepção rica e uma sátira bem construída, seguindo os passos de Luciano e Apuleio e seu *Golden Ass* e, mais imediatamente, os de *Lazarilho de Tormes*, que foi seu protótipo. Nenhum desses o igualou em invenção, em abundância ou em diversidade, e nenhum chega perto em doutrina ou lampejos de erudição.

Uma ambivalência similar governava a própria prática da tradução, que deveria combinar uma exigência de fidelidade e uma necessidade de liberdade. Chapelain abordou esse paradoxo em seu

---

24 Chapelain, *Opuscules critiques*, p.46-70.

A MÃO DO AUTOR E A MENTE DO EDITOR 189

"Avertissement au lecteur" para a edição de 1621 de seus *Opuscules critiques* [Opúsculos críticos]:

> E o que digo a você sobre tradução não deve levá-lo a acreditar, porém, que ela me subordinou; pois embora eu seja a favor da fidelidade, que dá a essência, e posso me gabar de a ter observado religiosamente da maneira como estou lhe dizendo, marchando no mais estrito rigor, apesar disso, reservando-me a necessária autoridade, eu transpus, reestabeleci, cortei, acrescentei, uni, separei, reforcei e enfraqueci o discurso, mudei as metáforas e as frases que não combinam com o nosso francês e deixei de fora do trabalho termos forçados e alguns relatos inferiores, sem destruir nada, seja no sentimento do autor ou na gravidade de seu relato, que segui ponto a ponto e, se algo, aumentei, em vez de diminuir.

Se a literatura espanhola exerceu sua "influência" em toda a Europa, o fez por meio de interpretações a ela impostas por traduções. As diferenças entre essas traduções e os textos originais não foram só resultado de liberdades tomadas pelos tradutores. Mais fundamentalmente, derivaram da distância que separava as inovações estéticas espanholas e os repertórios de categorias e convenções inerentes às literaturas que adotaram essas inovações. A tradução do *Buscón* para o francês feita por Scarron fornece um exemplo atual disso.[25] Um estudo detalhado das diferenças entre a *Historia de la vida del Buscón* e *L'aventurier Buscon* mostram que o tradutor francês, embora buscasse equivalentes franceses para nomes próprios ou instituições, enfatizou fortemente o sabor "espanhol" da narrativa. A cor local dada à história a coloca no reino do pitoresco. Para

---

25 Stoll, *Scarron als Übersetzer Quevedo*. Ver também Cavillac; Cavillac, A propos du "Buscón" et de "Guzmán de Alfarache", *Bulletin Hispanique*, 75 (1-2), 1973, p.114-31.

conseguir isso, Scarron combina diversas técnicas: a mobilização de estereótipos existentes de gente e costumes espanhóis; a explicação de termos castelhanos tais como *don*, *morisco* ou *corregidor*; a conservação dos nomes originais de muitos lugares e pessoas; a citação de provérbios não traduzidos; a presença de referências a *Dom Quixote* que nem sempre estão no texto de Quevedo. Assim, o cavalo de Pablos é "um Rocinante de Dom Quixote", e em seu caminho de volta para Madri Pablos menciona "a barba de Sancho Pança, escudeiro de Dom Quixote". Esse sabor espanhol, seja ressaltado pelo tradutor ou importado por ele para a novela, é claramente marcado, a começar pela folha de rosto, que apresenta a história como "composta em espanhol por Dom Francisco de Quevedo, Cavaleiro Espanhol".

O título de *L'aventurier Buscon* refere-se também à obra como uma *histoire facétieuse*, um conto humorístico. E de fato, ao longo de toda a tradução de 1633, o tradutor emprega figuras próprias do estilo cômico e da sátira para obter o tom específico da escrita picaresca. Seu léxico combina palavras grosseiras, o jargão dos pedintes e vagabundos e a linguagem do mercado parisiense de alimentos (Les Halles), e seu estilo utiliza procedimentos da retórica burlesca, tais como repetição, enumeração, perífrase e comparação. Confrontado com a complexidade da própria redação de Quevedo, o tradutor francês entendeu o livro como pertencente ao gênero do humor e o traduziu com base na linguagem e nas formas do burlesco. Isso, junto com outros indícios, é o motivo de a tradução ter sido atribuída a Scarron, que publicou a Parte I de seu próprio *Roman comique* em 1651, enfatizando a própria categoria na qual Sorel situou as novelas espanholas que haviam sido naturalizadas por traduções francesas.

A mudança mais espetacular em *L'aventurier Buscon* é a completa transformação do final da obra. Em Quevedo, Pablos é reconhecido pelo seu antigo companheiro, Dom Diego Coronel, e seu projetado matrimônio com Dona Ana não dá em nada. Depois de

A MÃO DO AUTOR E A MENTE DO EDITOR   191

exercer várias ocupações (mendigo, ator, poeta), Pablos retorna a Sevilha, onde visita alguns *pícaros*, junta-se a eles no assassinato de dois arqueiros e busca refúgio na catedral. Uma prostituta, La Grajal, o toma como amante e protetor e, para fugir da justiça do Alguacil, ele parte para a América:

> Eu tomei uma decisão, depois de conversar sobre o assunto com La Grajal, de zarpar para o Novo Mundo com ela e ali ver se uma mudança de continente poderia melhorar minha sorte. Aconteceu que ela piorou, como vereis na segunda parte, pois um homem que apenas muda seu *habitat*, e não seu modo de viver, nunca melhora as coisas para si.[26]

Nada disso aparece na tradução francesa de 1633. Depois de perambular como mendigo, ator e poeta, Pablos, tendo regressado a Sevilha, apaixona-se pela filha única de um rico mercador, uma moça chamada Rozelle. Uma vez podendo entrar em sua casa como criado doméstico, ele faz saber, por meio de vários estratagemas, que é um *"cavalier d'Espagne"*. A trama se encerra: Pablos casa-se com Rozelle e revela sua fraude, que ela aprova; ele então embolsa o dote e a herança e decide que daí por diante será um *honnête homme*. As últimas palavras traçam a moral da história:

> Tudo está sob a Providência do Céu, e não se pode predizer o futuro, mas agora eu posso dizer que há poucas pessoas no Universo, de qualquer condição que sejam e qualquer que seja a prosperidade

---

26 "Yo... determiné, consultándolo primero con la Grajar, de pasarme a Indias con ella a ver si, mudando mundo y tierra, mejoraría mi suerte. Y fueme peor, come V. Md. verá en la segunda parte, pues nunca mejora su estado quien muda solamente de lugar, y no de vida y costumbres." (Quevedo, *La vida del Buscón*, p.226. [Ed. ing.: *The Scavenger*, p.146.])

192 ROGER CHARTIER

que possam ter, cuja felicidade é comparável à minha. Que o Céu me conserve longamente na companhia da minha querida Rozelle.[27]

Um resultado desse tipo, que deturpa completamente a natureza do final da história dado por Quevedo, responde a duas exigências. Por um lado, dá à novela um caráter de final feliz que sela o destino de seu personagem principal. Por outro, atribui um significado moral à história, uma vez que o retorno de Pablos à vida "honesta" mostra que o homem pode buscar melhorar e regressar à sua verdadeira identidade. Quando tudo está dito e feito, a vida aventurosa de Buscon não foi nada além de um desvio temporário para ele e agradável para o leitor, antes de o herói abocanhar a recompensa de uma vida bem regulada inerente às promessas de seu personagem e seus generosos sentimentos. Reescrevendo completamente o fim da novela, Scarron a deixa conforme com um sistema de convenções, não presente no original castelhano, que requer um final feliz e uma moralidade exemplar.

A presença da literatura espanhola em toda a Europa, e especialmente na França, foi acompanhada da ideia da perfeição da língua castelhana e da correspondência exata entre como era escrita e como era pronunciada. Na época de *Dom Quixote*, espanhol era uma língua que era conhecida, lida e falada pelas elites e pelos europeus letrados. Em *Los trabajos de Persiles y Sigismunda*, quando as peregrinas entram no reino da França, não têm dificuldade de se fazer entender pelas três lindas damas francesas que encontram

---

27 "Tous est sous la providence du Ciel, on ne peut prévoir l'avenir; mais maintenant je puis dire qu'il y a peu de personnes en l'Univers, de quelque condition qu'ils puissent être et quelque prospérité qu'ils puissent avoir, dont la félicité soit comparable à la mienne. Veuille le Ciel me la conserver longuement en la compagnie de ma chère Rozelle." (Quevedo, *L'aventurier Buscon. Histoire facétieuse composée en Espagnol par dom Francisco de Quevedo. Ensemble les Lettres du Chevalier de l'Epargne.*)

A MÃO DO AUTOR E A MENTE DO EDITOR   **193**

num albergue provençal. Ao verem Auristela e Costanza, "elas se aproximaram e lhes falaram com faces felizes e polida graciosidade, perguntando-lhes em espanhol quem eram elas, pois reconheceram as mulheres peregrinas como espanholas, e na França não há homem ou mulher que não aprenda a língua espanhola".[28] Isso é claramente um exagero; ainda assim, fica igualmente claro que uma familiaridade com o espanhol era difundida entre as elites francesas do início do século XVII.

Uma prova disso é a presença de livros em castelhano em certas bibliotecas privadas. Numa amostra de cerca de duzentas pequenas e médias bibliotecas parisienses inventariadas entre 1601 e 1641 após a morte de seus proprietários, oito mencionam pacotes de obras de literatura espanhola e doze mencionam obras em italiano. A porcentagem pode parecer modesta, mas duas coisas corrigem essa impressão. Primeiro, a presença do espanhol é mais forte nas coleções mais impressionantes, que são as de cavalheiros, escritores ou *précieuses*. Ali encontramos dicionários bilíngues, a *Historia general de España*, de Mariana (na coleção de Voiture, por exemplo), e obras literárias em castelhano.[29] Segundo, novas obras cruzavam rapidamente os Pirineus. Assim, o inventário elaborado em 1617 após a morte de Jacques de Thou, *président* do Parlement de Paris e membro da *Republica literaria*, mostra que sua biblioteca incluía uma edição de Lisboa, 1605, do *Dom Quixote*, um exemplar da Parte II do *Dom Quixote*, publicado em 1615, e um exemplar das *Novelas exemplares*.[30] O mesmo valia para Richelieu, que lia espanhol

---

28 Cervantes, *Los trabajos de Persiles y Sigismunda*, III, 13, p.567. [Ed. ing.: *The Tales of Persiles and Sigismunda: A Northern Story*, p.265.]

29 Martin, *Livre, pouvoirs et société à Paris au XVIIe siècle (1598-1701)*, 1, p.514. [Ed. ing.: *Print, Power and People in Seventeenth-Century France*.]

30 Coron, "Ut prosint aliis": Jacques-Auguste de Thou et sa bibliothèque. In: Jolly (ed.), *Histoire des bibliothèques françaises*, v.2, *Les bibliothèques sous l'Ancien Régime 1530-1789*, p.100-25, esp. p.110.

194 ROGER CHARTIER

e italiano.[31] As coleções mais cultas e mais enciclopédicas, como a
que Gabriel Naudé propôs para o *président* do Parlement, Henri de
Mesmes, eram menos abertas para a literatura espanhola. No *Advis*,
de Naudé, apenas os italianos (Dante, Petrarca, Ariosto, Tasso e Boccaccio) tinham lugar – um lugar limitado, é verdade – na biblioteca
humanista ideal.[32]

Tradução ou plágio?

Um indício particularmente óbvio da familiaridade com a língua
e a literatura espanholas é a briga provocada por *Le Cid*, de Corneille. Encenada pela primeira vez em janeiro de 1637 no Théâtre du
Marais, a peça foi um sucesso instantâneo. Foi publicada como uma
tragi-comédie perto do fim de março desse mesmo ano. No panfleto
que deflagrou a polêmica, Jean Mairet, que também era dramaturgo,
acusou Corneille de plágio. Essa publicação, um poema em suas
estrofes de seis versos, intitulava-se *L'auteur du vrai Cid espagnol à
son traducteur français* [O autor do verdadeiro *El Cid* espanhol para
seu tradutor francês] e era assinada por "Don Baltazar de la Verdad".
O panfleto citava um boato acusando Corneille de ter tirado sua tragicomédia de uma peça espanhola deixando de mencionar o original
em sua dedicatória à sobrinha de Richelieu, dedicatória essa na qual
ele se limita a aludir à lenda de El Cid, cujo "corpo, carregado pelo
seu exército, ganhou batalhas após a sua morte". Mairet ainda estava
inseguro da identidade da obra e do autor supostamente plagiado,

---

31 Artier, La bibliothèque du cardinal de Richelieu. In: Jolly (ed.), *Histoire des
bibliothèques françaises*, v.2, p.126-33, esp. p.129.

32 Naudé, *Advis pour dresser une bibliothèque* (1627), p.41 (para "Bocace,
Dante, Petrarque en Italien") e p.71 (para Ariosto e Tasso, guardados nas
prateleiras perto de Homero e Virgílio). [Ed. ing.: *Instructions Concerning
Erecting a Library*.]

A MÃO DO AUTOR E A MENTE DO EDITOR   195

mas levanta a acusação de plágio para derrubar a pretensiosa auto-glorificação de Corneille expressa numa carta em verso intitulada *Excuse à Ariste* [Desculpa a Ariste], publicada em fevereiro de 1637. Nessa peça versificada, Corneille rejeita o julgamento de seus colegas e alega que sua glória fundamentava-se no sucesso de sua peça com o público e a corte: "Eu não devo a ninguém, a não ser a mim mesmo, todo o meu Renome". É certo que esse poema, que quebrou as regras tácitas do mundo dos autores, foi a razão fundamental para os ataques a Corneille; não obstante, é digno de nota que a primeira acusação contra ele foi ter traduzido uma *comedia* espanhola – e que o fez pessimamente, "em versos bastante frágeis".[33]

Um segundo panfleto, *Observations sur le Cid* [Observações sobre le Cid], de Scudéry, publicado em abril de 1637, identifica o texto plagiado.[34] Aqui a crítica é mais ampla, pois Scudéry acusa Corneille de ter violado as regras da verossimilhança, a unidade de tempo, a propriedade, mas a imputação de plágio é o ponto alto da acusação:

> *Le Cid* é uma Comédia espanhola, na qual Quase todo o desen-volvimento, Cena após Cena, e todos os pensamentos no francês são tirados [do texto espanhol]: todavia, nem Mondory [o diretor da trupe do Marais] nem os Periódicos, nem o texto Impresso

---

33 Mairet, L'auteur du vrai Cid espagnol à son traducteur français. In: Gasté, *La querelle du Cid*, p.67-9. Ver também Corneille, *Oeuvres complètes*, 1, p.1517-21; Corneille citado de *Le Cid*, p.184.

34 Scudéry, Observations sur le Cid. In: Corneille, *Oeuvres complètes*, 1, p.782-99:
    Le Cid est une Comédie Espagnole, dont presque tout l'ordere, Scène pour Scène, et toutes les pensées de la Française sont tirées: et cependant ni Mondory [le directeur de la troupe du Marias], ni les Affiches, ni l'impression, n'ont appelé ce Poème, ni traduction, ni paraphrase, ni seulement imitation: mais bien en ont-ils parlé comme d'une chose qui serait purement, à celui qui n'en est que le traducteure, logo em seguida: "que j'entends aussi l'Espagnol."

196 ROGER CHARTIER

chamaram esse Poema de tradução, paráfrase ou mesmo imitação: em vez disso, falaram dele como algo que é totalmente obra daquele que é apenas seu tradutor.

Para provar isso, Scudéry, que estava ansioso para mostrar "que eu também entendo espanhol", compara 49 passagens da peça de Corneille, variando desde um até onze versos, com a peça espanhola *Las mocedades del Cid*, de Guillén de Castro, publicada em 1618 em Valência na *Primera parte de las comedias de don Guillem de Castro* e reimpressa em 1621.[35]

Corneille respondeu a essa acusação – mais uma vez demonstrando a ampla circulação das *comedias* espanholas e a capacidade de entender espanhol – numa *Lettre apologétique* publicada em maio de 1637. Ele nega qualquer desejo de ocultar a peça da qual tirou inspiração. E afirma que ele próprio havia revelado o nome do "Autor espanhol" para Scudéry e que trouxera "o original em sua língua" para o Cardeal Richelieu. E também rejeita a acusação de plágio: "Tentaste me retratar como simples Tradutor, com base em 72 versos que marcaste num trabalho de 2 mil versos, e que aqueles entendidos no assunto jamais chamariam de simples traduções".[36]

O argumento parece ter atingido o alvo. Os *Sentiments de l'Académie française sur la tragi-comédie du Cid*, redigidos por Jean Chapelain e publicados perto do fim de 1637, impuseram silêncio aos adversários e respaldaram as críticas de Scudéry. O texto de Chapelain, porém, abandonava a acusação de plágio, porque, "à parte o fato de observarmos que em muito poucas coisas imitadas ele [Corneille] se manteve

---

35 Castro, *Las mocedades del Cid*, p.lxviii-lxxvii. Primeira edição em *Primera parte de las comedias de don Guillén de Castro*.

36 "Vous m'avez voulu faire passer pour simple Traducteur, sous ombre de soixante et douze vers que vous marquez sur un ouvrage de deux mille, et que ceux qui s'y connaissent n'appelleront jamais de simples traductions." (Corneille, *Lettre apologétique*. In: _____, *Oeuvres complètes*, 1, p.800-3.)

num plano abaixo do original, e que tornara algumas melhores do que eram, ainda assim achamos que ele acrescentou muitos pensamentos que não têm razão de ceder ante aqueles do primeiro Autor".[37]

Corneille não esqueceu essa afronta. Em 1648, *Le Cid* foi reeditado numa edição de suas peças publicada em Paris por Augustin Courbé. No "Avertissement" preliminar que Corneille escreveu para a ocasião, justificou suas ações incluindo citações de quatro trabalhos em espanhol sem exibir qualquer necessidade de traduzi-las.[38] A primeira delas era um trecho do Livro 11 da *Historia general de España*, de Mariana, na tradução castelhana que o autor fizera em 1601 com base no original em latim. Segundo Corneille, esse texto mostra que não é contrário à propriedade mostrar no palco o consentimento de Chimène à união com Rodrigue, dado que o historiador espanhol recorda que o casamento era universalmente aprovado (*"Hízose el casamiento, que a todos estaba a cuento"*), e que a reputação imaculada de Chimène permanecia intocada. Como observa Corneille, "os reis de Aragão e Navarra estavam orgulhosos de serem seus genros quando se casaram com suas duas filhas". A segunda citação eram dezesseis versos de outra *comedia* de Guillén de Castro, *Engañarse engañando*, que Corneille aplicou a Chimène, particularmente a quadra final, que dizia:

Y así, la que el desear
con el resistir apunta
vence dos veze, si junta
con el resistir el callar.

---

37 "Outre que nous remarquons qu'en bien peu de choses imitées il [Corneille] est demeuré au-dessous de l'original, et qu'il en a rendu quelques-unes meilleurs qu'elles n'étaient, nous trouvons encore qu'il y a ajouté beaucoup de pensées, qui ne cède en rien à celles du premier Auteur." (Chapelain, *Les sentiments de l'Académie française sur la tragi-comédie du Cid*. In: Corneille, *Oeuvres complètes*, 1, p.808-20.)

38 Avertissement de Corneille. In: Corneille, *Le Cid: Tragi-comédie*, p.146-55.

[E assim, aquela que o desejar
ao resistir aponta
vence duas vezes, se juntar
ao resistir o calar.]

Os dois últimos textos são dois "romances" defendendo a reputação de Dona Ximena. O segundo termina com Rodrigo declarando no momento do casamento,

Maté hombre, y hombre doy
aquí estoy a tu mandado
y en lugar del muerto padre
cobraste um marido honrado.
A todos pareció bien
su discreción alabaron
y así se hizieron las bodas
de Rodrigo el Castellano.

[Matei um homem, e um homem eu dou
aqui estou ao seu mandado
e em lugar de um pai morto
recebes um marido honrado.
A todos pareceu bem
seu tato elogiaram
e assim se fizeram as bodas
de Rodrigo o Castelhano.]

Corneille define os "romances espanhóis" como "tipos de pequenos poemas [que] são, como os originais, extraídos de antigas histórias", assim considerando-as como fragmentos tirados de velhos poemas épicos. Em seu prefácio de 1648, ele considera, portanto, que havia gente suficiente no reino da França que entendia espanhol para

A MÃO DO AUTOR E A MENTE DO EDITOR **199**

tornar desnecessária a tradução desses textos. Para refutar as críticas de Scudéry e da Académie, ele apelou para a autoridade histórica e poética de três gêneros essenciais que a literatura espanhola havia oferecido à Europa: o *romance*, a *comedia* e a história. Na edição de 1648 de *Le Cid*, Corneille tentou confundir definitivamente aqueles que o acusaram de plágio:

> Esqueci de lhes dizer que, muitos dos meus amigos tendo julgado que eu deveria prestar contas ao público do que tomei emprestado do autor espanhol desta obra, e tendo me dito que assim o queriam, fiquei feliz em lhes dar essa satisfação. Portanto, havereis de encontrar tudo que traduzi deles impresso em outra letra [isto é, em itálico], com um número no começo [da passagem] que servirá como referência para encontrar os versos espanhóis no pé da mesma página.[39]

Antes do aparecimento das obras eruditas do fim do século XVII,[40] Corneille usou o recurso tipográfico da nota de rodapé no interesse de justificar a originalidade e excelência de sua peça. Se ele usa o vocabulário de tradução ("o que tomei emprestado"; "tudo que traduzi deles"), é para ressaltar a diferença entre seu próprio verso e o de Guillén de Castro. Mas se os seus leitores captaram totalmente o que ele estava dizendo, é porque podiam entender espanhol, e assim reconhecer a genialidade do poeta francês. Cervantes talvez não

---

39 Ibid., p.152:

J'oubliais à vous dire que quantité de mes amis ayant jugé à propos que je rendisse compte au public de ce que j'avais emprunté de l'auteur espagnol dans cet ouvrage, et m'ayant témoigné de le souhaiter, j'ai bien voulu leur donner cette satisfaction. Vous trouverez donc tout ce que j'en ai traduit imprimé d'une autre lettre [i.e. en italique], avec un chiffre au commencement qui servira de marque de renvoi pour trouver les vers espagnols au bas de la même page.

40 Grafton, *Footnote: A Curious History*.

estivesse errado. É bem possível que, entre o público de espectadores nos teatros e os leitores de literatura na França do começo do século XVII, *"ni varón ni mujer deja de aprender la lengua castellana"* [Nem homem nem mulher deixam de aprender a língua castelhana].

A *leyenda negra*

Ainda assim, uma familiaridade com a língua castelhana e com a literatura espanhola não implicava necessariamente benevolência ou simpatia em relação a elas. A força da "lenda negra" – *la leyenda negra* – era sentida em toda parte. A história das traduções da *Brevísima relación de la destrucción de las Indias*, do frei dominicano Bartolomé de Las Casas, publicada em Sevilha em 1552, demonstra esse fato vigorosamente. A história de Las Casas, escrita por volta de 1542, reflete a crise dual da colonização espanhola:[41] uma crise da consciência espanhola em face das atrocidades cometidas pelos conquistadores que "privam suas vítimas da salvação prometida pela verdadeira fé e enviam seus perpetradores para o castigo eterno" e que provocava uma crise de legitimidade da soberania espanhola sobre o Novo Mundo. Essa soberania fundamentava-se na doutrina da transmissão aos reis de Portugal e Espanha do *potestas* universal que o Papa havia recebido de Cristo. Os teólogos da Universidade de Salamanca opunham a essa visão a filosofia tomista da lei natural, que reconhece a soberania de príncipes indígenas e, como consequência, declara que a soberania dos conquistadores deve fundamentar-se em "títulos justos".

---

41 Las Casas, *Brevísima relación de la destrucción de las Indias*. [Ed. ing.: *A Short Account of the Destruction of the Indies*.] Sobre este texto, ver a magnífica análise de Milhou, Introduction historique. In: Las Casas, *La destruction des Indes (1552)*, p.7-69.

A MÃO DO AUTOR E A MENTE DO EDITOR   201

Nas obras de Las Casas, esses temas assumem moldes proféticos e apocalípticos. Destruindo os índios por meio de trabalhos forçados, excessivos pagamentos de tributos e massacres e infligindo a eles as mais terríveis torturas, os espanhóis haviam ofendido Deus gravemente. Sua ira significava que aqueles que usavam tortura contra vítimas que eram queimadas vivas ou afogadas morreriam eles próprios pela água ou pelo fogo. Mas a vingança do Todo-Poderoso seria ainda mais terrível: a destruição das Índias anunciava a iminente destruição da própria Espanha. Assim, Las Casas relacionava estreitamente o tema profético da punição de um reino cruel e tirânico (frequentemente usado em círculos milenaristas e mouriscos) com a estigmatização dos horrores da conquista, tornando-o acessível aos adversários do rei espanhol.

Em 1579, quando a tradução francesa do tratado de Las Casas feita pelo protestante flamengo Jacques de Miggrode foi publicada na Antuérpia com o título *Tyrannies et cruautez des Espagnols perpétrées ès Indes occidentales, qu'on dit le Nouveau Monde* [Tirania e crueldades dos espanhóis perpetradas nas Índias Ocidentais, chamadas de Novo Mundo], o texto havia mudado profundamente de significado.[42] Na Espanha, a reação contra as teses de Las Casas havia começado dez anos antes, e, embora as instruções e regulamentos reais parecessem girar em torno de um apoio a meios pacíficos de conquista, legitimavam o recurso à força em caso de resistência e a instalação do regime de *encomienda*. Também em 1759, em janeiro daquele ano, as sete províncias calvinistas dos Países Baixos setentrionais formaram a União de Utrecht para defender sua identidade religiosa contra a tirania de um soberano estrangeiro – o rei da Espanha. A intenção por trás da tradução da obra de Las Casas é clara pela folha de rosto, que alega: "Para servir de exemplo e advertência

---

42 O texto da tradução de Jacques de Miggrode em sua edição parisiense de 1582 é dado em Las Casas, *La destruction des Indes*.

para as dezessete províncias dos Países Baixos". Recordar os crimes cometidos pelos espanhóis na América era um meio de alertar todos aqueles que pudessem se sentir tentados a chegar a um acordo com eles. Na tradução de Jacques de Miggrode, a destruição das Índias, que para Las Casas prefigurava a da Espanha, pressagiava a possível destruição dos Países Baixos: "Eis aqui a verdadeira história e composta por um conterrâneo daquela mesma nação, que lhes ensinará não o que já fizeram nos Países Baixos, mas, se Deus não os tivesse impedido, o que já poderiam ter feito".[43]

Em 1598, a primeira tradução para o latim do texto de Las Casas foi publicada em Frankfurt. Era ilustrada com uma série de 17 gravuras de Theodor de Bry que mostravam as mais horrendas crueldades descritas no livro. Atormentados, mutilados e mortos, os índios de de Bry eram figuras modernas do mártir. Sua matança relembrava o massacre dos Inocentes; suas torturas relembravam as dos santos; seu sofrimento, o de Cristo, flagelado, humilhado e crucificado. Essas imagens eram um grito distante de qualquer exotismo etnográfico e desempenharam um papel essencial em criar uma imagem repelente da Espanha.

A série de dezessete pranchas de de Bry foi publicada no contexto da guerra de imagens empreendida por protestantes e católicos numa época de guerras religiosas. Elas respondiam a outra série de 29 gravuras publicadas em 1587 na Antuérpia (cidade que se tornara um bastião católico) por Richard Verstegan com o título *Théâtre des cruautés des hérétiques de notre temps* [Teatro de crueldades dos heréticos de nosso tempo], acompanhadas por um texto em latim na primeira edição e uma tradução francesa no ano seguinte.[44] Essas gravuras, feitas por um católico inglês no exílio e colocadas no mercado no período entre a decapitação de Maria Stuart e os

---

43 Ibid., p.78.
44 Verstegan, *Théâtre des cruautés des hérétiques de notre temps.*

A MÃO DO AUTOR E A MENTE DO EDITOR **203**

preparativos para a "Invencível Armada" que deveria invadir a Inglaterra, mostravam os atos violentos cometidos por protestantes na Inglaterra, nos Países Baixos e na França. Longe de convidar os espectadores a compartilhar a abençoada sorte das vítimas, como era o caso de imagens de santos martirizados, as gravuras de Verstegan eram um apelo por vingança contra um inimigo bárbaro e cruel.

No contexto das guerras religiosas, que também eram conflitos políticos, a ostensividade da violência do outro lado desempenhava um papel essencial. Se para os católicos tais retratos eram parte natural das hostilidades, os protestantes, que em geral hesitavam mais em manipular imagens, os consideravam constrangedores. Daí a manobra de Miggrode e de Bry para substituir por índios os protestantes reformados e apontar a violência "ali" para mostrar a toda a Europa as abomináveis crueldades perpetradas pelos católicos espanhóis. Como escreve Ricardo García, "As dezessete gravuras que de Bry fez sem dúvida fizeram muito mais para *leyenda negra* do que todos os textos de Las Casas".[45] Essas gravuras seguiam a orientação de de Bry para os três volumes da edição latina e alemãs de *La historia del Mondo Nuovo*, de Girolamo Benzoni, publicada em Frankfurt em 1594, 1595 e 1596. Como as obras de Las Casas, e ainda mais que elas, o livro de Benzoni (que surgiu em Veneza em 1565, foi republicado em 1572 e então traduzido para o latim em 1578 e para o francês em 1579 pelo pastor de Genebra Urbain Chauveton) alimentou a *leyenda negra americana* antiespanhola.[46]

---

45 García Cárcel, *La leyenda negra: historia y opinión*, p.227.
46 Sobre este texto, ver García Cárcel, *La leyenda negra*, p.235-8; Milhou, Introduction. In: Las Casas, *La destruction des Indes*, p.65-6.

204 ROGER CHARTIER

Antipatia e empatia

Ainda assim, não devemos pensar na relação da Europa ou da França com a Espanha de *Dom Quixote* em termos de uma oposição brutal demais entre uma recepção entusiástica de novidades literárias e uma repulsa determinada ante as ambições do rei da Espanha e as crueldades da Conquista e da Inquisição. A situação real era mais complexa, como mostra o discurso sobre a Espanha na França do século XVII. Um exemplo disso são os usos feitos da obra do Doctor Carlos García, *La oposición y conjunción de los dos grandes Luminares de la tierra o la Antipatía de Franceses y Españoles*, publicada tanto em espanhol como em francês em Paris, 1617. A obra encontrou grande sucesso em toda a Europa: antes de 1660 foi reeditada duas vezes em espanhol e quatro vezes em francês; foi publicada oito vezes em tradução italiana e duas vezes em tradução para o inglês e o alemão.[47] O propósito do trabalho era claro: elogiar os casamentos, em 1615, de Luís XIII com Ana da Áustria, a Infanta da Espanha, e o do Infante Felipe com Elisabeth da França; uma celebração de *conjunción* que, superando uma *antipatía* baseada em diferenças e discordâncias, doravante uniria "os dois maiores e mais poderosos reis do mundo" para o bem da cristandade. A concórdia que Deus introduzira entre Espanha e França era para manifestar Sua glória, assegurando o triunfo da fé cristã e da Igreja Católica sobre os infiéis da "seita de Muhammad". Inspirado pela noção de uma cruzada, o livro do Doctor García insistia nas "antipatias" e "vexações" separando franceses e espanhóis unicamente com o objetivo de louvar os felizes efeitos da união dos dois reinos.

---

47 García, *La oposición y conjunción de los dos grandes luminares de la tierra o la antipatía de franceses y españoles* (1617). Sobre este texto, ver García Cárcel, *La leyenda negra*, p.55-60; Schaub, *La France espagnole: les racines hispaniques de l'absolutisme français*, p.160-6.

A MÃO DO AUTOR E A MENTE DO EDITOR   205

No entanto, conforme enfatiza Jean-Frédéric Schaub, o livro não foi lido nesses termos. Schaub afirma: "Os trechos emprestados e a reutilização da linha de argumentação de Carlos García derivam de uma seleção estrita entre os recursos que ele oferece. Esse processo revela um fenômeno global de apagar manifestações francesas pró-espanholas em benefício de afirmações do contrário". Daí os cinco breves capítulos que o livro dedica às diferenças entre franceses e espanhóis no modo de falar, andar, beber, comer e se vestir – e, mais fundamentalmente, os contrastes entre corpos, humores e caráteres das duas nações – tornarem-se a matriz de uma retórica de hostilidade que permeia a literatura política francesa da primeira metade do século XVII. Quando La Mothe Le Vayer mergulhou no livro de Carlos García em seu próprio *Discours sur la contrariété des humeurs qui se trouve entre certaines Nations, et singulièrement la Françoise et l'Espagnole*, publicado em 1636, foi para demonstrar que qualquer concordância ou aliança entre os dois povos ou seus reis era totalmente impossível.[48] Com o retorno da guerra, a antipatia levou embora toda e qualquer esperança de "conjunção". Foi só mais tarde, e a despeito do conflito, que o absolutismo francês iria usar os princípios fundamentais da monarquia espanhola católica e universal para justificar sua própria lei.

A força dos estereótipos

Quer as relações francesas com a Espanha fossem governadas pela empatia ou pela antipatia, constantemente faziam uso de estereótipos para definir a essência da espanidade para leitores ou espectadores estrangeiros. Um espanhol mostrado em palcos franceses ou ingleses pode falar pelos outros: Dom Adriano de Armado, personagem de *Trabalhos de amores perdidos*, de Shakespeare,

---

48 Ver Schaub, *La France espagnole*, p.166-71.

uma comédia pela primeira vez encenada na corte na temporada de Natal de 1597 e impressa no ano seguinte.[49] Eis como o rei de Navarra apresenta o cavalheiro espanhol, a quem ele chama "esta criança da fantasia":

Our court, you know, is haunted
With a refinèd traveller of Spain,
A man in all the world's new fashion planted,
That hath a mint of phrases in his brain

[Nossa corte, sabeis, está assombrada
Com um refinado viajante da Espanha
Um homem imerso em todo o novo estilo do mundo,
Que tem um manancial de frases na mente.]

Biron, um dos jovens cavalheiros da corte, insiste no gosto do espanhol por novidades linguísticas:

Armado is a most illustrious wight,
A man of fire-new words, fashion's own knight. (I, 1)

[Armado é um ser extremante ilustre,
Homem de palavras intensamente novas, cavaleiro do próprio estilo.]

Em cenas posteriores, o retrato de Armado é completado por Mote, seu pajem: "Sois um cavalheiro e jogador", e ele próprio nos conta que é soldado, está apaixonado e é poeta: "Estou seguro que me tornarei soneto. Concebe, talento; escreve, pena; pois sou por volumes inteiros em fólio" (I, 2).

A última declaração substitui por criação poética a gabolice do soldado num homem cujo nome – Armado – recorda a "invencível",

---

49 Citações tiradas de Greenblatt (ed.), *The Norton Shakespeare*, p.741-802.

A MÃO DO AUTOR E A MENTE DO EDITOR 207

mas vencida, Armada de 1588. Em duas ocasiões, uma carta de Armado é lida no palco. Na primeira, ele denuncia Costard, o palhaço, para o rei por ter visitado Jaquenetta, "a moça do campo" pela qual ele próprio está apaixonado (I, 2); a segunda é uma carta que Armado endereça a Jaquenetta, que é lida por Boyet, um nobre a serviço das princesas francesas que chegaram à corte de Navarra (IV, 1). Em ambos os casos, o estereótipo espanhol é apresentado não pelo uso de palavras tipicamente espanholas ou por construções de frases, mas pelo excesso de imagens e metáforas, referências obscuras e estilo inflado e ultrarrefinado, com repetições múltiplas organizadas num ritmo de três partes. Por exemplo, a carta a Jaquenetta começa: "Mais correta que a retidão, mais bela que a beleza, mais verdadeira que a própria verdade, tem comiseração de teu heroico vassalo" (IV, 1). Assim Shakespeare atribui a Armado um inglês que soa como um precioso e pomposo castelhano.

Muito como o personagem de Matamore em *A ilusão cômica*, de Corneille, Armado é um pavão presunçoso (Biron o chama "o fanfarrão"; V, 2) – outra característica do retrato estereotipado do espanhol. Ele termina sua carta a Jaquenetta com as palavras: "Assim ouvirás o leão de Nemeia rugir", que é um autoescárnio patético, dado que o leão de Nemeia, supostamente invulnerável (como era a Armada) foi estrangulado por Hércules. Despido de sua virtude militar e do medo que ela inspirava, a versão do espanhol na comédia virou um personagem que provocava risos pelas suas extravagâncias, sua falsa coragem e sua natureza "fantástica". O estereótipo de aparência vã, combinado com a retórica política de antipatia e uma denúncia da arrogância espanhola, frequentemente recorre a narrativas de viagens de franceses que cruzaram os Pirineus no século XVII.[50] Era um dos clichês mais comuns vinculado à Espanha e seus habitantes.

---

50 Ver Schaub, *La France espagnole*, p.173-215.

A Europa da época do *Dom Quixote* era obcecada pela Espanha. Para melhor ou para pior. Em troca, era como se fosse capturada pela obra de Cervantes. Com toda a certeza, os horizontes do *hidalgo* e seu escudeiro eram limitados pelos espaços bem definidos do Campo de Montiel e da Serra Morena. Foram ampliados na Parte II da história quando, numa tentativa de se contrapor à continuação de Fernández de Avellaneda, publicada um ano antes, Cervantes faz Dom Quixote partir pela estrada para Barcelona. Ali ele é capturado pelo bandido Roque Guinart e seu bando. O bandido, divertindo-se com a loucura de Dom Quixote, decide fazer seus amigos em Barcelona lucrarem com a presença do cavaleiro andante cujas extravagâncias já eram conhecidas por todos os leitores do livro de 1605 e, além deles, pelo público mais amplo. Ele leva Dom Quixote a uma praia naquela cidade, onde o escudeiro e seu amo descobrem o mar pela primeira vez: "Dom Quixote e Sancho olharam ao redor e viram o mar, que nunca tinham visto antes; ele parecia muito amplo e vasto, e consideravelmente maior que as Lagunas de Ruidera que haviam visto em La Mancha".[51]

Foi com a "história do norte" de Persiles e Sigismunda que as obras de Cervantes se abriram para espaços mais amplos. A imitação de *The History of Theagenes and Chariclea*, de Heliodoro, o levou a situar os múltiplos naufrágios, andanças e reconhecimentos mútuos em seu romance "grego" numa geografia abrangente que cobria toda a Europa e as terras fronteiriças a ela. Leitor de compilações enciclopédicas tais como *Silva de varia lección*, de Pedro Mexía, e o *Jardín de flores curiosas*, de Antonio de Torquemada, mas também das obras do historiador Olaus Magnus e do navegador Niccolò Zeno, Cervantes

---

51 "Tendieron don Quijote y Sancho la vista por todas partes – vieron el mar, hasta entonces dellos no vistos; precióles espaciosísimo y largo, harto más que las lagunas de Rudera que en la Mancha habían visto." (Cervantes, *Don Quijote de la Mancha*, II, 61, p.1130. [Ed. ing.: *Don Quixote*, p.791.])

A MÃO DO AUTOR E A MENTE DO EDITOR 209

localizou as duas primeiras partes de seu conto em um mundo nórdico, tanto autêntico como imaginário, de oceanos tempestuosos, mares congelados e ilhas que poderiam ser bárbaras ou receptivas. Na Parte III de *Persiles*, a história vira "sulista", girando de acordo com um itinerário cheio de caprichos que segue os heróis do conto, que se tornam peregrinos a caminho de Roma. Embarcando do Norte, atracam em Lisboa, vão ao Monastério de Guadalupe, depois viajam através das cidades da Castela (Trujillo, Talavera, Aranjuez, Ocaña), mas evitam Toledo e Madri. Como Dom Quixote, entram em Barcelona, onde veem as galés (mas não visitam a gráfica). Os peregrinos seguem na sua rota, cruzando Languedoc, depois a Provença, onde têm dificuldade de se fazer entender pelas três damas francesas que conhecem no albergue. Suas viagens terminam na Itália, onde um pequeno bando chaga a Roma depois de parar em Milão e depois em Lucca. O microcosmo de *Persiles* contém espaços amplos: os mares imaginários do Norte, as terras que haviam temido a soberania espanhola e obedecido sua lei e então, no fim da peregrinação, a cidade mais sagrada da cristandade.

Parte III:
Textos e significados

Capítulo 8

Memória e escrita

No que vem em seguida, proponho um ajuste dual para as relações dos historiadores com a obra de Paul Ricoeur. Os historiadores que leram seu *A memómia, a história, o esquecimento*[1] têm sido geralmente comentaristas ou críticos. Estou pensando, por exemplo, na discussão do livro em *Le débat*.[2] Pretendo aqui fazer algo diferente, que é mostrar como algumas das análises de Ricoeur podem oferecer ao historiador instrumentos de inteligibilidade, substituindo, assim, análises baseadas em suas próprias categorias de comentário e um uso heurístico do trabalho para sua interpretação. De certo modo, este projeto inverte o próprio procedimento de Ricoeur, no qual uma filosofia do tempo, uma epistemologia do conhecimento e a fenomenologia da memória são alimentadas pela leitura das obras de historiadores, já que o que estou propondo aqui são análises

---

1 Ricoeur, *La mémoire, l'histoire, l'oubli*. [Ed. ing.: *Memory, History, Forgetting.*]

2 Autour de *La mémoire, l'histoire, l'oubli* de Paul Ricoeur, *Le Débat*, 122, 2002, p.3-61.

214 ROGER CHARTIER

históricas que mobilizam as próprias categorias fenomenológicas e hermenêuticas de Ricoeur.

Este projeto não está livre de paradoxos, uma vez que a perspectiva inteira de Ricoeur baseia-se na elucidação característica de invariáveis antropológicas, em sua universalidade, da filosofia da consciência do tempo, a fenomenologia da memória e, mesmo mais fundamentalmente, a hermenêutica da condição histórica do homem. Isso fornece um corolário para o pensamento de Ricoeur ao deixar de lado (que não é a mesma coisa que negação ou rejeição) qualquer dimensão histórica ou sociológica de categorias e experiências. Ainda assim, eu gostaria de arriscar o experimento, montando um diálogo entre as constantes antropológicas que Ricoeur anotou e as descontinuidades que são, por definição, o objeto de todo trabalho histórico.

Isso leva a um segundo ajuste. Historiadores geralmente têm se interessado pela poética de narração proposta em *Tempo e narrrativa*,[3] de Ricoeur, que mostrava as relações entre as estruturas narrativas empregadas pela ficção e pela história e, mais recentemente, pela reformulação da epistemologia da história proposta em *A memória, a história, o esquecimento*. Ricoeur distingue analiticamente os três momentos da operação historiográfica – crítica documental, construção explicativa, representação do passado – de maneira a contrastá-los, termo por termo, com as operações próprias à memória –, a saber, a constituição do testemunho mediante o processo de anamnese, o imediatismo da lembrança e o reconhecimento do passado. Essa série de contrastes sistemáticos, que constitui a segunda parte de seu livro, era geralmente aquela que os historiadores achavam mais interessante. O que eu gostaria de fazer é, ao contrário, focar na primeira e terceira partes do livro, que têm recebido menos comentários (pelo menos de historiadores). A Parte I, "Sobre memória e

---

3 Ricoeur, *Temps et récit*. [Ed. ing.: *Time and Narrative*.]

A MÃO DO AUTOR E A MENTE DO EDITOR 215

recordação", e o capítulo 3 da Parte III, "Esquecimento", proverão este ensaio com as chaves para a leitura e ferramentas para compreensão dos capítulos 23–30 da Parte I do *Dom Quixote*, que estão imbuídos com temas de memória e esquecimento. Sua interpretação, parece-me, pode ser iluminada pelas distinções que Ricoeur propõe tanto em "Um esboço fenomenológico da memória" como em suas reflexões sobre "Memória pessoal, memória coletiva".[4]

Mnémé e anamnese

A primeira distinção que Ricoeur faz é entre memória [*souvenir*] e lembrança [*rappel*]; o retorno inesperado do passado e o esforço de memória. Ele designa termos para ambos, seja em referência ao vocabulário aristotélico, usando *mnémé* para a memória espontânea e "anamnese" para a lembrança deliberada, ou em referência ao vocabulário de Bergson, que chama o trabalho da anamnese de "lembrança laboriosa". É essa mesma modalidade dual da memória, o irromper descontrolado de algo do passado e o esforço de trazer algo de volta à mente, que Cervantes utiliza, tanto no nível prático como com um objetivo estético em mente.

A tarefa de anamnese recai em Cardênio, o jovem nobre andaluz que se retirou para a vida erma e selvagem da Serra Morena, apaixonado e desesperado, e que é chamado pelos pastores de cabras da região de "O Cavaleiro da Rocha" ou "O Esfarrapado da Face Arrasada". É lá que Dom Quixote e Sancho Pança o encontram. "O Cavaleiro da Triste Figura" reconhece em Cardênio uma alma irmã e um duplo tão desafortunado quanto ele próprio, e, "desmontando

---

4 Ricoeur, *La mémoire, l'histoire, l'oubli*, p.25-53, p.112-163. [Ed. ing.: *Memory, History, Forgetting*, On Memory and Recollection, p.21-44; Forgetting, p.93-132.]

216 ROGER CHARTIER

de Rocinante, com um intento gentil e gracioso, encaminhou-se para abraçá-lo e o segurou longamente em seus braços, como se o conhecesse havia muito tempo".[5] A pedido de Dom Quixote, Cardênio começa a contar a história de sua vida, que requer um laborioso e doloroso ato de memória:

> Se é para vosso prazer, *señores*, que eu vos relate em poucas palavras a imensidão do meu infortúnio, deveis prometer-me que não interrompereis o fio da minha atormentada história, porque assim que o fizerdes, ela chegará ao fim [...]. Impus essa condição porque quero passar o menor tempo que possa na narração das minhas desgraças, uma vez que trazê-las à memória [*traerlas a la memoria*] serve apenas para adicionar novas, e quanto menos me perguntardes, mais depressa terminarei de contá-las, embora sem deixar de fora nada importante, de modo a satisfazer plenamente vossa curiosidade.[6]

Anamnese ou lembrança, que mobiliza procedimentos que levam à recuperação das recordações do passado, também é dolorosa, na medida em que recitar velhos sofrimentos redobra a antiga dor. Seu

---

5 "Apeándose de Rocinante, con gentil continente y donaire, le fue a abrazar y le tuvo un buen espacio estrechamente entre sus brazos, como si de luengos tiempos le hubiera conocido." (Cervantes, *L'ingénieux hidalgo don Quichotte de la Manche*. In: _____, *Oeuvres romanesques complètes*, 1, p.585.) Para o texto em espanhol, ver Cervantes, *Don Quijote de la Mancha*, 1998, II, 23, p.260. [Ed. ing.: Cervantes, *Don Quixote*, p.173-4.]

6 "Si gustáis, señores, que os diga en breves razones la inmensidad de mis desventuras, habéisme de prometer de que con ninguna pregunta ni otra cosa no interromperéis el hilo de mi triste historia; porque en el punto que lo hagáis, en ese se quedará lo que fuere contando... Esta prevención que hago es porque querría pasar brevemente por el cuento de mis disgracias, que el traerlas a la memoria no mi sirve de otra cosa que añadir otras de nuevo." (Cervantes, *L'ingénieux hidalgo don Quichotte de la Manche*, p.578. [Ed. esp.: *Don Quijote de la Mancha*, I, 24, p.262; Ed. ing.: *Don Quixote*, p.175.]

A MÃO DO AUTOR E A MENTE DO EDITOR **217**

exercício é necessariamente breve, e interrupções prolongam o sofrimento. Usando o repertório de ideias e termos disponíveis a ele no começo do século XVII, Cervantes associa o que Ricoeur, baseando-se no "Lembrar, repetir e elaborar" de Freud (1914) e em seu "Luto e melancolia" (1915), aponta como a conexão entre o tratamento de memória como *pathos* e a memória como *tekhné* da mente, o "ponto de intersecção entre o lado passivo, pático, e o lado ativo do exercício da memória".[7]

Ao escrever essa cena, Cervantes estabelece uma irônica conexão entre essas figuras da memória introduzindo uma lembrança de Dom Quixote dentro de seu relato da declaração de Cardênio: "Essas palavras do Esfarrapado trouxeram de volta à memória de Dom Quixote a história que seu escudeiro contara, e quando ele não soube o número correto de cabras que haviam atravessado o rio, acabou-se".[8] Isso se refere a uma passagem no vigésimo capítulo, na qual, para passar o tempo, Sancho conta uma história para Dom Quixote. Quando este o interrompe porque perdeu a conta do número de cabras transportadas de um lado a outro do rio na história de Sancho ("levou uma cabra... levou outra... e mais outra..."), ele põe um fim abrupto à récita, confirmando, assim, a advertência que o seu escudeiro lhe dera: "Agora, vossa graça deve manter uma contagem cuidadosa das cabras que o pescador está levando de lado a lado, porque se perder uma, a história termina e não será possível dizer mais nada sobre ela".[9]

---

7 Ricoeur, *La mémoire, l'histoire, l'oubli*, p.97. [Ed. ing.: *Memory, History, Forgetting*, p.88.]

8 "Estas razones del Roto trujeron a la memoria a don Quijote el cuento que la había contado su escudero, cuando no acertó el número de las cabras que habían pasade el río, y se quedó la historia pendiente. Pero, volviendo al Roto, prosiguió diciendo..." (Cervantes, *L'ingénieux hidalgo don Quichotte de la Manche*, p.587. [Ed. esp.: *Don Quijote de la Mancha*, I, 24, p.262; Ed. ing.: *Don Quixote*, p.175.])

9 "Tenga vuestra merced cuenta en las cabras que el pescador va pasando, porque si se pierde una de la memoria, se acabará el cuento, y no será posible

Nem o esforço de memória de Sancho, ao contar a história, nem o esforço de anamnese de Cardênio, ao narrar suas próprias desgraças, pode sobreviver a uma interrupção. No primeiro caso, a interrupção estraga o exercício de memória misturando as fórmulas obrigatórias; no segundo, aumenta até o ponto de ruptura a dor que acompanha o recontar de infortúnios passados.

A outra modalidade de memória – a que Ricoeur chama "recordação espontânea" [*la survenance actuelle d'un souvenir*] – também está presente na Serra Morena. Não se trata mais de anamnese, e sim da *mnémé* aristotélica: ou seja, o que acontece quando uma recordação invade o indivíduo sem ser voluntariamente chamada, como um pensamento de fora. É o tipo de lembrança que ocorre a Dom Quixote quando ele decide escrever uma carta a Dulcineia e, ao mesmo tempo, uma carta de troca pedindo à sua sobrinha que dê a Sancho três jumentos jovens para substituir o jumento que lhe fora roubado. No entanto, escrever uma carta na Serra Morena não foi fácil:

> Seria bom, já que não há papel, escrever, como faziam os antigos, em folhas de árvores ou tabletes de cera, embora estes seriam tão difíceis de encontrar quanto papel [...]. Mas agora veio-me à memória [*me ha venido a la memoria*] que seria bom, e até mesmo muito bom, escrever no diário de Cardênio [*librillo de memoria*]. Certifique-se de mandá-lo copiar em papel comum, numa bela caligrafia, na primeira aldeia onde haja um professor, ou mesmo algum sacristão pode copiá-lo – mas não o dê a um notário, pois eles nunca tiram a pena do papel quando escrevem, e o próprio Satã não consegue entender esse estilo de escrever.[10]

---

contar más palabra de él." (Cervantes, *L'ingénieux hidalgo don Quichotte de la Manche*, p.545. [Ed. esp.: *Don Quijote de la Mancha*, I, 20, p.214; Ed. ing.: *Don Quixote*, p.140.])

10 Y sería bueno, ya que no hay papel, que la escribiésemos, como lo hacían los antiguos, en hojas de árboles o en unas tablitas de cera, aunque tan

A MÃO DO AUTOR E A MENTE DO EDITOR   **219**

Cervantes refere-se aqui à presença dual da memória, primeiro como evocação mental (e aqui o castelhano contrasta claramente a forma passiva da chegada súbita de uma lembrança – *me ha venido a la memoria* – e o esforço ativo da anamnese – *traer a la memoria*) e segundo como escrita no *librillo de memoria*

"L'oubli de reserve"

No Século de Ouro da Espanha, *librillos de memoria*, como *tablettes* na França e *"writing tables"* [tabuletas de escrita] na Inglaterra no mesmo período, eram objetos sobre os quais a escrita podia ser apagada, e a superfície de escrita, coberta com uma fina camada de cola, gesso e verniz, podia receber uma nova escrita com um estilete, em vez de pena e tinta, podendo ser novamente apagada e reutilizada.[11] Esse dispositivo era definido no dicionário da Real Academia Española no começo do século XVIII da seguinte maneira:

---

dificultuoso será hallarse eso ahora como el papel. Mas ya me ha venido a la memoria dónde será bien, y aún más que bien, escribilla, que es el librillo de memoria que fue de Cardenio, y tú tendrás cuidado de hacerla trasladar en papel, de buena letra, en el primer lugar que hallares donde haya maestro de escuela de muchachos o, si no, cualquiera sacristán te la trasladarás; y no se la de a trasladar a ningún escribano, que hacen letra procesada, que no la entenderá Satanás. (Cervantes, *L'ingénieux hidalgo don Quichotte de la Manche*, p.603. [Ed. esp.: *Don Quijote de la Mancha*, I, 25, p.282; Ed. ing.: *Don Quixote*, p.187-8.])

11 Bouza, *Palabra e imagen en la corte: Cultura oral y visual de la nobleza en el Siglo de Oro*, p.48-58; Stallybrass et al., Hamlet's Tables and the Technology of Writing in Renaissance England, *Shakespeare Quarterly*, 55(4), 2004, p.1-41; Chartier, *Inscrire et effacer: Culture écrite et littéraire, XIe-XVIIIe siècle*, p.44-50 [Ed. ing.: *Inscription and Erasure: Written Culture and Literature from the Eleventh to the Eighteenth Century*, p.21-6.].

220 ROGER CHARTIER

Pequeno livro habitualmente carregado no bolso, cujas páginas em branco são cobertas com um revestimento e que inclui uma pena de metal no ponto em que uma guia é inserida, com a qual se anota no pequeno livro tudo que não se queira confiar à fragilidade da memória e que se apaga depois, de modo que as páginas possam ser usadas novamente.[12]

A relação entre memória e escrita, da forma como era permitida ou governada pelo *librillo de memoria*, era, portanto, ambivalente: por um lado, fixar um pensamento por escrito fornecia um traço desse pensamento não sujeito à vulnerabilidade da memória; por outro lado, a memória escrita era aqui, por definição, apagável, daí seu caráter temporário e efêmero.

A natureza material dos *librillos de memoria*, tabuletas de escrita, ou *tablettes* reúne dois temas que são fundamentais no pensamento de Ricoeur. O primeiro é o tema da relação entre memória viva e discurso escrito, que ele discute com base numa leitura do *Fedro*, de Platão, que é surpreendentemente diferente da famosa interpretação de Jacques Derrida, e na qual o tema essencial de Ricoeur é que "este remanescente da escrita no próprio coração da memória nos autoriza a contemplar a escrita como um risco a se correr".[13] Na segunda parte do seu livro, Ricoeur volta-se para a "memória arquivada", "um esquecimento guardado, uma espécie de esquecimento de reserva",

---

12 "Libro de memoria. El librito que se suele traher en la faltiquera, cuyas hojas están embetunadas y en blanco, y en él se incluye una pluma de metal, en cuya punta se inxiere un pedazo agudo de piedra lápiz, con la qual se annóta en el librito todo aquello que no se quiere fiar a la fragilidad de la memoria: y se borra despues para que vuelvan a servir las hojas." (*Diccionario de la lengua castellana: compuesto por la Real Academia Española*, 4, p.400.)

13 Ricoeur, *La mémoire, l'histoire, l'oubli*, p.178. [Ed. ing.: *Memory, History, Forgetting*, p.143.]

que ele imagina com base em *inscription*, uma noção que, para ele, vai um bocado além do que meramente anotar um discurso em suporte material, dado que a escrita, "em uma forma ou outra, sempre acompanhou a oralidade".[14] O *librillo de memoria* de Cardênio, recusado por Dom Quixote, é simplesmente um arquivo de memória desse tipo, um suporte material que permite "correr o risco" de inscrever um traço de memória. É um dos arquivos *de ressource* [recurso] ou *de rappel* [recordação] dos quais fala Ricoeur, mas um arquivo concebido para desaparecer para dar lugar a outros traços.

A natureza efêmera de um lembrete escrito é uma das figuras do *oubli de réserve* que constitui um tema fundamental no livro de Ricoeur por ele considerar o esquecimento como condição da possibilidade de memória, de forma muito semelhante ao "caráter *despercebido* da perseverança de memórias, sua remoção da vigília da consciência".[15] Esse esquecer reservado, que impede a memória de ficar paralisada por memórias individuais ou encerrada dentro de recordações somente, é o alicerce da problemática de memória equitativa com a qual o livro se encerra. Ricoeur constrói essa problemática sobre a base de três referências. A primeira é *O ser e o tempo*, de Heidegger, de onde Ricoeur extrai a citação que serve como base de todo o seu argumento: "Exatamente como a expectativa é possível apenas com base na espera, lembrar [*Erinnerung*] é possível apenas com base no esquecer, *e não o contrário*".[16]

A segunda referência de Ricoeur é a Jorge Luis Borges e seu "Funes el memorioso". Aqui Borges entrelaça dois motivos: esquecer como condição de pensamento, na medida em que é um processo de abstração e generalização ("Funes, não devemos esquecer, era praticamente incapaz de ideias genéricas, platônicas"), e

---

14 Ibid., p.173. [Ed. ing.: *Memory, History, Forgetting*, p.146, 414.]
15 Ibid., p.570. [Ed. ing.: *Memory, History, Forgetting*, p.440.]
16 Ibid., p.573. [Ed. ing.: *Memory, History, Forgetting*, p.442.]

esquecer como condição para dormir ("Para ele era difícil dormir. Dormir é tirar a mente do mundo").[17] Em uma de suas muitas entrevistas, Borges voltou às condições de escrita de "Funes el memorioso". Ele declara:

> Um homem comum, um homem muito ignorante, tem uma memória perfeita, tão perfeita que é incapaz de generalizações. Ele morre muito jovem, esmagado por aquela memória que um deus poderia tolerar, mas não um homem. Este seria o caso contrário: Funes não consegue esquecer nada. Consequentemente, não consegue pensar, porque para pensar é preciso generalizar, o que significa que é preciso esquecer [...]. O que quero dizer é que nas últimas linhas Funes morre. E morre esmagado pelo peso de um passado detalhado em minúcias demais para ser suportado. Um passado feito acima de tudo de circunstâncias, que a pessoa geralmente esquece [...]. Ele não só consegue reconstruir tudo, mas é forçado a fazê-lo, isto é, não consegue se desvencilhar do peso do universo.[18]

O fardo ou a natureza da memória exclui sono e pensamento, pois ambos pressupõem a capacidade de esquecer. Funes, ao contrário, combina uma extrema sensibilidade de percepção incapaz de todas as formas de abstração e uma capacidade ilimitada de acumular pedaços de conhecimento. Ele consegue aprender sobre tudo – línguas, mundo, acontecimentos passados – e, como declara, "Eu, sozinho, tenho mais memórias que toda a humanidade desde que o mundo

---

17 "Este [Funes], no lo olvidemos, era casi incapaz de ideas generales, platónicas" (134); "Le era muy difícil dormir. Dormir es distraerse del mundo" (135). (Borges, Funes el memorioso (1944). In: *Ficciones*, p.121-36. [Ed. franc.: Funes ou la mémoire. In: _____, *Oeuvres complètes*, 1, p.510-7; Ed. ing.: Funes, His Memory. In: *Collected Fictions*, p.131-7, esp. p.137.])

18 Ibid., p.1584-5.

A MÃO DO AUTOR E A MENTE DO EDITOR   **223**

começou".[19] Mas a incessante aprendizagem e o lembrar de tudo não é pensar, porque "pensar é ignorar (ou esquecer) diferenças, generalizar, abstrair. No mundo prolífico de Ireneo Funes, tudo era particularidades – e estas eram particularidades praticamente *imediatas*".[20]

Funes, o homem que não conseguia esquecer, é um monstro que inverte juízos tradicionais. Enquanto se aceita que enfermidades ou acidentes em geral façam a pessoa perder a memória, foi ao cair, "arremessado por um cavalo meio quebrado", que Funes "ficou irremediavelmente aleijado" e adquiriu uma memória ilimitada e sempre ativa. E mais: enquanto é tradicional admirar aqueles que têm memória prodigiosa (por exemplo, em *Silva de varia lección*, de Pedro Mexía),[21] com Funes isso foi a causa da sua infelicidade e o que o levou à morte aos 19 anos. Borges estabelece a conexão entre a excelência das memórias excepcionais de grandes homens do passado e a maligna memória de seu deplorável herói, fazendo Funes citar da *História natural*, de Plínio (Livro VII, capítulo 24, dedicado à memória), um dos livros que havia lido e do qual cita, em latim e espanhol, casos de memória prodigiosa: Ciro, Mitrídates Eupátor, Simônides, Metrodoro. Os mesmos nomes são recorrentes na compilação enciclopédica de Pedro Mexía, que foi uma das obras que Cervantes usou no *Dom Quixote* e, mais tarde, em sua novela "helenística", *Os trabalhos de Persiles e Sigismunda*.

---

19 "Más recuerdos tengo yo solo que los que habrán tenido todos los hombres desde que el mundo es mundo." (Borges, Funes el memorioso, p.131. [Ed. franc.: Funes ou la mémoire, p.510-17; Ed. ing.: Funes, His Memory, p.135.])

20 "Pensar es olvidar diferencias, es generalizar, es abstraer. En el abarrotado mundo de Funes no había sino detalles, casi inmediatos." (Borges, Funes el memorioso, p.135. [Ed. franc.: Funes ou la mémoire, p.510-7; Ed. ing.: Funes, His Memory, p.137.])

21 Mexía, *Silva de varia lección* (1540), v.2, pt.3, cap.7: "Quán exelente cosa es la memoria… Hombres de grandes memorias".

224 ROGER CHARTIER

Freud é a terceira referência que Ricoeur usa para construir sua noção de "esquecimento reservado". Aos dois textos de Freud (1914 e 1915) que ele cita explicitamente, deve ser agregado um terceiro, "Nota sobre o místico bloco de notas", publicado em 1925,[22] comentado por Jacques Derrida.[23] Esse bloco de notas, ou "bloco mágico", era uma versão vienense do fim do século XIX de uma "lousa mágica". Era uma placa de cera ou resina sobre um bloco ou tabuleta, em cima da qual era colocada uma folha translúcida de papel encerado ou celuloide transparente. A escrita, traçada com a ponta de um estilete, apagava-se quando a placa de celuloide era puxada, deixando a tabuleta pronta para um texto novo. Conforme Freud comenta, porém, vestígios da escrita apagada podiam ser decifrados quando ela era exposta a certo tipo de luz.

O "bloco mágico" oferecia uma analogia material para a estrutura do aparato psíquico (pelo menos na conceituação das noções de pré-consciente–consciente–inconsciente que Freud estava em processo de abandonar), uma vez que o sistema de percepção-consciência tinha uma capacidade ilimitada de receber percepções, mas sem inscrições duráveis, ao passo que o sistema mnemônico retém traços duradouros que são recuperáveis, mas estão situados no inconsciente. No *Wunderblock*, assim como no *librillo de memoria* antes dele, os escritos eram apagáveis, efêmeros e podiam ser ilimitadamente multiplicados. Em ambos os objetos, porém, as inscrições que haviam desaparecido podiam ser decifradas, pelo menos em

---

22 Freud, Note sur le "Bloc magique". In: _____, *Oeuvres complètes*, v.18, *Psychanalyse* (1923-1925), p.137-43. O texto original, "Notiz über den 'Wunderblock'", foi publicado na revista *Internationale Zeitschrift für (ärztlicher) Psychoanalyse*, 11(1), 1925, p.1-5. Para uma versão em inglês, ver Freud, Note upon the "Mystic Writing Pad". In: _____, *The Standard Edition of the Complete Psychological Works of Sigmund Freud*, 19, p.227-32.

23 Derrida, Freud et la scène de l'écriture. In: _____, *L'écriture et la différence*, p.293-340.

A MÃO DO AUTOR E A MENTE DO EDITOR 225

parte, por alguém que soubesse como recuperá-los. Freud fez uso do "bloco mágico" para explicar a estrutura do aparato psíquico e a maneira como funciona a relação entre percepção e o inconsciente, mas Cervantes referiu-se a um objeto banal de sua época como meio de designar uma tensão, que habita sua história inteira, entre a vulnerabilidade da memória e todos os seus suportes (pertencentes tanto à cultura escrita quanto à tradição oral), de um lado, e, de outro, os traços tênues, mutilados e embaralhados, que o passado, grandioso ou ordinário, deixa em todos nós.

Memória pessoal e memória coletiva

À oposição entre a súbita aparição de uma lembrança e o trabalho da memória ativa, Ricoeur acrescenta o contraste entre memória pessoal e memória coletiva. Sua perspectiva é dual. Um primeiro passo é marcar a diferença entre a memória apreendida pelo olhar interior e a memória entendida como processo coletivo inscrito dentro do contexto social compartilhado por um grupo ou uma sociedade. Logo, de um lado há a memória individual, intimamente associada com a interioridade, a mente consciente e o autoconhecimento; do outro, há uma denúncia da atribuição ilusória da memória ao singular "eu" e uma ênfase sobre as representações coletivas. A tradição filosófica e fenomenológica de Santo Agostinho, Locke e Husserl associa memória e subjetividade, enquanto o pensamento sociológico, como nas obras de Halbwachs, a liga à consciência coletiva.

No entanto, Ricoeur vai além, usando o conceito fenomenológico de imputação para mostrar por que os mesmos fenômenos mnemônicos podem ser atribuídos a uma pessoa, a outra ou ao grupo. O que torna possível "trocas concretas [...] entre a memória viva de pessoas individuais e a memória pública das comunidades às quais pertencemos"[24] é uma relocação da oposição abertamente abrupta entre o olhar interior e o olhar exterior, entre fenomenologia e sociologia. Uma intersecção entre as duas é possível quando a extensão da atenção da fenomenologia ao mundo social dá tanta importância à experiência dos outros, logo, à conexão social, quanto à própria experiência e quando a sociologia da ação ou a história das formas de experiência torna-se vinculada à percepção, à aquisição do conhecimento e às estratégias dos atores sociais individuais. Ricoeur inverte, assim, os termos de sua primeira oposição entre consciência interior e memória coletiva, inscrevendo a primeira dentro da "ordem do viver em conjunto"[25] e substituindo as singularidades individuais no cerne de regras e convenções compartilhadas.

Esse quiasma, um recurso do qual Ricoeur faz uso diversas vezes no decorrer de seu livro, ajuda-nos a retornar a Serra Morena, onde Sancho é um perfeito exemplo da oposição entre memória coletiva (que ele possui) e memória individual (que ele alega não ter). Quando Dom Quixote terminou de escrever sua carta a Dulcineia no *librillo de memoria* de Cardênio, "chamou Sancho e lhe disse que queria lê-la em voz alta para que ele pudesse memorizá-la, para o caso de perdê-la durante o caminho, porque, com suas desgraças, tudo podia acontecer". Ao que Sancho responde: "Escreva-a, sua graça, duas ou três vezes no livro e dê-a para mim, e eu tomarei bem conta dela, mas pensar que eu consiga memorizá-la é uma tolice. Minha memória é tão ruim, às vezes não consigo me lembrar do meu próprio nome. Mas em todo caso, recite-a para mim, já que posso ter prazer em ouvi-la, e que deveria ser apenas o bilhete".[26] Cervantes está brincando aqui

---

24 Ricoeur, *La mémoire, l'histoire, l'oubli*, p.161. [Ed. ing.: *Memory, History, Forgetting*, p.131.]

25 Ricoeur, *La mémoire, l'histoire, l'oubli*, p.159. [Ed. ing.: *Memory, History, Forgetting*, p.130.]

26 "Llamó a Sancho y le dijo que se la quería leer porque la tomáse de memoria, si acaso se la perdiese por el camino, porque de su desdicha todo se podía

com o contraste entre a fraqueza da memória individual, capaz de esquecer e resistir à novidade, e a incorporação de um patrimônio de memória comum ao grupo. Sancho é na verdade incapaz de reconstituir de memória a carta que Dom Quixote lê para ele, o texto escrito que ele não tem mais porque deixou o *librillo de memoria* de Cardênio na Serra Morena. Em seu retorno à aldeia, tenta lembrar-se da carta do seu amo quando o padre e o barbeiro postam-se ao seu lado, prontos para fornecer uma cópia escrita, mas sua memória o trai:

> – Meu Deus, *señor licenciado,* que o diabo me leve se eu puder me lembrar de qualquer coisa daquela carta, mas ela começava assim: "Elevada e soluçante senhora".
> – Ele provavelmente não disse "soluçante" – disse o barbeiro –, e sim "soberana" *señora.*[27]

Sancho não possui nenhuma das técnicas de memória da sua época,[28] e seus esforços patéticos para reconstituir a carta servem apenas para gerar ironia em seus interlocutores: "Não foi pouco o

---

temer. A lo cual respondió Sancho: -Escríbala vuestra merced dos o tres veces ahí en el libro, y démele, que yo le llevaré bien guardado; porque pensar que yo la he de tomar en la memoria es disparate, que la tengo tan mala, que muchas veces se me olvida cómo me llamo. Pero, con todo eso, dígamela vuestra merced, que me holgaré mucho de oílla, que debe ir como de molde." (Cervantes, *Don Quijote de la Mancha,* I, 25, p.286. [Ed. franc.: *L'ingénieux hidalgo don Quichotte de la Manche,* p.607; Ed. ing.: *Don Quixote,* p.190.])

27 "Por Dios, señor licenciado, que los diablos lleven la cosa que de la carta se me acuerda, aunque en el principio decía: 'Alta y sobajada señora'. – No diría – dijo el barbero – *sobajada,* sino *sobrehumana* o *soberana señora.*" (Cervantes, *Don Quijote de la Mancha,* I, 26, p.296. [Ed. franc.: *L'ingénieux hidalgo don Quichotte de la Manche,* p.615-16; Ed. ing.: *Don Quixote,* p.197.])

28 Carruthers, *The Book of Memory: A Study of Memory in Medieval Culture;* Bouza, *Comunicación, conocimiento y memoria en la España de los siglos XVI*

228 ROGER CHARTIER

prazer dos dois com a boa memória de Sancho Pança, e eles muito o elogiaram".[29]

Sancho el olvidoso – Sancho o esquecido. Mas também Sancho *el memorioso*, que conserva na memória um vasto repertório de provérbios, contos e ditados. Sancho é um ser de memória compartilhada, a memória que habita todos os indivíduos da mesma comunidade e de um patrimônio comum, e que provê contos e fórmulas ouvidas, retidas e recordadas. Mas essa memória, organizada dentro do "contexto social da memória" da aldeia, de forma nenhuma exclui uma apropriação individual capaz de citar um provérbio no momento certo ou aplicar a recitação de um conto a circunstâncias correntes. Isso é mostrado no capítulo 20 do *Dom Quixote* pela maneira como Sancho conta a história do pastor Lope Ruiz e suas cabras atravessando rio Guadiana, uma a uma, num bote de pescador. Enquanto Sancho permanece fiel à linha da narrativa que aprendeu na sua aldeia, ele multiplica digressões de sua própria invenção e referências à situação em que seu amo se encontra. Coletiva e comunitária, a memória de Sancho não exclui invenção e improvisação. Ela reintroduz o narrador na narrativa e a singularidade do momento no repertório compartilhado.

Dom Quixote, por outro lado, é uma pessoa com fluxos de memória cruzados. Lembranças de ocorrências passadas simplesmente lhe veem à cabeça, mas ele também busca na memória de suas leituras uma compreensão do que está lhe acontecendo. Como muitos outros, dentro e fora do livro de Cervantes, ele leu romances de cavalaria, mas, assim como faz Sancho com os contos populares,

---

y XVII [Ed. ing.: *Communication. Knowledge, and Memory in Early Modern Spain.*].

29 "No poco gustaron los dos de ver la buena memoria de Sancho Panza, y alabáronsela mucho." (Cervantes, *Don Quijote de la Mancha*, I, 26, p.296. [Ed. franc.: *L'ingénieux hidalgo don Quichotte de la Manche*, p.616; Ed. ing.: *Don Quixote*, p.197.]

A MÃO DO AUTOR E A MENTE DO EDITOR **229**

Dom Quixote os aplica a circunstâncias correntes, mobilizando as citações e referências que habitam sua memória. Nada ilustra isso melhor que o começo do Capítulo 5, quando nosso cavaleiro errante está deitado no chão depois que um dos tropeiros do mercador de Toledo lhe deu uma boa sova:

> Vendo que não podia de fato se agitar, decidiu recorrer ao seu remédio usual, que era escavar alguma passagem de um de seus livros, e sua loucura lhe trouxe à mente um sobre Valdovinos e o marquês de Mântua quando Carloto deixou Valdovinos ferido na floresta, uma história conhecida das crianças, não desconhecida de pessoas jovens, venerada e até mesmo acreditada pela geração mais velha, e, por tudo isso, não mais verdadeira que os milagres de Maomé. Ele pensou que isso caberia perfeitamente na situação presente, então, sentindo muita dor, começou a remexer-se pelo chão e dizer com voz debilitada a mesma coisa que disse o Cavaleiro ferido na Floresta.[30]

Nesse ponto, Cervantes cita seis linhas de um "romance" pertencente ao ciclo do marquês de Mântua que Dom Quixote trouxe de volta à memória, talvez usando uma de suas técnicas para relembrar fragmentos de textos armazenados nos depósitos da mente. Posto em

---

30 "Viendo, pues, que, en effecto, no podía menearse, acordó de acogerse a su ordinario remedio, que era pensar en algún paso de sus libros, y trújole a la memoria aquel de Valdovinos y del marqués de Mantua, cuando Carlota le dejó herido en la montiña, historia sabida de los niños, no ignorada de los mozos, celebrada y aun creída de los viejos, y, con todo esto, no más verdadera que los milagros de Mahoma. Esta, pues, le pareció a él que le venía de molde para el paso en que se hallaba, y así, con muestras, de grande sentimiento, se comenzó a volcar por la tierra y a decir con debilitado aliento lo mismo que dicen decía el herido caballero del bosque." (Cervantes, *Don Quijote de la Mancha*, I, 5, p.71. [Ed. franc.: *L'ingénieux hidalgo don Quichotte de la Manche*, p.433; Ed. ing.: *Don Quixote*, p.41.]

movimento pela situação em que se encontra, o labor da memória fornece as referências que mostram o significado das circunstâncias e, eventualmente, lhe permitem encontrar uma saída delas. Para Dom Quixote, trechos de poemas e romances de cavalaria que ele memorizou representam o mesmo papel que os lugares-comuns representam para outros leitores, mais instruídos. Eles dão sentido ao mundo e inscrevem as experiências individuais dentro das verdades universais.

"Duas memórias me possuem"

Um texto final permite-nos revisitar as atribuições plurais da memória por meio das quais Ricoeur reduz um contraste abertamente estrito entre memória individual e memória coletiva. Esse texto (que Ricoeur não cita) é uma obra de ficção que abre a última coletânea de Borges. Sob o título "Memória de Shakespeare", o texto apresenta um retrato literal da atribuição da memória individual de uma pessoa em relação a outra.[31] A fábula – não tão conhecida como a de Funes – narra as peregrinações da memória de Shakespeare, que podem ser transmitidas, completas e intactas, àqueles que aceitam o presente. Ela é assim oferecida a um crítico de Shakespeare, Daniel Thorpe, por um soldado que morreu "no Oriente, num hospital de campanha, ao amanhecer". Thorpe, por sua vez, a oferece ao narrador, Hermann Soergel, um especialista alemão em literatura inglesa e autor de uma *Cronologia de Shakespeare* e de um estudo dos neologismos inventados por Chapman para suas traduções de Homero.

---

31 Borges, La memoria de Shakespeare. In: _____, *La memoria de Shakespeare*, p.61-82. [Ed. franc.: La mémoire de Shakespeare. In: *Oeuvres complètes*, 2, p.982-90; Ed. ing.: Shakespeare's Memory. In: *Collected Fictions*, p.508-15.]

A MÃO DO AUTOR E A MENTE DO EDITOR   231

Soergel aceita o presente, pronunciando a fórmula necessária: "Eu aceito a memória de Shakespeare". Desse ponto em diante, como seus predecessores, ele se torna um homem com duas memórias.

Em termos ricoeurianos, essa história depende do contraste entre *mnémé* e anamnese, a memória que salta à mente e a memória que é resultado de esforço. Tudo que Soergel faz para apropriar-se da memória de Shakespeare acaba sendo em vão. Nada – ler os livros que Shakespeare leu, ler os sonetos ou mesmo uma visita a Stratford – possibilita a Soergel tomar posse da memória que lhe foi transmitida. Ao contrário, é em seus sonhos que a memória toma posse dele. Como diz Thorpe mais cedo na história: "O que eu possuo [...] ainda são *duas* memórias – minha própria memória pessoal e a memória daquele Shakespeare que eu sou parcialmente. Ou melhor, duas memórias *me* possuem" (o espanhol é mais econômico e utiliza o mesmo verbo, *tener: "Tengo [...] dos memorias [...]. Mejor dicho, dos memorias me tienen"*).[32,33] Possuído pela memória de Shakespeare, Soergel torna-se seu possuidor: "Após uns 30 dias, a memória do morto veio animar-me totalmente. Por uma semana curiosamente feliz, quase me acreditei como sendo Shakespeare. Seu trabalho se renovou para mim".[34] Desse modo, a dificuldade (ou a dor) da recordação laboriosa é seguida pela felicidade da evocação imediata e o alegre e súbito surto de memória.

---

32 "Tengo, aún, dos memorias. La mía personal y la de aquel Shakespeare que parcialmente soy. Mejor dicho, dos memorias me tienen." (Borges, La memoria de Shakespeare, p.69. [Ed. franc.: La mémoire de Shakespeare, p.985; Ed. ing.: Shakespeare's Memory, p.510.])

33 Foi respeitado o texto original do autor, utilizando o verbo "possuir". Obviamente em português pode-se recorrer à tradução direta do espanhol: *"Tenho [...] duas memórias [...]. Melhor dizendo, duas memórias me têm"*. (N. T.)

34 "Al cabo de unos treinta días, la memoria del muerto me animaba. Durante una semana de curiosa felicidad, casi creí ser Shakespeare. La obra se renovó para mí." (Borges, La memoria de Shakespeare, p.76-7. [Ed. franc.: La mémoire de Shakespeare, p.988; Ed. ing.: Shakespeare's Memory, p.513.])

232 ROGER CHARTIER

A felicidade não dura muito para todos aqueles que precisam conciliar suas próprias memórias com a avassaladora memória de Shakespeare:

> Ao longo de toda a primeira etapa desta aventura, senti a alegria de ser Shakespeare; ao longo desta última, terror e opressão. A princípio as águas das duas memórias não se misturaram; com o tempo, a grande correnteza de Shakespeare ameaçou inundar meu próprio modesto riacho – e quase o fez. Notei com algum nervosismo que estava gradualmente esquecendo a língua de meus pais. Uma vez que a identidade pessoal é baseada na memória, temi pela minha sanidade [...]. Com o passar dos anos, todo homem é forçado a suportar o crescente fardo de sua memória. Eu vacilei entre duas (que às vezes se misturavam) – a minha própria e a incomunicável do outro.[35]

Soergel sente uma necessidade imperiosa de se libertar dessa outra memória que o está asfixiando. Num telefonema dado ao acaso, ele passa seu presente adiante para a voz educada que atende sua chamada e aceita o risco.

No entanto, o esforço de esquecer não é mais fácil que o da anamnese. Soergel declara:

---

35 "En la primera etapa de la aventura sentí la dicha de ser Shakespeare; en la postrera, la opresión y el terror. Al principio las dos memorias no mezclaban sus aguas. Con el tiempo, el gran río de Shakespeare amenazó, y casi anegó, mi modesto caudal. Advertí con temor que estaba olvidando la lengua de mis padres. Ya que la identidad personal se basa en la memoria, temí por mi razón [...]. A medida que transcurren los años, todo hombre está obligado a sobrellevar la creciente carga de su memoria. Dos me abogiaban, confundiéndose a veces: la mía y la del otro, incommunicable." (Borges, La memoria de Shakespeare, p.79-80. [Ed. franc.: La mémoire de Shakespeare, p.989; Ed. ing.: Shakespeare's Memory, p.514.])

A MÃO DO AUTOR E A MENTE DO EDITOR   233

Inventei exercícios para despertar a memória antiga; agora tive de procurar outros para apagá-la. Um dos muitos foi o estudo da mitologia de William Blake, o discípulo rebelde de Swedenborg. Descobri que ela é menos complexa que meramente complicada. Este e outros caminhos foram fúteis; tudo me conduzia para Shakespeare.[36]

Como no caso do *librillo* de Cardênio e do "bloco mágico" de Freud, apagar era parte necessária do processo, mas vestígios permaneciam. A construção de uma reserva de memória, que pressupõe o esquecimento, é proteção insuficiente contra retornos indesejados daquilo que deveria desaparecer para sempre. "Memória de Shakespeare" termina com um pós-escrito que expressa tanto a dolorosa necessidade de esquecer como a feliz impossibilidade do esquecimento.

P. S. (1924) – Sou agora um homem entre os homens. Nas horas em que estou desperto, sou o Professor Emérito Hermann Soergel; ocupo-me com o catálogo de cartões da biblioteca e componho trivialidades eruditas, mas ao amanhecer sei que a pessoa que sonha é aquele outro homem. De tempos em tempos, ao anoitecer, sou perturbado por pequenas e fugazes memórias que talvez sejam autênticas.[37]

---

36 "Yo había imaginado disciplinas para despertar la antigua memoria; hube de buscar otras para borrarla. Una de tantas fue el estudio de la mitología de William Blake, discípulo rebelde de Swedenborg. Comprobé que era menos compleja que complicada. Ese y otro caminos fueron inútiles; todos me llevaban a Shakespeare." (Borges, La memoria de Shakespeare, p.82. [Ed. franc.: La mémoire de Shakespeare, p.990; Ed. ing.: Shakespeare's Memory, p.515.])

37 "Ya soy un hombre entre los hombres. En la vigilia soy el profesor emérito Hermann Soergel, que manejo un fichero y que redacto trivialidades eruditas, pero en el alba sé, alguna vez, que el que sueña es el otro. De tarde en tarde me sorprenden pequeñas y fugaces memorias que acaso son auténticas." (Borges, La memoria de Shakespeare, p.82. [Ed. franc.: La mémoire de Shakespeare, p.990; Ed. ing.: Shakespeare's Memory, p.515.])

Capítulo 9

Paratexto e preliminares

Na introdução de seu *Seuils* [Limiares], Gérard Genette define o paratexto como um "vestíbulo", uma "orla", ou uma "zona não só de transição, mas também de *transação*: um lugar privilegiado de pragmática e estratégia, de influência sobre o público [...] que [...] está a serviço de uma recepção melhor para o texto e uma leitura mais pertinente do mesmo". E vai adiante para observar: "Os meios e modos de um paratexto mudam continuamente, dependendo do período, cultura, gênero, autor, obra e edição. Com graus diversos de pressão, às vezes variando amplamente".[1] Continuando sua taxonomia, ele distingue duas classes de elementos paratextuais: o peritexto, que encontramos dentro do próprio livro (título, epígrafe, prefácio, prólogo do autor, comentários preliminares, notas, ilustrações etc.), e o epitexto, que se situa fora do livro em si (correspondência, diários e revistas, entrevistas etc.). Cada um desses elementos tem sua própria história, mas traçar essa história não é o propósito do livro de Genette: "Estamos lidando aqui com um

---

1 Genette, *Seuils* (1978), p.8-9. [Ed. ing.: *Paratexts: Thresholds of Interpretation*, p.2-3; 13.]

236 ROGER CHARTIER

estudo sincrônico, não diacrônico – uma tentativa de quadro geral, não uma história do paratexto".

Esse é um lembrete útil se quisermos evitar as falsas contendas lançadas com demasiada frequência por historiadores contra abordagens estruturalistas que eles consideram como má história. Gérard Genette, no entanto, prossegue: "Esse comentário é provocado não por qualquer desdém pela dimensão histórica, porém, mais uma vez, pela crença em que é apropriado definir objetos antes de estudar sua evolução".[2] A aparente evidência desse enunciado não nos impede de questioná-lo. Será, na verdade, tão seguro tomar o paratexto como uma categoria dotada de pertinência trans-histórica, e que as várias características e manifestações dos elementos que o compõem devem ser consideradas simples variações ou evoluções de uma realidade textual definida em sua universalidade? E se pensarmos nesses termos, será que não corremos o risco de obliterar a especificidade de configurações textuais que recebem essa especificidade de condições técnicas e sociais que governam a publicação e apropriação de obras de formas muito diferentes, conforme a época na qual aparecem? A nomenclatura formal dos elementos que compõem o paratexto talvez seja de pouca ajuda para compreender – em descontinuidade – a lógica que governa sua composição e articulação. Numa tentativa de mostrar isso, enfocarei os textos que abrem as duas versões da segunda parte do *Dom Quixote*: o *Segundo tomo del ingenioso hidalgo Don Quixote de la Mancha*, publicado por Alonso Fernández de Avellaneda em 1614, e a *Segunda parte del ingenioso cavallero Don Quixote de la Mancha*, publicada por Cervantes em 1615. Antes, porém, e como Dom Quixote no Capítulo 62 da Parte II, precisamos visitar a oficina de um impressor.

---

2 Genette, *Seuils*, p.19. [Ed. ing.: *Paratexts*, p.13.]

A MÃO DO AUTOR E A MENTE DO EDITOR — 237

Práticas de impressão

Na época do "antigo regime tipográfico", entre a metade do século XV e o começo do século XIX, havia de fato uma série de restrições que regiam tanto a redação de um livro como as relações entre os elementos paratextuais situados antes do primeiro título ou da primeira sentença da obra impressa no livro. Essa especificidade é imediatamente visível nas próprias páginas pelas marcas de identificação nas primeiras páginas de cada caderno (também conhecidas como "rubrica"), para indicar a ordem da encadernação. Enquanto essas rubricas que trazem texto são geralmente compostas em letras maiúsculas do alfabeto latino (A, B, C e assim por diante), as rubricas para os preliminares são todas diferentes, variando largamente e podendo incluir letras romanas ou itálicas em caixa-baixa, vogais com til (ã, õ) ou símbolos (*, §, ¶, &). Aqui uma diferenciação tipográfica correspondia a uma sequência temporal. Em todas as gráficas europeias, a prática era compor as porções preliminares e finais da obra (tabelas, índice remissivo, errata) depois que o texto em si tivesse sido impresso.[3] Esses acréscimos finais ao trabalho podiam ser montados dentro de uma série de rubricas com letras maiúsculas e

---

3 Ver Gaskell, *A New Introduction to Bibliography*, p.7-8: "The preliminaries were not included in the main signature series of new books because it was usual to print them last" ["As preliminares não estavam incluídas na principal assinatura porque era usual imprimi-las no final]; Veyrin-Forrer, Fabriquer un livre au XVIᵉ siècle. In: Chartier; Martin (ed.), *Histoire de l'édition française*, v.1, *Le livre conquérant: du Moyen Âge au milieu du XVIIᵉ siècle*, p.336-69, esp. p.345: "It was usually with the principal text that the fabrication of a new book began, the preliminaries, titles, dedications, preface, and licenses and permissions being composed and printed at the end of the process, along with the final portions: tables, index, and, when necessary, errata." [Era habitualmente com o texto principal que se iniciava a fabricação de um livro novo, sendo as preliminares, títulos, dedicatórias, prefácio, e licenças e permissões compostos e impressos no

colocados no fim da obra. O mesmo não valia, porém, para elementos paratextuais que compunham a "soleira" ou o "vestíbulo" do livro (estudados por Gérard Genette nos capítulos que ele dedica a títulos, dedicatórias e epígrafes), que exibem uma unidade tornada visível tipograficamente em todos os livros impressos, graças às técnicas inventadas por Gutenberg (ou por Coster ou por Fust, segundo as preferências dos autores mais velhos).

Há diversas razões para essa diferença. Por exemplo, certas partes do material preliminar obviamente poderiam ser impressas apenas depois do corpo da obra propriamente dita. Na Espanha do Século de Ouro, essas partes incluíam a *fe de errata* ou *testimonio de errata*, que afirmava que o livro impresso estava totalmente conforme o manuscrito submetido aos censores, e a *tasa*, que fixava o preço máximo pelo qual o livro podia ser oferecido para venda segundo o número de cadernos que continha. Todos os *privilegios* do Século de Ouro, assinados "Yo el Rey", proibiam explicitamente o impressor de imprimir o primeiro *pliego* [caderno] do livro ou mandar mais de uma cópia ao autor ou livreiro antes que os funcionários do Conselho do Rei o tivessem conferido e estabelecido seu preço de venda [*corregido y tasado*]. Só depois desse ponto é que o primeiro caderno, contendo (por lei) o "privilégio" ou permissão do rei, a aprovação dos censores, o preço de venda e a *fe de errata*, podia ser impresso. Além disso, a simples diferença de tamanho das várias partes dos preliminares justificava agrupá-las nas mesmas folhas para economizar papel, que era o maior item no orçamento para uma edição impressa, abrangendo até 60% dos gastos totais.[4]

---

fim do processo, junto com as partes finais: tabelas, índice remissivo e, quando necessário, errata."

4 Ver Gómez, Los preliminares en la identificación del libro antiguo. In: Gracia (ed.), *Comercio y tasación del libro antiguo: análisis, identificación y descripción (Textos y materiales)*, p.201-25.

A prática de imprimir por último o(s) caderno(s) contendo o material preliminar tem várias consequências. Permite-nos presumir que, quando os preliminares (o peritexto "vestibular") eram impressos dentro do primeiro caderno do livro com marcações de rubrica A1, A2, A3 etc., era porque foram redigidos e compostos (em ambos os sentidos da palavra) ao mesmo tempo que a obra em si, ou então porque essa era uma edição que reproduzia literariamente um texto impresso usado como cópia. No primeiro desses casos, atribuir ao autor do texto a "instância preambular" (dedicatórias, prefácio, recomendações ao leitor) é mais provável do que quando os preliminares ocupam uma rubrica separada e podem facilmente ter sido fornecidos pelo editor, seja ele nomeado ou não.[5] Os manuscritos que eram usados como cópia nas gráficas reforçam a segunda hipótese, na medida em que apenas raramente incluíam as dedicatórias que aparecem nas edições impressas das mesmas obras. Isso pelo menos fica claro pela excepcional série de manuscritos do tipo conservados na Biblioteca Nacional e no Arquivo Histórico Nacional em Madri.[6]

O controle de editores e livreiros sobre o material preliminar era amplamente reconhecido. Um exemplo é o manual da arte tipográfica escrito para confessores em latim por Juan Caramuel y Lobkowitz, abade do Mosteiro de Emmaüs, em Praga, e mais tarde bispo de Satriano e Campagna, publicado no volume 4 da sua

---

5 Para exemplos de editores que foram autores de prólogos, ver Winn, *Anthoine Vérard, Parisian Publisher 1485-1512: Prologues, Poems, and Presentations*, p.41-69; Manuzio; Orlandi, *Aldo Manuzio editore: dediche, prefazioni, note ai testi*.

6 "Es frecuente que las dedicatorias o los poemas nuncupatorios que hallamos impresos al comienzo de los libros no figuren en el manuscrito original. Sabemos que estos inicios, junto con los textos legales, se imprimían en último lugar y se relegaban al primer pliego." (Escapa et al., El original de imprenta. In: Rico (ed.), *Imprenta y crítica textual en el Siglo de Oro*, p.29-64, esp. p.40.)

Theologia moralis fundamentalis em Lyon em 1664.[7] No Artigo 8 desse trabalho, Caramuel, falando de dedicatórias, prólogos e índices, afirma: "O impressor ou o livreiro que assume responsabilidade pelo custo da edição sempre ou quase sempre se encarrega desses três elementos. Como raramente é um homem de letras, comete muitos erros em cada um deles". Caramuel acrescenta, falando de dedicatórias: "Dediquemos nossos livros aos nossos amigos. Ou deixemos o impressor dedicá-los aos príncipes".[8]

Outra característica da prática tipográfica nos séculos XVI a XVIII era impor uma unidade aos textos dos materiais preliminares com diferentes origens, *status* e funções. O resultado eram diversas relações entrelaçadas. A primeira, obviamente, era aquela que o autor estabelecia com seus protetores ou seus leitores graças à dedicatória e ao prólogo. Mas, além dessa relação, que colhia a maior parte da atenção paratextual, havia outras embutidas no material preliminar: aquela entre o monarca e o autor a quem ele concede o privilégio; aquela entre os censores e as autoridades que os encarregaram de examinar o trabalho; aquelas entre o rei, seu conselho ou seus ministros e todos aqueles (livreiros, juízes, funcionários) de quem se esperava que respeitassem e aplicassem os regulamentos que governam o ofício do livro. Nesse sentido, os materiais preliminares num livro antigo enunciam e articulam um conjunto completo de relações com o poder que vai bem além da estratégia "de uma influência sobre o público, uma influência que – bem ou mal entendida e adquirida – está a serviço de uma melhor recepção para o texto e uma leitura mais pertinente do mesmo".[9]

---

7 Para uma edição recente e uma tradução espanhola deste texto, ver Caramuel, *Syntagma de arte typographica*, p.134-43. [Ed. ital.: *Il "Syntagma de arte typographica" di Juan Caramuel ed altri testi secenteschi sulla tipografia e l'edizione.*]

8 Caramuel, *Syntagma de arte typographica*, p.86-9.

9 Genette, *Seuils*, p.8. [Ed. ing.: *Paratexts*, p.2.]

O material preliminar de *Dom Quixote*, 1605 e 1615

O tratamento do material preliminar da Parte I de *Dom Quixote* (que ainda não tinha esse nome), impresso perto do fim de 1604 e publicado com a data de 1605, ilustra os infelizes efeitos da seleção entre as várias peças que o compõem.[10] As traduções francesas da obra, por exemplo, mantêm apenas as partes que podem ser atribuídas ao autor da história de Dom Quixote e rejeitam todas as outras. A seleção mais severa é a da tradução de Louis Viardot, que foi usada como base para a edição de Garnier-Flammarion: inclui apenas o famoso prólogo na forma de um prólogo sobre a fatuidade dos prólogos.[11] A edição em tradução de Aline Schulman é mais generosa, dado que inclui a dedicatória ao duque de Béjar, o prólogo (aqui intitulado "*Au lecteur*") e os dez poemas burlescos endereçados, como no texto em espanhol, "*Au livre de Don Quichotte de la Manche*".[12] A edição sob direção de Jean Canavaggio para a Bibliothèque de la Pléiade usa a mesma fórmula: dedicatória, prólogo, poemas preliminares.[13] Nenhuma dessas edições recentes traz uma reprodução da folha de rosto, uma tradução da *tasa*, do *testimonio de errata* ou da *licencia y facultad y privilegio* do rei. Poder-se-ia dizer que esses documentos são de capital importância para uma compreensão do texto, como o primeiro peritexto o sugere ao *desocupado lector* a quem o prólogo é endereçado.

Isso não é tão seguro. Em primeiro lugar, a ausência dessas peças oficiais priva o leitor de uma compreensão do mecanismo de

---

10 Cervantes, *Don Quijote de la Mancha*, 1998, p.1-34.

11 Cervantes, *L'ingénieux hidalgo don Quichotte de la Manche*, 1969, 1, p.41-8.

12 Cervantes, *L'ingénieux hidalgo don Quichotte de la Manche*, 1997, 1, p.21-39.

13 Cervantes, *L'ingénieux hidalgo don Quichotte de la Manche*. In: _____, *Don Quichotte suivi La Galatée, Oeuvres romanesques, I*, p.387-407.

242 ROGER CHARTIER

censura e dos altos e baixos do processo de impressão presentes na publicação do *Dom Quixote*. E mais, esse não foi o título com o qual o livro aparecia nas notificações do preço de venda e do privilégio, e sim *El ingenioso hidalgo de la Mancha*.[14] A dedicatória ao duque de Béjar tinha uma história similar, porque, embora o livro fosse assinado com o nome de Miguel de Cervantes Saavedra, não havia sido escrito por ele, e sim pelo livreiro/editor Francisco de Robles, que reutilizou para a ocasião a dedicatória de Francisco de Herrera e um fragmento do prólogo que Francisco de Medina redigira para outro trabalho (publicado em 1580), as *Obras de Garcilaso de la Vega con anotaciones*.[15] Em seguida, a ausência de qualquer reprodução da folha de rosto separa o leitor contemporâneo do primeiro de todos os paratextos relacionados com *Dom Quixote*.

A folha de rosto comunica mais – na verdade, muito mais – que o título em si, ao qual é reduzida a tradução. Por exemplo, como tentei

---

14 Este processo é reconstituído por Francisco Rico em "Historia del texto", em sua edição de Cervantes, *Don Quijote de la Mancha*, p.cxcii-cxcv. Ver também Rico, *Don Quijote*, Madrid 1604, en prensa. In: *El Quijote: Biografía de un libro, 1605-2005*, p.49-54; Gómez, Leer los princípios, saber los comienzos: El *Quijote* nos dice como se elaboró. In: *La razón de la sinrazón que a la razón se hace*, p.15-25; Infantes, Don Quijote entró en la imprenta y se convertió en libro. In: Pelayo (ed.), *El Quijote 1605-2005 IV Centenario*, p.191-202. Após ter sido escrito o ensaio aqui traduzido, Fernando Bouza descobriu nos arquivos secretariais de Juan Gallo de Andrada o pedido de Cervantes para um privilégio para seu livro e a aprovação do analista Antonio de Herrera (que, contrariando o costume, não foi publicada na obra em si). Ver Bouza; Rico, Digo que yo he compuesto un libro intitulado El ingenioso hidalgo de la mancha, *Cervantes: Bulletin of the Cervantes Society of America*, 29(1), 2009, p.13-30, e, mais genericamente, Bouza, "Dásele licencia y privilegio". *Don Quijote y la aprobación de libros en el Siglo de Oro.*

15 Cervantes, *Don Quijote de la Mancha*, p.7-9; Rico, Excurso 3, El primer pliego del "Quijote". In: Rico, *El texto del "Quijote": Preliminares a una ecdótica del Siglo de Oro*, p.401-33.

A MÃO DO AUTOR E A MENTE DO EDITOR   243

mostrar em outra ocasião,[16] o espaço visual da folha de rosto mostra as três coisas que comandavam toda prática literária no Século de Ouro: uma reivindicação de paternidade do texto que o prólogo e então a ficção de Cide Hamete Benengeli ironicamente negam; a relação de patronato ligando o escritor ao duque de Béjar, cujos vários títulos ocupam quatro linhas de tipo; e as realidades econômicas da edição que implicavam a autorização real [*Con privilegio*], o trabalho da gráfica (representado na folha de rosto pelo recurso impositivo de Juan de la Cuesta) e o empreendimento do livreiro/editor que havia financiado a edição e vendido os exemplares (*"Vendese en casa de Francisco de Robles, librero del Rey nuestro Señor"*). E, além disso, as três primeiras linhas do próprio título, *"El Ingenioso/Hidalgo Don Qui-/xote de la Mancha"*, constituem uma indicação imediata do exagero cômico do herói cujas aventuras o leitor está prestes a ler. Ele é um *hidalgo*, um nobre menor e provinciano, não tendo, portanto, reivindicação ao título de "dom"; "quixote" era uma peça de armadura, e o sufixo "-ote", desligado do que o precedia na quebra da linha, possuía uma conotação grotesca e humorística. O leitor de 1605 sabia imediatamente quem ou o que o aguardava.

A folha de rosto da *Segunda parte* da história, publicada em 1615, é precedida de material preliminar que era ao mesmo tempo familiar e original.[17] Como era de costume, a folha de rosto, a *tasa* e a *fe de errata* eram os primeiros itens no primeiro caderno, enquanto o *privilegio*, o *prólogo al lector* e a *dedicatoria al conde de Lemos* eram os últimos itens. Entre eles, porém, o livreiro-editor Francisco de

---

16 Chartier, *Culture écrite et société: l'ordre des livres (XIVᵉ-XVIIIᵉ siècle)*, p.61-3. [Ed. ing.: Figures of the Author. In: *The Order of Books: Readers, Authors and Libraries between the Fourteenth and the Eighteenth Centuries*, p.44-52.] Ver também Redondo, Acerca de la portada de la primera parte del Quijote: un problema de recepción. In: Lozano-Renieblas; Mercado, *Silva: Studia philologica in honorem Isaías Lerner*, p.525-34.

17 Cervantes, *Don Quijote de la Mancha*, p.605-23.

244 ROGER CHARTIER

Robles ou o impressor (que não foi mais Juan de la Cuesta – que deixara Madri em 1607 –, mesmo que sua marca ainda estivesse presente na folha de rosto) introduziu três textos, assinados respectivamente pelo vigário-geral de Madri, Doutor Gutierre de Cetina, e pelos dois capelães (e poetas) servindo sob o cardeal Don Bernardo de Sandoval y Rojas, na época arcebispo de Toledo, o *maestro* Josef de Valdivielso e o *licenciado* Márquez Torres. Os dois primeiros haviam sido encarregados pela comissão do Conselho do Rei e o terceiro por ordem do vigário-geral de Madri a examinar o manuscrito do livro para ver se continha qualquer coisa deletéria ou "em prejuízo da nossa santa fé católica ou dos bons costumes" [*No contiene cosa contra nuestra fe católica ni buenas costumbres*]. Todos esses três homens haviam julgado que isso era verdade, e foram os textos de sua *aprobación* que foram publicados como material preliminar. O *status* particular dessas três aprovações, que eram ao mesmo tempo documentos legais ligados com os mecanismos de censura e elogios literários semelhantes a poemas preliminares, significa que recentes traduções não os ignoram sistematicamente, mesmo que não imprimam a folha de rosto, a *tasa*, a *fe de errata* ou o privilégio. Se a tradução de Aline Schulman reproduz apenas o prólogo e a dedicatória de Cervantes, na edição de Jean Canavaggio as duas peças são traduzidas e colocadas na frente dos dois textos preliminares do autor.[18]

Um exame de todas as peças que compõem o primeiro caderno do livro de 1615 mostra, primeiro, que a ordem na qual esses textos eram apresentados na obra inverte a cronologia das diversas etapas do processo de publicação. Durante o Século de Ouro na Espanha, o processo começava com a apresentação, para o Conselho do Rei, de um manuscrito corrigido [*copia en limpio*] da obra e a nomeação,

---

18 Cervantes, *L'ingénieux hidalgo don Quichotte de la Manche*, 1997, 2, p.7-12; Cervantes, *L'ingénieux hidalgo don Quichotte de la Manche*, ed. Jean Canavaggio, p.891-902.

por parte desse órgão, dos censores que deveriam examiná-la e, finalmente, autorizar sua publicação. No material preliminar as três aprovações são traços desse primeiro momento, dado que são datadas de 27 de fevereiro, 5 de março (em lugar de novembro, um erro tipográfico) e 17 de março de 1615. Uma vez aprovado, o texto podia receber uma autorização para ser impresso – *Puédesele dar licencia para imprimirle*. Essa autorização tomava a forma de um privilégio real, que foi colocado após a terceira aprovação e datado de 30 de março de 1615. O rei (ou seu secretário, Pedro de Contreras) recorda a aprovação dos censores, concede um privilégio de impressão válido por dez anos (em vez dos vinte anos que Cervantes requisitou) e indica os passos ainda por vir, que incluíam a verificação das cópias impressas em conformidade com o manuscrito. Essa declaração era rubricada e assinada [*rubricado y firmado*] por um notário da Câmara Real, Hernando de Vallejo, e era seguida pela redação da *fe de errata* e da *tasa*, que dava permissão para imprimir o primeiro caderno e publicar o livro. Os documentos finais no processo de censura, a *fe de errata* e a *tasa*, apareciam primeiro na ordem do material preliminar, impressos no verso da folha de rosto, e trazem a mesma data (21 de outubro de 1615), o que deixava quase sete meses para a impressão do livro. A impressão foi completada em novembro com o primeiro caderno, que incluía a primeira página (a folha de rosto) e, nas folhas finais, o prólogo ao leitor e a dedicatória para o conde de Lemos, datada de 31 de outubro de 1615.

A ordem inversa de impressão das várias peças do material preliminar autorizando a publicação introduzia diferentes atributos do soberano rei. As aprovações dos censores atestavam que ele era defensor da fé e da moral cristãs. A *tasa*, que estabelecia o preço justo do livro para o público, designava o rei como protetor do bem comum. O privilégio assegurava uma remuneração justa para o autor e para aqueles que ele podia escolher para imprimir e vender sua obra e ameaçava com punições severas qualquer um que violasse

246 ROGER CHARTIER

o monopólio de publicação assim concedido. Ao concedê-lo como uma "graça", o rei garantia os direitos de propriedade adquiridos por trabalho e estudo [*trabajo y studio*], que era um sinal de que ele não era um déspota oriental que reivindicava controle total da riqueza e das vidas de seus súditos. A primeira pessoa que o leitor encontrava no material preliminar era, portanto, seu próprio rei.

A segunda pessoa que o leitor encontrava era o autor, Miguel de Cervantes Saavedra, elogiado três vezes pelos censores que haviam aprovado a obra. Seus textos situavam o livro que tinham lido, e que o leitor estava prestes a ler, entre o divertimento e a moralidade. O vigário-geral Gutierre de Cetina, afirmando laconicamente que o livro "é carregado com muito entretenimento lícito, misturado com filosofia moral" [*es libro de mucho entretenimiento lícito, mezclado de mucha filosofía moral*].[19] Como o doutor vigário-geral, não é em termos de gênero que o poeta e dramaturgo Josef de Valdivielso qualifica a obra, mas com base nos seus efeitos (riso e entretenimento) e suas intenções (zombaria e banimento dos romances de cavalaria). O léxico que ele vê como característico da Parte I de 1605 e que cria o nível de expectativas para o leitor da Parte II é o da sátira: "Este autor [...] misturou ficção com verdade, deleite com instrução e moral com gracejos, disfarçando com a isca da jovialidade o anzol da reprovação" [*mezclando las veras a las burlas, lo dulce a lo provechoso y lo moral a lo faceto, disimulando en el cebo del donaire el anzuelo de la reprehensión*]. O *licenciado* Márquez Torres acentua seus comentários de forma um tanto diferente. Torres era poeta, mas também um *arbitrista* [aconselhador], como é mostrado no memorando sobre o estado do reino que ele endereça a Olivares. Em sua declaração de aprovação, o elogio à verve satírica e cômica do *Quixote* dá lugar a uma

---

19 Aqui e abaixo, as versões inglesas do material preambular na Parte II de *Dom Quixote* são citadas de Cervantes, *The History and Adventures of the Renowned Don Quixote*, p.374, 375, 373, 374.

A MÃO DO AUTOR E A MENTE DO EDITOR   247

celebração dos seus ensinamentos morais [*reprehensión cristiana*], pureza de linguagem [*la lisura del lenguaje castellano*] e sua erudição [*erudición*]. As últimas duas não deixavam de ter alguma ligação com um intento polêmico contra todos aqueles – Lope de Vega no topo da lista – que haviam zombado de Cervantes pela sua ignorância e pelo estilo grosseiro de sua escrita.

O elogio de Márquez Torres o leva a ampliar um motivo que também encontramos na aprovação de Valdivielso: a construção de Cervantes como uma figura da glória da "nação", definida, como no *Tesoro de la lengua castellana o española*, de Covarrubias, de 1611, com base na soberania do rei de Castela, Aragão e Portugal e do uso da língua "espanhola". Valdivielso conclui seu relatório de censor: "Em suma, é uma obra digna de seu grande gênio, que é a honra e ornamento da nossa nação e a inveja e admiração das estrangeiras" [*Es obra muy digna de su grande ingenio, honra y lustre de la nuestra nación, admiración y invidia de las estrañas*]. Márquez Torres aborda o tema, declarando que os livros de Cervantes "encontraram grande aplauso geral, por conta de sua decência e decoro, bem como a delicada suavidade de seu estilo, na Espanha, França, Itália, Alemanha e Flandres" [*libros que con general aplauso, así por su decoro y decencia como por la suavidad y blandura de sus discursos, han recebido España, Francia, Italia, Alemania y Flandes*].

Márquez Torres cita um exemplo dessa fama universal: dois dias antes de ele ter redigido sua aprovação, alguns cavalheiros franceses entre o séquito do embaixador da França (a quem o cardeal-arcebispo de Toledo prestara uma visita referente ao casamento entre o infante Filipe de Astúrias com Elisabeth de Bourbon da casa governante francesa) o haviam indagado acerca das últimas e mais populares obras literárias. Quando Márquez Torres mencionou a segunda parte de *Dom Quixote*, que estava em processo de revisão para os censores, os nobres franceses proclamaram a "elevada estima" com a qual o livro de Cervantes era considerado na "França e reinos vizinhos", citando em particular "a *Galatea,* que um deles sabia repetir de cor; [e] [...] as novelas", uma clara referência às *Novelas exemplares,* publicadas em Madri em 1613 [*La Galatea, que alguno dellos tiene casi de memoria, la primera parte desta, y las Novelas*]. Recordar essa conversa tinha claramente um propósito mais imediato. Quando os nobres franceses quiseram saber mais a respeito de Cervantes, Márquez Torres sentiu-se obrigado a responder que ele era "um cavalheiro oprimido pela pobreza e velhice" [*que era viejo, soldado, hidalgo y pobre*], o que levou um deles a manifestar um espanto que o censor pôde facilmente ter compartilhado: "O quê! A Espanha não cobre um homem como esse de riquezas e não o sustenta com o tesouro público?" [*¿Pues a tal hombre no le tiene España muy rico y sustentado del erario público?*].

Dentro do material preliminar de 1615, as declarações de aprovação, ou *censuras,* como se dizia na época, desempenhavam um papel dual. Tomavam o lugar dos laudatórios "sonetos, epigramas e panegíricos", cuja falta o prólogo de 1605 deplorava, o que levou um sábio amigo a declarar: "pode-se corrigir isso escrevendo-os você mesmo" [*se puede remediar en que vos mesmo toméis algún trabajo en hacerlos*].[20] Dez anos depois, Cervantes não se deu a esse trabalho, mas o editor – ou o impressor – descobriu um modo de compensação imprimindo textos exigidos que muito se assemelhavam ao elogio literário.[21] Márquez Torres estava bem ciente disso quando escreveu: "Acredito que isso seja considerado exagero para um certificado; e alguns dirão que cheguei a tocar os limites da lisonja" [*Bien creio que está, para censura, un poco larga; alguno dirá que toca los límites de lisonjero elogio*].[22] Esse elogio é entendido com mais facilidade se

---

20 Cervantes, *Don Quijote de la Mancha,* p.14. [Ed. ing.: *Don Quijote,* p.5.]

21 Para um exemplo francês de privilégios redigidos na forma de elogios do autor, ver Schapira, *Un professionnel de lettres au XVIIe siècle: Valentin Conrart, une histoire sociale,* p.98-151.

22 Cervantes, *The History and Adventures of the Renowned Don Quixote,* p.374.

A MÃO DO AUTOR E A MENTE DO EDITOR **249**

refizermos as ligações entre os vários autores dos materiais prelimina-res da Parte II de *Dom Quixote*. Conforme destacou Anne Cayuela,[23] Valdivielso e Márquez Torres eram ambos capelães e protegidos de Bernardo de Sandoval y Rojas, o cardeal-arcebispo de Toledo, cuja caridade [*caridad*] Cervantes louva no fim de seu prólogo ao leitor. Ademais, em 1614, Valdivielso havia escrito uma aprovação para um dos trabalhos mais antigos de Cervantes, *Viagem de Parnaso*, e em 1615 deveria servir de censor para as *Oito comédias e oito entremezes novos*. Em setembro de 1616, após a morte de Cervantes, Valdivielso escreveu uma aprovação laudatória e emocional para *Os trabalhos de Persiles*. Isso levou à hipótese de que as várias aprovações foram escritas com total conhecimento daquelas escritas pelos outros e eram conhecidas por Cervantes (e talvez até mesmo escritas por ele, no caso do texto de Márquez Torres), dado que implicitamente se dirige a eles em seu próprio prólogo e dedicatória.[24] Isso, por sua vez, explica o segundo papel dos materiais preliminares de 1615, que era manifestar a solidariedade de uma clientela que havia se tornado um partido literário a serviço de Cervantes, que provavelmente tinha grande necessidade dele.

Materiais preliminares e discussões polêmicas

Uma primeira Parte II de *Dom Quixote* foi publicada durante o verão ou o outono de 1614. A folha de rosto dessa sequência apócrifa prometia um *Segundo tomo del ingenioso hidalgo Don Quixote de la Mancha, que contiene su tercera salida; y es la quinta parte de sus*

---

23 Cayuela, *Le paratexte au Siècle d'Or: prose romanesque, livres et lecteurs en Espagne au XVIIe siècle*, p.209-11.

24 Moner, *Cervantès conteur: écrits et paroles*, p.37-8; Rivers, On the Prefatory Pages of Don Quixote Part II, *MLN*, 1960, p.243-8.

250 ROGER CHARTIER

aventuras.[25] *Tercera salida* é uma alusão às páginas finais do *Dom Quixote de la Mancha* de 1605, que dizem: "Há somente o que a tradição preservou nas memórias de la Mancha – que dom Quixote, a terceira vez que deixou seu lar, foi para Saragoça, onde tomou parte em alguns torneios famosos organizados naquela cidade" [*solo la fama ha guardado, en las memorias de la Mancha, que don Quijote la tercera vez que salió de sua casa fue a Zaragoza, donde se hallo en unas famosas justas que en aquella ciudad se hicieron*].[26] A "quinta parte" refere-se à divisão em quatro partes do livro publicado em 1605, que na época não foram absolutamente concebidas como a Parte I de uma obra em duas partes. O trabalho posterior é apresentado como tendo sido escrito por *"el Licenciado Alonso Fernández de Avellaneda, natural de la villa de Tordesillas"*, usando um pseudônimo que, apesar das numerosas e altamente engenhosas hipóteses, até agora ainda não foi penetrado. O local da publicação é dado como Tarragona e o impressor como Felipe Roberto. Uma análise das fontes usadas para o livro sugere que o endereço do tipógrafo dado na folha de rosto na verdade dissimula o local e o editor reais, que pode ter sido a gráfica de Sebastián de Cormellas em Barcelona – a mesma tipografia visitada por Dom Quixote durante sua estada na cidade e descrita por Cervantes com base na sua própria familiaridade com a gráfica de Juan de la Cuesta em Madri.[27]

O prólogo de Fernández de Avellaneda é um violento ataque a Cervantes, cuja arrogância ele condena, citando seu irônico prólogo

---

25 Avellaneda, *El ingenioso hidalgo don Quijote de la Mancha.* [Ed. ing.: *Don Quixote de La Mancha (Part II): Being the Spurious Continuation of Miguel de Cervantes' Part I.*]

26 Cervantes, *Don Quijote de la Mancha*, p.591. [Ed. ing.: *Don Quixote*, p.411.]

27 Esta hipótese é apoiada por Francisco Rico em seu *Visita de imprentas: páginas y noticias de Cervantes viejo, discurso pronunciado por Francisco Rico el 10 de mayo de 1996 en ocasión de su investidura como doctor honoris causa por la Universidad de Valladolid*, p.48-9.

ao *Dom Quixote* e o presunçoso prólogo para as *Novelas exemplares*. E denuncia também a inveja de Cervantes, bem como sua mesquinhez, expressa por queixas sobre um livro que o privou dos lucros com os quais contava para sua continuação [*Quéjese de mi trabajo por la ganancia que le quito de su segunda parte*].[28] Depois dessa rancorosa arremetida, ele faz troça da enfermidade de Cervantes como um velho soldado que, como diz o provérbio, tinha "mais língua que mãos" [*más lengua que manos*] e classifica *Dom Quixote* não como uma "história", como o próprio Cervantes o chamou, ou como sátira, como definiram seus censores, mas como uma "comédia", o que era equivalente a negar a originalidade da obra.

Por trás de uma justificativa de continuação por outras mãos que não as do autor original (apoiada por exemplos do passado, tais como as várias *Arcadia, Diana* ou *Celestina*), a questão real do prólogo para a espúria Parte II era uma defesa de Lope de Vega. Era na verdade dele que se dizia ter zombado o leviano prólogo do *Dom Quixote* de 1605, fazendo troça da falsa erudição de citações colocadas nas margens ou no fim do volume e a exagerada adulação das acumulações de elogios por parte de grandes e nobres figuras no material preliminar. Tanto no seu *Arcadia* (1598) como no seu romance cristão, *El peregrino en su patria* (1604), Lope havia se mostrado um fervoroso adepto de ambas as práticas e havia se ofendido com os comentários de Cervantes. Dez anos depois, Fernández de Avellaneda tomou a defesa de Lope, usando um tom ligeiramente ameaçador e declarando que Cervantes ofendera

ele que é tão justificadamente celebrado por nações estrangeiras e a quem a nossa própria tanto deve, por ter entretido, com tanta honestidade e fecundidade e por tantos anos, os teatros da Espanha, oferecendo-lhes excelentes e inúmeras *comedias* que combinam o

---

28 Avellaneda, *El ingenioso hidalgo*, p.195-201.

rigor da arte exigida pelo público com a autoridade e integridade que se tem o direito de esperar de um ministro do Santo Ofício [*a quien tan justamente celebran las naciones más estranjeras y la nuestra debe tanto, por haber entretenido honestísima y fecundamente tantos años los teatros de España con estupendas e innumerables comedias, con ele rigor del arte que pide el mundo y con la seguridad y limpieza que de un ministro del Santo Oficio se debe esperar*].

Devo lembrar que Lope de Vega foi ordenado padre em 1614 e tornou-se *familiar* [funcionário] da Inquisição em 1608.

Os materiais preliminares também tornaram-se um pequeno palco para controvérsias literárias nas quais eram externadas maquinações políticas (como também acontecia na guerra dos pasquins). A crítica nos preliminares para o *Quixote* de 1615 constitui uma primeira resposta declarando que, no mínimo, a glória europeia de Cervantes era igual à de Lope. O prólogo ao leitor era outra resposta. Nele, o tom era de condescendente ironia em relação a Fernández de Avellaneda e, talvez, uma ironia um pouco mais contundente concernente a Lope. Cervantes primeiro declara: "Não é do meu feitio atacar qualquer sacerdote, especialmente se é membro do Santo Ofício" [*no tengo yo de perseguir a ningún sacerdote, y más si tiene por añadidura ser familiar del Santo Oficio*]. E declara também: "Eu adoro seu gênio, admiro suas obras e seu modo de vida sempre virtuoso" [*de tal adoro su ingenio, admiro las obras y la ocupación continua y virtuosa*],[29] enquanto todo mundo sabia que Lope levava uma vida que estava longe de ser um modelo de virtude cristã.

Depois de lembrar a inutilização da sua mão esquerda em Lepanto, na "batalha mais nobre que qualquer época passada ou presente jamais testemunhou, ou que jamais testemunharão as épocas futuras" [*la más alta ocasión que vieron los siglos pasados, los presentes,*

---

29 Cervantes, *Don Quixote*.

A MÃO DO AUTOR E A MENTE DO EDITOR **253**

ni esperan ver los venideros], Cervantes vira as acusações de Fernández de Avellaneda de volta contra ele. Era ele que queria ganhar dinheiro com livros, não Cervantes, que confiava na prodigalidade de seus protetores. Bernardo de Sandoval y Rojas, o cardeal-arcebispo de Toledo, e seu sobrinho, o conde de Lemos, a quem a Parte II do *Dom Quixote* foi dedicada, e cujos títulos (que incluíam o de "Vice-Rei, Governador e Capitão Geral do Reino de Nápoles") se estendem por sete linhas da folha de rosto. A intenção de Fernández de Avellaneda era uma tentação diabólica, e "uma das maiores" dessas tentações é "fazer um homem pensar que pode escrever e publicar um livro para tornar-se tão famoso quanto rico, e tão rico quanto famoso" [*unas de las mayores es ponerle a un hombre en el entendimiento que puede componer y imprimir un libro con que gane tanta fama como dinero y tantos dineros cuanta fama*]. Quando esse empreendimento gera lucro com um livro que já foi escrito por outro, é vergonhoso, porque seu autor "não ousa aparecer em campo aberto sob o céu claro, e sim oculta seu nome e disfarça seu lugar, como se tivesse cometido alguma alta traição [*no osa parecer a campo abierto y al cielo claro, encubriendo su nombre, fingiendo su patria, como si hubiera hecho alguna traición de lesa majestad*].[30]

Para poder pôr um fim a tais tentações nocivas, que inflam os livros de modo muito semelhante ao que o louco de Sevilha, cuja história é narrada no prólogo, inflava cães, Cervantes anuncia que na obra que o leitor está prestes a ler "lhe dou Dom Quixote aumentado e finalmente morto e enterrado, para que ninguém mais possa ousar relatar novas histórias sobre ele, uma vez que as já contadas são suficientes" [*te doy a don Quijote dilatado, y finalmente muerto y sepultado, porque ninguno se atreva a levantarle nuevos testimonios, pues bastan los pasados*]. O volume de 1615, que começa com uma folha de rosto que contrapõe a continuação apócrifa com a autenticidade de uma Parte

---

30 Ibid., p.423, 421, 424.

II escrita *"Por Miguel de Cervantes Saavedra, autor de su primera parte"*, anuncia em seu material preliminar a morte do *hidalgo* que se torna, na mesma folha de rosto, *"El Ingenioso/Cavallero Don/Quixote/de la Mancha"*. A precaução era uma forma útil de desencorajar futuros Fernández de Avellaneda e, ao mesmo tempo, antecipava as expectativas do leitor, convidando-o a ler outros trabalhos de Cervantes, tais como o *Persiles*, que ele prometia "para breve", e a segunda parte da *Galatea*, uma obra "que estou acabando" [*que estoy acabando*], que havia sido prometida já em 1585, imediatamente após a publicação da Parte I daquele trabalho.[31]

A dedicatória para o conde de Lemos, sobrinho e genro do poderoso duque de Lerma, o *valido,* ou primeiro-ministro, de Filipe III,[32] fecha o material preliminar da Parte II. Ela forma uma espécie de díptico com a folha de rosto e ecoa o prólogo no qual Cervantes louva o vice-rei de Nápoles, dizendo que sua "caridade e liberalidade me sustentam" [*cuya cristiandad y liberalidad, bien conocida, contra todos los golpes de mi corta fortuna me tiene en pie*].[33] Elogio similar é transmitido na fábula do imperador da China, que supostamente teria pedido pela Parte II de *Dom Quixote* para que pudesse lê-la aos alunos da escola que pretendia fundar tendo Cervantes como reitor. Cervantes, porém, recusa a oferta dizendo que "Eu tenho para mim, em Nápoles, o grande Conde de Lemos, que, sem todo esse alarde de títulos de escolas e outras reitorias, cuida das minhas necessidades, me protege e me dispende mais favores que eu saberia desejar" [*en Nápoles tengo al grande conde de Lemos, que, sin tantos titulillos de colegios ni rectorías, me sustenta, me ampara y hace más merced que la que yo acierto a desear*].

---

31 Ibid., p.426.

32 Sobre Lerma, ver Feros, *El duque de Lerma: realeza y privanza en la España de Felipe III.*

33 Cervantes, *Don Quixote*, p.425.

Ao mesmo tempo que afirma o poder de seus patronos, que chegavam próximo ao rei pelos parentescos ligando Cardeal Sandoval, Conde Lemos e o duque de Lerma, Cervantes também usa a dedicatória para dois outros propósitos. Busca a difamação da continuação de sua obra escrita por Fernández de Avellaneda, dessa vez com ainda mais severidade. A obra que ele apresenta ao conde visa "curar a amargura e a náusea provocadas por outro Dom Quixote, que, disfarçado sob o nome de Segunda Parte, viajou pelo globo" [*para quitar el hámago y la náusea que ha causado otro don Quijote que con nombre de Segunda parte se ha disfrazado y corrido por el orbe*]. Como se sabe, começando no Capítulo 59 de seu próprio livro, Cervantes brinca de muitas maneiras com esse "outro Dom Quixote". Além disso, repetindo o que diz no prólogo (que pode ter escrito após a dedicatória), Cervantes anuncia o término iminente de *Os trabalhos de Persiles e Sigismunda*, "um livro que espero acabar dentro de quatro meses" [*libro a quien daré fin dentro de cuatro meses*]. Anunciado pelo seu autor como "o pior ou o melhor [livro] que já foi escrito na nossa língua, pelo menos entre os livros para entretenimento" [*o el más malo, o el mejor que en nuestra lengua se haya compuesto, quiero decir de los de entretenimiento*], mas já saudado pelos seus amigos como capaz de "alcançar o que é o melhor no mundo" [*ha de llegar al estremo de bondad posible*], o romance que Cervantes declara que irá rivalizar com Heliodoro era esperado com impaciência, não só pelo seu generoso protetor, mas também por todos aqueles que haviam se tornado seus leitores fiéis. Portanto, as obrigações de patronato não excluíam de forma alguma importar-se com o público leitor ou – independentemente do que Cervantes pudesse dizer – com os lucros permitidos pelo mercado livreiro.

Tipologia e tipografia

Que lições podemos tirar de havermos acompanhado Dom Quixote e seu duplo pelo seu caminho? A mais fundamental de todas, parece-me, é uma necessidade de situar todos os materiais peritextuais dentro das relações múltiplas que os unem. Se queremos entender os preliminares, essas relações contam mais do que se cada peça, tomada separadamente, pertence a um ou outro gênero paratextual. Essas relações, que formam um sistema,[34] são de diversos tipos. Dentro de qualquer livro, são organizadas com base na relação entre diferentes registros de textos que parecem totalmente heterogêneos (a ponto de muitas edições modernas reterem apenas as partes mais imediatamente autorais ou literárias). Ainda assim, existem fortes elos entre as partes ligadas com o processo de publicação e aquelas que são dirigidas ao leitor, seja ele quem for. Isso significa que nós precisamos restaurar a lógica múltipla que determinou como uma coletânea de textos de naturezas muito diferentes – jurídica, administrativa, encomiástica, performativa, biográfica e mais – seriam reunidos num único volume.

As relações entre diversos paratextos também diz respeito a preliminares de diferentes partes da mesma obra (como, por exemplo, as duas partes de *Dom Quixote*); de diferentes obras do mesmo autor (por exemplo, das *Novelas exemplares*, Parte II de *Dom Quixote* e *Persiles*); ou das obras de diferentes autores (como no caso das duas versões de *Dom Quixote*, Parte II). A interpretação de cada paratexto, ou de cada elemento de cada um dos paratextos, é estreitamente dependente de todos os outros. Como escreve Anne Cayuela, precisamos "pôr em relevo a coerência do todo paratextual", considerado

---

34 Ver Tavoni, Avant Genette fra trattati e "curiosità". In: Biancastella; Santoro; Tavoni, *Sulle tracce del paratesto*, p.11-8.

A MÃO DO AUTOR E A MENTE DO EDITOR   257

dessa maneira.[35] Nesse sentido, o estudo de textos deve seguir o mesmo curso que o das sociedades, que hoje põe mais ênfase nas relações do que em taxonomias, e mais em contextualizações dinâmicas do que em tabelas de classificação.

Dito isso, como devemos evitar o risco de recair, para usar um vocabulário diferente, na tentação de invariabilidades trans-históricas? Será que superamos a dificuldade substituindo – como é o caso do presente ensaio – a linguagem das instâncias textuais pelo léxico do objeto, definindo peças preliminares pela sua materialidade tipográfica? Talvez, mas apenas com a condição de situarmos a pertinência dessa descrição dentro de uma historicidade própria, aqui a do "antigo regime tipográfico". Isso não funcionaria antes, na era do manuscrito, nem depois, na era da industrialização da impressão e da composição. Nesses outros períodos temporais, todas as relações paratextuais, dentro do livro e entre livros, tiveram ou têm outras modalidades diretamente dependentes das técnicas de reprodução da palavra escrita, dos suportes usados para textos e da circulação das obras. Quando enfatizamos sua descontinuidade, perdemos muito, e o que resta é uma nostalgia pelas taxonomias perdidas, que recebem de braços abertos em suas classificações genéricas todos os tipos de textos,[36] exatamente da mesma maneira que a caixa do compositor servia para certos estilos tipográficos. Mas essa nostalgia talvez seja compensada por uma compreensão mais completa e mais densa dos textos que levaram os leitores do início do período moderno até as obras que lhe proporcionavam lucro e prazer.

---

35 Cayuela, *Le paratexte au Siècle d'Or*, p.209.
36 Genette, *Palimpsestes: la littérature au second degré*, p.7-16. [Ed. ing.: *Palimpsests: Literature in the Second Degree*.]

Capítulo 10

Publicar Cervantes

Autores não "escrevem" livros, nem sequer seus próprios livros. Porém, seus leitores vêm sendo tentados a folhear as páginas impressas para encontrar a obra como o escritor a compôs, desejou e sonhou. Em seu *El texto del "Quijote"*,[1] Francisco Rico recorda que, embora essa aspiração seja legítima e compartilhada pela crítica literária e pelo leitor comum, ela não deve nos permitir esquecer que o texto passa por muitas operações para tornar-se um livro. Isso era igualmente verdade na época de Cervantes – talvez mais do que hoje, quando livros são habitualmente impressos a partir de uma versão eletrônica escrita pelo autor na sua tela de computador.

Manuscrito assinado, cópia justa e composição tipográfica

Há diversas razões para afirmar que o texto de *Dom Quixote*, impresso em 1604 na gráfica de Juan de la Cuesta com uma tiragem

---

1 Rico, *El texto del "Quijote": Preliminares a una ecdótica del Siglo de Oro*. Ver também Rico, *Quijotismos*; Rico, *Tiempos de Quijote*.

entre cerca de 1.500 e 1.750 exemplares, era bastante diferente do texto que viera da pena de Cervantes (ou, se preferirem, da de Cide Hamete Benengeli, historiador árabe designado como autor da história no capítulo 9). No Século de Ouro da Espanha, os tipógrafos que montavam os tipos das páginas de um livro nunca usavam o manuscrito do autor. Usavam uma cópia corrigida, feita por um escriba profissional, que fora enviada para o Conselho do Rei para receber as aprovações e fora então submetida à permissão de imprimir o trabalho e ao privilégio do rei. Depois de ser devolvida ao autor, a cópia corrigida era então entregue ao livreiro/editor responsável por sua publicação e então passada adiante para o mestre-impressor e seus trabalhadores. Assim, uma primeira disparidade separava o texto como o autor o escrevera (o que Francisco Rico chama de *borrador* ou rascunho bruto) da cópia a limpo [*copia en limpio* ou *original*] produzida por um copista, que impunha certas normas geralmente ausentes nos manuscritos dos autores. Um manuscrito de autor habitualmente observava pouca regularidade na grafia e quase não apresentava pontuação, enquanto o *original* (que, obviamente, não era o manuscrito original) supostamente assegurava um grau mais elevado de legibilidade no texto, pois era submetido aos censores para aprovação.

Antes de o *original* tornar-se a cópia a ser usada para composição tipográfica, uma preparação adicional aumentava a distância entre o manuscrito assinado e o texto como era oferecido aos leitores. Todos os tratados sobre a arte da impressão do século XVII – considerada uma das artes liberais, não uma arte mecânica, e mesmo a arte de todas as artes – insistem no papel decisivo dos revisores e compositores. As formas e disposições do texto impresso (grafias, acentos, pontuação) não dependiam do autor, que delegava a quem quer que preparasse a cópia ou àqueles que montavam o tipo todas as decisões referentes a tais questões. Outra parte do papel dos gráficos era dividir o *original* de tal modo que o livro pudesse ser composto não segundo a ordem do texto, que podia exigir o uso de caracteres demais por um tempo muito longo, tornando ineficiente o uso do tempo dos gráficos, e sim por *formes* [formas] – isto é, compor ao mesmo tempo todas as páginas a serem impressas do mesmo lado da folha de impressão. No caso de *Dom Quixote*, por exemplo, um livro *in-quarto* no qual cada rubrica era formada por duas folhas de impressão, isso significava que a primeira folha conteria as páginas 1, 4, 13 e 16. Desse modo, os trabalhadores podiam começar imprimindo essa folha antes de montar o tipo para as outras páginas do caderno.

O *original*, que já era bem diferente do manuscrito assinado, era adicionalmente transformado e alterado pelo trabalho da gráfica. Os compositores geralmente cometiam erros que introduziam diversas distorções; era ainda mais provável (como podemos ver pelo exame cuidadoso das diferenças entre os títulos de capítulos no corpo da primeira edição de *Dom Quixote* e suas versões listadas na "Tabla de los capítulos" colocada no fim do livro) que a mesma cópia, lida por diferentes revisores ou compositores, pudesse produzir variações perceptíveis no uso de pronomes, concordância de tempos verbais, normas gramaticais e até mesmo vocabulário.

O veredito de Francisco Rico é, portanto, definitivo: a edição *princeps* de *Dom Quixote*, impressa em menos de setenta dias entre o final de setembro e o começo de novembro de 1604, não pode de forma alguma ser considerada o mesmíssimo texto que Miguel de Cervantes escreveu, no sentido estrito e material do termo. Isso obrigatoriamente impugna o mito da primeira edição, na qual certos editores alegam oferecer o texto exatamente como o autor remeteu nas páginas de seu manuscrito. Essa certeza errônea tem levado a enormes extravagâncias. No fim do século XIX, o advento de técnicas fotográficas alimentou o fetichismo do fac-símile, que, oferecendo uma reprodução idêntica da primeira edição, dava a ilusão de retornar ao texto original autêntico. No fim do século XX, quando o tema obsessivo da polissemia infinita de textos invadiu a crítica literária, passou-se a interpretar cada anomalia como expressão de uma intenção sutil, um erro voluntário ou uma nota de paródia pretendida pelo autor. Apenas uma ignorância profunda das práticas de publicação dos primeiros tempos teria feito alguém pensar que Cervantes poderia ter ignorado as limitações que o estado da linguagem e a experiência comum à sua época impuseram à composição de seu livro ou que ele poderia ter-se libertado das restrições legais e técnicas impostas sobre a publicação. Seu texto foi sujeito, como outros de sua época (talvez mais do que os outros, graças à pressa de seu editor, Francisco de Robles, de tirar o livro do prelo antes dos feriados de Natal do ano de 1604), aos hábitos dos copistas, aos erros dos compositores e às preferências dos revisores. Nenhuma edição antiga, e muito menos a primeira edição – nem mesmo o *original*, se tiver sido conservado –, pode colocar o leitor face a face com o texto que a pena de Cervantes traçou nos cadernos e folhas de papel que, com o correr dos anos, passaram a formar um manuscrito sem dúvida bem diferente e maior.

Correções do autor e o processo de impressão

Mas será que devemos concluir que Cervantes não interveio de nenhuma forma nas primeiras edições da história do *ingenioso hidalgo*, como numerosos críticos e editores têm sustentado (em certa medida em contradição com seu devoto respeito pela edição *princeps*)? Provavelmente não. Primeiramente, parece certo que Cervantes tenha introduzido correções e revisões na cópia a limpo estabelecida por um escriba profissional, seja antes (o que era permitido) ou depois (o que era proibido) do momento em que o texto recebeu sua aprovação e sua chancela. A tese de Francisco Rico é que, enquanto o *original* estava nas mãos dos funcionários do Conselho do Rei ou dos censores encarregados de aprová-lo, Cervantes modificou

A MÃO DO AUTOR E A MENTE DO EDITOR   263

seu próprio manuscrito e posteriormente inseriu suas mudanças (talvez nem sempre de forma muito clara) na cópia usada para imprimir o trabalho.

O indício mais claro disso foi dado pelas discordâncias entre o conteúdo de certos capítulos no livro impresso em 1604 e os títulos desses mesmos capítulos, como se a confusão criada pelo autor, as compreensões erradas do revisor e os erros dos compositores tivessem todos deixado na obra publicada vestígios de um estágio anterior da divisão do texto. Por exemplo, o título do capítulo 10, "Do que mais aconteceu a Dom Quixote com o basco e o perigo em que ele se encontrou com um bando de iangueses" [*De lo que más le avino a don Quijote con el vizcaíno y del peligro en que se vio con una caterva de yangüeses*], anuncia um episódio (a briga com o basco) que havia de fato ocorrido no capítulo anterior e outro episódio (o encontro com os condutores de mulas da cidade de Yanguas, na província de Sória) que ocorre apenas no capítulo 15. Novamente, o título do capítulo 36, "Que trata da feroz e descomunal batalha que Dom Quixote teve como alguns odres de vinho, e outras estranhas aventuras na estalagem" [*Que trata de la brava y descomunal batalla que don Quijote tuvo con unos cueros de vino, con otros raros sucesos que en la venta le sucedieron*], anuncia o massacre de Dom Quixote, durante o sono, dos odres cheios de vinho tinto do estalajadeiro Juan Palomeque, que ele toma como o malévolo atormentador da Princesa Micomicona. Cervantes, provavelmente no processo de rever a organização original de seu texto, introduziu o episódio no capítulo anterior, onde ele interrompe brevemente a leitura da *"novela"* da "Mal aconselhada curiosidade", iniciada no capítulo 33.[2]

Não menos confusão resultou de acréscimos à nova edição de 1605. Para provar esse ponto, Francisco Rico retorna (mas com novas percepções) ao famoso e incômodo episódio do burrico de

---

2 Títulos de capítulos são citados de Cervantes, *Don Quixote*, p.69, 290, 254.

264 ROGER CHARTIER

Sancho Pança. Na edição impressa em 1604, o animal desaparece, sem nenhuma explicação, no capítulo 25, e volta, também sem explicação, no capítulo 46. Criticado pela sua falta de concentração e zombado pela sua negligência, Cervantes escreveu dois acréscimos para a edição de 1605, um descrevendo o roubo do animal por Ginés de Pasamonte e, o outro, sua recuperação por Sancho. Essas interpolações – e Rico utiliza persuasivas comparações estilísticas e léxicas para demonstrar que foram feitas por Cervantes – foram colocadas nos capítulos 23 e 30. Infelizmente, várias frases no capítulo 23 e no começo do capítulo 25 não foram corrigidas como deveriam ter sido: encontramos Sancho ainda sentado no seu burrico, apesar de o animal haver sido dado como roubado apenas algumas linhas antes. A terceira edição (Madri, 1608), também impressa na gráfica de Juan de la Cuesta e revista por Cervantes, tentou corrigir essas contradições introduzindo, no capítulo 23, explicações suplementares mostrando que Sancho, uma vez roubada sua montaria, seguiu a pé, carregando sua sacola e a sala do burrico, um detalhe que não estava claro na edição de 1605. O relato que ele faz do roubo na Parte II, publicada em 1615, confirma a história comparando a velhacaria de Ginés de Pasamonte com a malícia de Brunello em *Orlando furioso*, que rouba o cavalo de Sacripanta enquanto ele ainda está montado na sela.

Francisco Rico tira diversas conclusões desse pequeno conto do burrico. Primeiro, ele mostra que, embora Cervantes provavelmente jamais tenha corrigido as provas das várias edições do seu livro (a correção de provas pelo autor era dificultada pela necessidade de desmanchar formas compostas rapidamente para que o tipo pudesse ser usado para a composição de novas páginas), ele conseguiu sim introduzir modificações nas novas edições de 1605 e 1608. As que se referem ao burrico de Sancho não são as únicas: há também a transformação da grinalda improvisada que Dom Quixote faz em Serra Morena na sua tentativa de imitar a melancolia e piedade de Amadís de Gaula. Na edição de 1605, ele usa um pedaço de sua camisa como

A MÃO DO AUTOR E A MENTE DO EDITOR **265**

rosário: "Ele rasgou uma tira de pano das fraldas de sua camisa e fez onze nós, um maior que o resto, e isso serviu-lhe de rosário enquanto estava ali, onde rezou um milhão de Ave Marias" [*rasgó una gran tira de las faldas de la camisa, que andaban colgando, y diole once ñudos, el uno más gordo que los demás, y esto le sirvió de rosario el tiempo que allí estuvo, donde rezó un millón de ave marias*].[3] A segunda edição, que surgiu em 1605, corrigia essa desajeitada solução e fazia o rosário de material mais natural: "E para servir-lhe de rosário [ele pegou] algumas bolotas largas de um sobreiro, que amarrou juntas e fez um rosário de dez contas" [*Y sirviéronle de rosario unas agallas grandes de un alcornoque, que ensartó, de que hizo un diez*].[4]

A história do jumento de Sancho também mostra que a negligência era uma ameaça a cada momento do processo de publicação, com a inserção de acréscimos onde não cabiam e a omissão de correções exigidas pelo novo estado do texto. Confusão num *original* com marcas de referência e chamadas para adições que provavelmente não eram fáceis de se ler, a desatenção dos revisores de Madri, que eram infinitamente menos rigorosos que o revisor que preparou a cópia para a edição publicada por Velpius em Bruxelas em 1607, a quem Rico chama "um mestre em detectar a leitura manuscrita que subjazia a uma interpretação pobre da versão impressa" [*maestro en detectar la lección manuscrita que subyaccía a una mala interpretación del impreso*][5] ou os erros técnicos dos compositores são as muitas explicações para o porquê de as primeiras edições de *Dom Quixote* serem tão imprecisas quanto outros livros contemporâneos, se não mais.

As atribulações do jumento de Sancho apresentam uma questão ainda mais básica: como devemos conectar a Parte I e a Parte II de *Dom Quixote*? Em qual edição da Parte I (1604, 1605, 1608) se encaixa

---

3 Cervantes, *Don Quijote de la Mancha*, 1998. [Ed. ing.: *Don Quixote*, p.194.]

4 Cervantes, *Don Quijote de la Mancha*, n.12, p.292.

5 Rico, *El texto del "Quijote"*, p.50.

266 ROGER CHARTIER

melhor aquilo que Sancho tem a dizer? E sob que título geral deve ser agrupada a história do *ingenioso hidalgo* e do *ingenioso cavallero* – se admitirmos, junto com Francisco Rico, que o título da Parte II (bem como a introdução do nome de "Dom Quijote" na folha de rosto da Parte I) foi decisão do editor ou do impressor, não de Cervantes, que nunca juntou os termos *ingenioso* e *cavallero*? Conhecemos as escolhas que Francisco Rico fez para "seus" dois *Dom Quijote* de 1998[6] e 2004,[7] ou seja, publicar o texto de 1604 (colocando as adições de 1605 num apêndice) e intitular ambas as partes *Dom Quijote de la Mancha*, uma escolha que está de acordo com o privilégio concedido em 1615 designando o texto como *Segunda parte de don Quijote de la Mancha*, onde a edição de 1604 era simplesmente intitulada *El ingenioso hidalgo de la Mancha*.

Historicidade e legibilidade

Voltando aos princípios que o guiaram em sua edição do texto, Francisco Rico oferece, sob o termo *ecdótica del Siglo de Oro*, uma teoria, uma prática e uma ética da edição de textos no início do período moderno. Para ele, todo editor moderno tem uma tarefa dupla: ele é responsável por mobilizar todos os campos de especialidade (filológico, bibliográfico, histórico) que ajudem a relacionar a composição e a publicação de um texto com suas condições de possibilidade, evitando, assim, anacronismos factuais e fantasias interpretativas. Por outro lado, deve propor um texto que respeite o que pode ser conhecido dos desejos do autor e que seja legível para um leitor contemporâneo que não seja nem filólogo nem bibliógrafo. Isso explica a forte distinção que Rico estabelece entre "edições

---

6 Cervantes, *Don Quijote de la Mancha*.
7 Cervantes, *Don Quijote de la Mancha*, 2004.

A MÃO DO AUTOR E A MENTE DO EDITOR 267

críticas", das quais se espera cada vez mais que explorem os recursos de hipertextualidade multimídia para publicar e comparar os muitos estados de uma determinada obra, de um lado, e, de outro, "edições de leitura", que se beneficiam do conhecimento textual acumulado para apresentar um texto – e somente um texto – em um objeto, o livro impresso, que se assemelha àquele que ofereceu tal texto aos seus primeiros leitores.

Essa dupla exigência define a posição inovadora de Francisco Rico em debates que foram frequentemente vigorosos e às vezes obscuros, e que ainda são refletidos na crítica literária e na prática editorial. Alguns eruditos seguem a orientação dos filólogos clássicos, que traçam toda a tradição do manuscrito de uma obra de modo a estabelecer o texto mais provável,[8] visando reconstruir um texto original supostamente existente além e acima de suas múltiplas formas materiais e que é, segundo o vocabulário da bibliografia analítica, o "texto de cópia ideal". Um estudo rigoroso dos vários estados de uma dada obra (edições, números, cópias) é mobilizado com o objetivo de retornar a um texto purificado de alterações a ele infligidas pelo processo de publicação e em conformidade com o texto redigido, ditado ou desejado pelo seu autor.[9] Daí a distinção radical entre a obra em sua essência e os acidentes que a deformaram ou corromperam.

Numa perspectiva diferente – por exemplo, a da crítica de Shakespeare –, mesmo quando são estranhas, as formas em que uma obra foi publicada devem ser consideradas como encarnações históricas

---

8 Para um exemplo magistral deste procedimento, ver Bollack, *L'Oedipe roi de Sophocle: Le texte et ses interprétations*, v.1, *Introduction: Texte. Traduction*, p.xi-xxi, 1-178.

9 McKerrow, *An Introduction to Bibliography for Literary Students*; Bowers, *Bibliography and Textual Criticism*; Bowers, *Essays in Bibliography, Text, and Editing*. Ver também os 21 ensaios reunidos sob o título "Anglo-American Scholarly Edition, 1980-2005", *Ecdotica*, 6, 2009.

268 ROGER CHARTIER

diferentes.[10] Todos os estados do texto, mesmo os mais inconsistentes e bizarros, devem ser incluídos e eventualmente publicados porque, como resultado de atos de escrever e práticas gráficas, constituem a obra conforme foi transmitida a seus leitores. Editar um trabalho não é questão de redescobrir um texto ideal, e sim de mostrar explicitamente a preferência dada a um ou outro de seus estados, junto com as escolhas feitas para sua apresentação de tais assuntos, como divisões, pontuação, formas escritas e grafia.

Entre um respeito absoluto por textos como foram impressos e lidos pelos leitores do passado, inclusive com suas incoerências e anomalias, e a autoridade soberana de um filólogo mais cervantino que Cervantes ou mais shakespeariano que Shakespeare, Francisco Rico propõe um caminho mais pragmático. Em seus trabalhos, que incluem edições de textos canônicos do Século de Ouro espanhol,[11] uma conferência ultraescrupulosa e um controle completo dos diferentes estados do texto de uma dada obra o possibilitam distinguir entre diversas leituras, reparar os erros óbvios que desfiguram o texto e, às vezes, restaurar um texto traído em todas as edições impressas – o que nos traz de volta a uma inspiração básica dos editores mais inovadores do século XVIII. Rico também tem consciência de que o texto estabelecido por esses meios não é e não pode ser o texto que seu primeiro copista leu no manuscrito assinado. E mesmo que, por algum milagre, o manuscrito original de Cervantes

---

10 Para exemplos desta abordagem, ver Grazia; Stallybrass, The Materiality of the Shakespearean Text, *Shakespeare Quarterly*, 44(3), 1992, p.255-83; Marcus, *Unediting the Renaissance: Shakespeare, Marlowe, Milton*; Orgel, What Is a Text?. In: Kastan; Stallybrass (ed.), *Staging the Renaissance: Reinterpretations of Elizabethan and Jacobean Drama*, p.83-7.

11 Entre as obras que Francisco Rico editou estão: Alemán, *Guzmán de Alfarache*; *Lazarillo de Tormes*; Lope de Vega, *El caballero de Olmedo*. Ele também participou da edição de *La celestina: Tragicomedia de Calisto y Melibea*, de Fernando de Rojas (e "Antiguo Autor").

A MÃO DO AUTOR E A MENTE DO EDITOR   269

fosse encontrado em alguma outra *Alcaná*,[12] como a de Cide Hamete Benengeli em *Dom Quixote*, esse seria apenas um dos estados da obra.

Francisco Rico afirma tanto o direito do leitor a uma legibilidade que não deve se perder dentro de uma floresta de variantes como uma responsabilidade editorial de recusar soluções arbitrárias e basear decisões num conhecimento profundo das condições históricas que governavam a composição, transmissão e publicação de textos.[13] É nesse sentido, mas nesse sentido apenas, que o editor, como Pierre Ménard, de Borges, torna-se o autor de *Dom Quixote*.

---

12 Referência a Alcaná de Toledo. (N.E.)

13 O leitor encontrará publicados nos seis *excursos* colocados no fim do livro de Rico as várias efemérides do erudito e inovador trabalho desse autor no *Dom Quixote*, inclusive seus estudos de composição tipográfica da primeira edição na gráfica de Juan de la Cuesta e a das *Obras*, de Ludovico Blosio; na primeira assinatura do material preliminar (com a dedicatória ao duque de Béjar erroneamente atribuída a Cervantes); sobre as variações do título da obra e as diversas leituras em seu texto, a começar pela leitura dual do *princeps* concernente ao verdadeiro nome do *Hidalgo*, dado como Quexana ou Quixana.

Capítulo 11

Publicar Shakespeare

Em 1986, Stanley Wells e Gary Taylor dividiram o reino do Rei Lear à sua própria maneira. Na edição da Oxford University Press das obras de Shakespeare, resolveram publicar dois estados diferentes da "mesma" peça: a *True Chronicle Historie of the Life and Death of King Lear and His Three Daughters*, publicado em 1608 em *in-quarto* impresso para Nathaniel Butter; e *King Lear*, conforme foi publicado na edição fólio em 1623 das *Comedies, Histories & Tragedies of Mr. William Shakespeare*, que colocava a peça entre as Tragédias, no meio de *The Tragedy of Hamlet* e *Othello, the Moore of Venice*.[1] Essa divisão do território textual de Lear não foi aceita sem resistência. Deflagrou uma controvérsia, mas foi seguida por outras divisões, por exemplo, a das três versões de Hamlet de 1603, 1604 e 1623,[2] ou

---

1 Wells; Taylor (ed.), *William Shakespeare: The Complete Works*. Ver também Wells; Taylor com Jowett; Montgomery, *William Shakespeare: A Textual Companion*, p.509-42; Taylor; Warren (ed.), *The Division of the Kingdom: Shakespeare's Two Versions of "King Lear"*; Shakespeare, *The Complete King Lear 1608-1623*.

2 Bertram; Kliman (ed.), *The Three-Text Hamlet: Parallel Texts of the First and Second Quartos and First Folio*.

272 ROGER CHARTIER

de outras peças shakespearianas em edições modernas.[3] Esses movimentos obrigam-nos a considerar, em todas as suas consequências, históricas e estéticas, críticas e editoriais, o contraste entre o corpo mais altamente canônico de obras escritas e a extrema diversidade dos textos que o oferecem para leitura. A nova crítica shakespeariana tem enfocado a tensão subjacente acentuando a lógica inerente em cada versão impressa da "mesma" peça,[4] ou as inúmeras variações introduzidas na materialidade das obras, cujos elementos eram todos instáveis, desde seus múltiplos textos até os componentes flutuantes do *corpus* shakespeariano, os nomes dados aos personagens nas peças e como o autor é designado (ou não) nas folhas de rosto.[5]

A obra em todos os seus estados

Shakespeare and the Book, de David Scott Kastan, segue diretamente essa mesma abordagem e permite-nos voltar a Shakespeare, seu público e seus editores.[6] Kastan enuncia categoricamente uma questão particularmente aguda no que se refere ao texto shakespeariano, mas que tem um alcance muito mais longo, a questão da

---

3 Ver a série dos títulos do primeiro *in-quarto* publicada na série New Cambridge Shakespeare (Cambridge e Nova York: Cambridge University Press).

4 Para uma demonstração exemplar referente às três versões de *Hamlet*, ver Marcus, Bad Taste and Bad *Hamlet*. In: _____, *Unediting the Renaissance: Shakespeare, Marlowe, Milton*, p.132-76; Marcus, Qui a peur du grand méchant in-4º?. In: Norman; Desan; Strier (ed.), *Du spectateur au lecteur: imprimer la scène aux XVIe e XVIIIe siècles*, p.183-202.

5 Ver o artigo pioneiro de Margreta de Grazia e Peter Stallybrass, The Materiality of the Shakespearean Text, *Shakespeare Quarterly*, 44(3), 1992, p.255-83.

6 Kastan, *Shakespeare and the Book*.

A MÃO DO AUTOR E A MENTE DO EDITOR   273

"relação das estruturas linguísticas da obra literária com as formas materiais que a tornam acessível". Em outras palavras:

> os textos existem independentemente do meio no qual aparecem, suas formas materiais acidentais e meramente veiculares, ou existem apenas nessas formas, cada uma sendo uma encarnação textual singular cuja própria materialidade molda crucialmente o significado, alterando de algum modo a significância da organização linguística da obra?[7]

A resposta – adotada por todo um ramo da crítica shakespeariana – é sustentar que cada estado do texto é uma das "encarnações" da própria obra, sem ser capaz de separar (tomando emprestada a linguagem da Nova Bibliografia) a essência dos acidentes.

A posição é fiel à definição da "sociologia de textos" proposta por D. F. McKenzie, entendida como "a disciplina que estuda textos como formas gravadas e os processos de sua transmissão, inclusive sua produção e recepção".[8] Como se sabe, essa proposição despertou reações desconfiadas ou hostis por parte dos simpatizantes mais ortodoxos da tradição bibliográfica assentada pelos trabalhos clássicos de Walter Greg, R. B. McKerrow e Fredson Bowers.[9] Nessa perspectiva, o estudo material de livros é posto a serviço do estabelecimento de um texto o mais fiel possível àquilo que o autor escreveu e pretendeu. Isso leva a uma análise meticulosa, nas cópias existentes das diferentes edições de uma dada obra, de indícios que permitam

---

7 Ibid., p.117.

8 McKenzie, *Bibliography and the Sociology of Texts*, The Panizzi Lectures, 1985, p.20.

9 Ver as resenhas das "The Panizzi Lectures", de D. F. McKenzie, por Hugh Amory em *The Book Collector*, 36, 1987, p.411-18; Howard-Hill, *The Library*, 6th series, 10, 1984, p.115-8; Tanselle, Textual Criticism and Literary Sociology, *Studies in Bibliography*, 42, 1991, p.83-143.

274 ROGER CHARTIER

uma reconstrução da história de sua composição tipográfica, sua correção e sua impressão como meio de redescobrir o texto original como era antes de passar por mudanças na gráfica. O objetivo era estabelecer os hábitos de grafia dos vários tipos de compositores que trabalharam num dado texto, notar certas particularidades de seus materiais (letras danificadas, rubricas ou ornamentos) e detectar as correções introduzidas durante o processo de impressão no intuito de identificar variantes textuais que pudessem ser imputadas não ao autor, mas aos tipógrafos ou revisores. Essa abordagem, e os muitos estudos eruditos que a subscrevem, supunha uma distinção radical entre variações acidentais resultantes de operações dentro da gráfica, corrompendo o sentido do texto, e a obra como fora escrita, ditada e desejada pelo seu autor.

Ao insistir no papel que as formas materiais desempenham no processo de construção do significado, D. F. McKenzie rejeitou a oposição entre "substantivos" e "acidentais" e entre o texto em sua essência e as alterações a ele infligidas pelas preferências, hábitos ou erros dos homens que o puseram em tipo e corrigiram as páginas compostas. Assim, ele abriu o caminho para todos os estudos que, em anos recentes, centraram-se nos estados plurais da "mesma" obra que podem ser discernidos em suas diferentes edições ou mesmo em diferentes cópias da mesma edição, e nos múltiplos significados que tal instabilidade atribuía ao trabalho.

Se a bibliografia material fez, paradoxalmente, um esmiuçado estudo de cópias impressas com o objetivo de reconstruir um manuscrito ideal, que se foi para sempre, a sociologia de textos, como definida por D. F. McKenzie, levou a sustentar cada estado de uma obra como uma de suas encarnações históricas que precisam ser entendidas, respeitadas e, se possível, publicadas. Para McKenzie, o conceito de um "texto de cópia ideal" que existe acima e além das várias formas impressas de um trabalho é uma ilusão que a crítica textual precisa abandonar em favor de uma análise dos

A MÃO DO AUTOR E A MENTE DO EDITOR 275

efeitos produzidos sobre o texto, sobre seus leitores e, eventualmente, sobre seu autor, por cada exemplar da existência material daquele texto. Essa posição é compartilhada por Jerome J. McGann, para quem "obras literárias não conhecem a si mesmas, e não podem ser conhecidas separadamente de seus modos materiais específicos de existência/resistência",[10] e David Scott Kastan, que afirma: "Eu argumentaria [...] que a literatura existe, em algum sentido útil, apenas e sempre em suas materializações, e que estas são as condições de seu significado, em vez de meros recipientes que a contêm".[11]

A tensão entre a obra em sua permanência estética, pois uma obra é sempre idêntica a si mesma, e a pluralidade de seus estados textuais é amplificada ainda mais no caso de Shakespeare pela ambivalência da relação da obra com publicações impressas. Essa tensão é óbvia nas edições de seus poemas. *Venus and Adonis* e *The Rape of Lucrece* [O estupro de Lucrécia] foram publicados em 1593 e 1594 pelo mesmo impressor, Richard Field, que, como Shakespeare, vinha de Stratford-upon-Avon, e os dois trabalhos eram dedicados à mesma pessoa, o conde de Southampton, a quem Shakespeare se dirige numa carta. É possível também (embora Kastan não pense assim) que Shakespeare tenha se envolvido na edição de 1609 dos *Sonnets* que figura, com o nome de seu autor, no registro da Companhia dos Papeleiros.[12] A situação é bastante diferente para as obras teatrais, que foram publicadas sem a intervenção direta de Shakespeare no processo editorial. Ele escreveu para o palco e para os espectadores dos teatros Globe e Blackfriars, não para os livreiros que publicaram suas peças com base nos vários manuscritos então disponíveis: material de encenação que continha o texto tal como havia sido

---

10 McGann, *The Textual Condition*, p.11.
11 Kastan, *Shakespeare and the Book*, p.4.
12 Duncan-Jones, Was the 1609 *Shake-speares Sonnets* Really Unauthorized?, *Review of English Studies* 34, 1983, p.151-71.

276   ROGER CHARTIER

autorizado, após a aprovação dos censores, pelo Mestre das Festividades [Master of Revels] e que continha as indicações indispensáveis para a apresentação; "cópias justas" feitas com base nos "papéis falhos" (manuscritos assinados), ou em reconstituições de memória ou cópias estenográficas.[13]

Escrita dramática e publicação impressa

O mercado para obras teatrais, que influenciava o modo como os textos eram impressos, apresentava diversos traços característicos na Inglaterra entre 1565, data da publicação da primeira tragédia inglesa, *The Tragedy of Gorboduc*, de Thomas Norton e Thomas Sackville, e 1642, data do fechamento dos teatros. Devemos ter em mente que as exigências legais para publicar livros eram definidas por regulamentos da Companhia dos Papeleiros, que reconhecia um "direito em cópia" patrimonial e perpétuo concedido ao livreiro ou impressor que havia adquirido um manuscrito e o registrado na Companhia. Nesse sistema, o único ato ilegal que podia ser trazido perante a justiça era publicar, sem acordo anterior, um título ao qual outro impressor houvesse "dado entrada" nos registros da Companhia. Em contrapartida, publicar um texto sem a permissão do seu autor com base em um manuscrito não confiável não era crime. O

---

13 Em meio a uma bibliografia imensa, ver em particular Werstine, Narrative about Printed Shakespeare Texts: "Foul Papers" and "Bad" Quartos, *Shakespeare Quarterly*, 1990, p.65-86; Maguire, *Shakespearean Suspect Texts: The "Bad" Quartos and their Contexts*; Davidson, "Some by Stenography?" Stationers, shorthand, and the Early Shakespearean Quartos, *Papers of the Bibliographical Society of America*, 1996, p.417-49; Davidson, *King Lear in an Age of Stenographical Reproduction*, *Papers of the Bibliographical Society of America*, 1998, p.297-324. Recentemente a ideia de que Shakespeare tivesse sido indiferente em relação à publicação de suas peças tem sido questionada por Erne, *Shakespeare as Literary Dramatist*.

A MÃO DO AUTOR E A MENTE DO EDITOR   **277**

único recurso para autores que se julgavam traídos pela publicação e circulação de versões corrompidas de suas obras era preparar a publicação de uma nova edição.

No entanto – e este é um segundo traço característico –, nem todos os dramaturgos compartilhavam essa preocupação. Como mostrou Douglas Brooks, o interesse desigual de autores na impressão de suas peças dependia diretamente de sua posição no mundo da produção dramática e das suas ideias referentes ao destino das obras teatrais.[14] A nota "Ao leitor" que abre a edição de 1612 da peça de John Webster, *The White Divel*, traça um contraste claro entre autores (o próprio Webster entre eles) que consideram a peça a ser apresentada como possivelmente uma alteração da obra, vendo o público maior de teatro como uma multidão ignorante, e aqueles que escrevem para o gosto vulgar desse público.[15] É paradoxal que, como escreve Webster, ele considerasse um disperso público de leitores da edição impressa como o verdadeiro "auditório" que sua tragédia merecia: "Desde que foi encenada, numa época tão aborrecida de Inverno, apresentada num Teatro tão aberto e escuro, ela requeria (e esta é a única graça e motivo de uma Tragédia) um Auditório pleno e com-preensivo". A edição impressa da "mais sentenciosa Tragédia jamais escrita" deve ser removida do "sopro que vem da multidão inapta [...], capaz de envenená-la" e permitir-se buscar o público letrado, o único público apto a perceber as *"sententiae"*, os ditos sublimes ou "lugares-comuns" que a peça continha. A impressão permitiria a esse público compartilhar com o autor as muitas citações latinas não traduzidas espalhadas pelo texto do prefácio "Ao leitor" e apreciar os versos publicados em "impressão contínua" – isto é, impressos

---

14 Brooks, *From Playhouse to Printing House: Drama and Authorship in Early Modern England.*

15 Webster, *The White Divel, Or The Tragedy of Paulo Giordano Ursini, Duke of Brachiano.* Ver também Webster, *Three Plays*, p.33-166, esp. "To the Reader" [Ao leitor], p.37-8.

em linha como poesia, mesmo quando houvesse dois personagens envolvidos.[16]

Essa primazia do texto de leitura sobre o espetáculo teatral levou Webster a apresentar-se como autor erudito que escreve devagar, não "com pena corrida, ladeada de asas", mas cujo trabalho viverá para sempre. Para um dramaturgo desses, as circunstâncias das apresentações de sua obra eram meros acidentes consertados pela publicação impressa de uma obra escrita por um autor cujo nome figura em letras maiúsculas na folha de rosto, como "Escrita por JOHN WEBSTER" aparece em *The White Divel*. Um Eurípides moderno, que pode responder àqueles que poderiam censurá-lo pela sua lentidão, como seu mestre respondeu a Alcestides. Quando este último objetou "que Eurípedes levara três dias para compor apenas três versos, enquanto ele mesmo havia escrito trezentos", Eurípides retruca: "Dizeis a verdade [...], mas aí está a diferença, os vossos serão lidos apenas por três dias, enquanto os meus continuarão por três eras".

Um princípio semelhante de distinção determina a ordem na lista de autores sobre quem Webster declara sua opinião elevada, como Douglas Brooks enfatiza.[17] Webster coloca no topo de sua lista os dramaturgos mais cultos, os tradutores de escritores antigos como Homero e Horácio, e os dramaturgos que prestaram mais atenção à publicação impressa de suas peças, oferecendo para leitura uma versão que não poderia ter sido inteiramente encenada, restaurando, assim, suas obras na sua totalidade. Daí seu maior elogio ir para "aquele pleno e elevado estilo de Mestre *Chapman*" e "as elaboradas e compreensivas obras de Mestre *Johnson* [Jonson]", seguidas por "as não menos dignas composições dos merecidamente excelentes

---

16 Webster, To the Reader, citado aqui e abaixo de Brooks, *From Playhouse to Printing House*, p.48, 15, 49.

17 Ibid., p.43-4.

A MÃO DO AUTOR E A MENTE DO EDITOR   279

Mestre *Beamont* [Beaumont] e Mestre *Fletcher*". Só depois deles ele lista três autores conhecidos pela sua "diretamente feliz e copiosa diligência", em vez de seu elevado estilo ou sua redação culta: "M. *Shake-speare*, M. *Dekker* e M. *Heywood*". Esses três eram "homens de companhia", autores que escreviam para uma companhia teatral ou para o teatro ou teatros em que a companhia montava peças (a Chamberlain's Men e, mais tarde, a King's Men para Shakespeare e a Prince's Men para Thomas Dekker). Graças a sua "copiosa diligência", todos os três tinham muitas de suas peças produzidas, Thomas Heywood em particular, que alegou em 1613 ter escrito 220 peças, "nas quais tive ou a mão inteira, ou pelo menos o dedo principal".[18] Todos os três tinham fortes ligações com o teatro: Shakespeare não era somente autor ou sócio na sua trupe, mas também um dos atores; Dekker tinha estreitas relações com o empresário teatral Philip Henslowe; em 1612, Heywood publicou uma *Apologie for Actors* [Desculpa para atores], que argumentava, contra os detratores do teatro, em prol de sua dignidade estética e utilidade moral.

Todos esses três homens apresentam outra característica – colaboração – que era típica da produção teatral da Inglaterra do século XVII. O *Diary*, de Philip Henslowe, menciona Dekker como autor de 45 peças,[19] 31 das quais foram escritas de forma colaborativa (18 delas com dois ou mais coautores), e cinco outras que retrabalhavam textos existentes. Thomas Heywood é mencionado onze vezes, seis por uma peça escrita em colaboração com outros (duas vezes com Dekker e com outros dramaturgos) e uma por adições a uma peça. Dois terços das 282 peças mencionadas por Henslowe entre 1590 e 1609 têm pelo menos dois autores, e frequentemente mais de dois. Há uma surpreendente diferença entre a alta proporção de obras escritas em colaboração e a porcentagem muito mais modesta de

---

18 Ibid., p.43, 64, 191.
19 Henslowe, *Diary*.

peças atribuídas, durante as mesmas décadas, a diversos autores em vários documentos (edições impressas, os registros da Companhia dos Papeleiros, revistas, memoriais etc.) e compiladas em *The Annals of the English Drama*, no qual a colaboração representa 15% das peças para 1590-1599 e 18% para 1600-1609.[20] A diferença pode ser explicada pelo fato de que, na edição impressa, como talvez nas memórias dos espectadores, as peças escritas por várias mãos acabavam sendo atribuídas a um único autor.

O nome de Shakespeare

Os livreiros/editores das edições *in-quarto* de Shakespeare, cujas folhas de rosto David Scott Kastan analisa, seguiam uma lógica de construção similar. A edição de 1598 de *A PLEASANT Conceited Comedie called Loves Labors Lost* [Uma agradável presunçosa comédia chamada trabalhos de amores perdidos] é a primeira a mencionar o nome do autor, mas sem atribuir-lhe claramente a paternidade da peça, dado que o crédito ambíguo, "Recém corrigida e aumentada por W. Shakespeare", poderia levar o leitor a supor que tudo que Shakespeare fez foi revisar e expandir um texto que já existia. Antes dessa data, as peças de Shakespeare foram publicadas seguindo a prática usual, discernível em quase metade dos textos dramáticos impressos antes de 1600,[21] de não listar autor (ou autores) e mencionar apenas o nome da trupe e os lugares ou datas de apresentação. Assim, o segundo *in-quarto* de *THE MOST EX-cellent and lamentable*

---

20 Harbage, *The Annals of the English Drama 975-1700: An Analytical Record of All Plays, Extant or Lost, Chronologically Arranged and Indexed*. Ver também Brooks, *From Playhouse to Printing House*, p.176-8.

21 Brooks, *From Playhouse to Printing House*. A tabela elaborada por Brooks indica que peças não atribuídas a autores representaram 42% da produção na década 1580-1589, e 46% na década 1590-1599: 176.

Tragedie, of Romeo and Iuliet [A mais excelente e lamentável tragédia, de Romeu e Julieta], impressa em 1599 para Cuthbert Burby, o mesmo editor da edição *in-quarto* de *Love's Labour's Lost*, indica somente: "Como tem sido amplamente publicado, pelo direito dos Servos do Honorável Lorde Chamberlaine" [*As it hath bene sundry times publiquely acted, by the right Honourable the Lord Chamberlaine his Servants*].

Depois de 1598, a crescente reputação de Shakespeare, atestada pelo *Palladis Tamia*, de Francis Meres, uma obra frequentemente citada e que compara Shakespeare a Plauto e Sêneca, chamando-o de "o mais excelente em ambas as modalidades [comédia e tragédia] para o palco",[22] incentivou os livreiros e impressores a mostrar um nome que vendia livros. Há vários sinais disso. Por exemplo, o nome de Shakespeare figura nas folhas de rosto de novas edições de peças que haviam sido publicadas anteriormente sem menção ao autor, como foi o caso das edições *in-quarto* de *Ricardo II* e *Ricardo III* em 1598 ou de *Henrique IV, Parte I*, no ano seguinte. Outro exemplo: o nome ou as iniciais de Shakespeare aparecem em coletâneas de poesia nas quais ele é apenas um autor entre muitos, como é o caso de *THE PASSIONATE PILGRIME* [O peregrino apaixonado], publicado por William Jaggard em 1599, que afirma ser "De W. Shakespeare", embora a antologia contenha apenas quatro de seus sonetos, ou em obras teatrais generosamente atribuídas a ele e que na verdade entraram no *corpus* shakespeariano com a segunda edição do terceiro fólio em 1664, antes de serem eliminadas – com exceção de *Péricles* – pelos editores do século XVIII. Finalmente, a afirmação dos livreiros da autoridade autoral de Shakespeare ocorre numa forma paroxísmica, mas única, na edição *in-quarto* de 1608 de *Rei Lear*, em que, nas primeiras linhas do título, lê-se: "*M. William Shak-speare: HIS True Chronicle Historie of the life and death of King LEAR and his three*

---

22 Meres, *Palladis Tamia, Wits Treasury*, p.282.

Daughters [M. William Shakespeare: sua verdadeira crônica histórica da vida e morte do Rei Lear e suas três filhas]. A reivindicação de propriedade implícita no "seu" [*his*] *Rei Lear* não se deve à húbris de Shakespeare, e sim refere-se à competição entre papeleiros, com Nathaniel Butter tentando colocar sua edição do *Rei Lear*, de Shakespeare, em melhor posição do que *THE True Chronicle History of King Leir, and his three daughters, Gonorill, Ragan, and Cordella*, uma obra de outro dramaturgo usando a mesma história que foi impressa para John Wright em 1605.

O afã de usar o nome de Shakespeare após 1598 não deve obscurecer dois aspectos muito reais das publicações de textos teatrais. Primeiro, esse afã não era partilhado por todos os editores, e nem todas as edições exibiam o nome de Shakespeare. As novas edições *in-quarto* de *Titus Andronicus* de 1600 e 1611 e as de *Romeu e Julieta* de 1599, 1609 e 1622 não fazem menção ao nome de Shakespeare. Além disso, dramaturgos geralmente tinham de dividir o espaço na folha de rosto com o livreiro/editor e/ou o impressor, mas também com a companhia teatral e, em alguma medida, com os espectadores, fossem da realeza ou não. Na primeira edição *in-quarto* de *Hamlet*, publicada de 1603, o texto é creditado a "William Shakespeare", mas a folha de rosto também declara quem encenou a peça e onde: "Como tem sido diversas vezes encenado pelos servos de sua Alteza na Cidade de Londres: como também nas duas Universidades de Cambridge e Oxford, e outras partes" [*As it hath beene diverse times acted by his Highnesse servants in the Cittie of London: as also in the two Universities of Cambridge and Oxford, and else-where*]. Ainda mais significativa, a folha de rosto na edição *in-quarto* de *Rei Lear* ("SEU" [*his*] *Rei Lear*) declara "Como foi representada perante sua Majestade Real em Whitehall na noite de Santo Estevão nos Feriados de Natal. Pelos servos de sua Majestade geralmente se apresentando no Globe em Bancke-Side" [*As it was played before the Kings Majestie at Whitehall upon S. Stephans night in Christmas Hollidayes. By his*

A MÃO DO AUTOR E A MENTE DO EDITOR 283

Majesties servants playing usually at the Globe on the Bancke-Side], inscrevendo, assim, a apresentação da peça dentro do ciclo festivo de doze dias de celebrações e ressaltando a proteção real. Mesmo com uma lógica de publicação que explora a reputação adquirida por dramaturgos (ou alguns deles), os textos que foram publicados permanecem, nas palavras de Kastan, "totalmente um registro das atividades colaborativas de uma companhia teatral".[23]

Recordar as circunstâncias de encenação numa folha de rosto talvez seja vestígio de uma tentativa de ponte entre a grande plateia das "casas de espetáculo públicas" e o estreito mercado para peças impressas. Uma prova disso é o fato de que, apesar do pequeno investimento necessário para publicar uma edição *in-quarto*, a maioria das peças que foram encenadas jamais foi impressa. David Scott Kastan sugere a ideia de que menos de 20% das peças apresentadas foram impressas ("quase certamente menos de um quinto da quantidade apresentada"),[24] enquanto Douglas Brooks sugere, um tanto mais generosamente, após comparar o número de títulos conhecidos e o de textos existentes, que a porcentagem de peças encenadas entre 1580 e 1640 que tiveram pelo menos uma edição impressa é 36%.[25] Se os livreiros/editores não se entusiasmavam em publicar os textos das peças, eram igualmente reticentes em republicá-los, o que insinua que, embora as tiragens não fossem grandes, as peças não vendiam bem e muitas obras podem não ter conseguido compradores. Segundo Peter Blayney, se mais ou menos a metade das peças publicadas antes de 1622 teve ao menos uma nova edição nos 25 anos seguintes à publicação inicial, a porcentagem cai para apenas

---

23 Kastan, *Shakespeare and the Book*, p.48.
24 Ibid., p.23.
25 "De cerca de 1.200 listadas [em *The Annals of the English Drama*], apenas 40% – 469 peças completas em 961 edições completas – são existentes, e aproximadamente 10% destas peças existentes sobrevivem apenas em manuscrito." (Brooks, *From Playhouse to Printing House*, p.172.)

29% para peças que apareceram entre 1623 e 1642.[26] Desse ponto de vista, Shakespeare representa um caso ambíguo, dado que, de um lado, oito das dezoito peças publicadas em formato *in-quarto* antes de sua morte, em 1616, tiveram apenas uma edição, mas, por outro, algumas delas conheceram grande sucesso nas livrarias e passaram por numerosas edições – três de *Titus Andronicus* e *Romeu e Julieta*, cinco de *Ricardo II* e *Ricardo III* e seis de *Henrique IV, Parte I*.

O monumento shakespeariano

David Scott Kastan, seguindo o exemplo de autores tais como Gary Taylor ou Michael Dobson,[27] traça minuciosamente o processo pelo qual editores monumentalizaram e canonizaram os textos shakespearianos (e outros), desvinculando-os do teatro para celebrá-los como "literatura". O processo teve início em 1623, quando dois ex-membros da trupe de Shakespeare, John Heminges e Henry Condell, eles mesmos atores e sócios da companhia, decidiram reunir em um único volume as peças de seu camarada que havia morrido sete anos antes. Persuadiram os impressores William e Isaac Jaggard a bancar a aventura, que era muito mais arriscada que uma publicação de modestos folhetos *in-quarto*. Os Jaggard assumiram os custos, criando um consórcio com dois livreiros, John Smethwick e

---

26 Blayney, The Publication of Playbooks. In: Cox; Kastan (ed.), *A New History of Early English Drama*, p.383-422, esp. p.387. As conclusões de Peter Blayney são questionadas por Zachary Lesser e Alan B. Farmer, The Popularity of Playbooks Revisited, *Shakespearean Quarterly*, 56, 2005, p.1-32. Ver também Lesser, *Renaissance Drama and the Politics of Publication: Readings in the English Book Trade*.

27 Ver Taylor, *Reinventing Shakespeare: A Cultural History from the Restoration to the Present*; Dobson, *The Making of the National Poet: Shakespeare, Adaptation, and Authorship 1660-1769*.

A MÃO DO AUTOR E A MENTE DO EDITOR 285

William Aspley, que possuíam "direito em cópia" de seis das peças
de Shakespeare, e um terceiro livreiro, Edward Blount, especializado
em publicação de novidades literárias desse tipo e em traduções tais
como a de *Ensaios*, de Montaigne, por John Florio (1603 e 1613), e
a Parte I do *Dom Quixote*, traduzida por Thomas Shelton (1612).[28]

Não é minha intenção retraçar, mais uma vez, a história material
e editorial da edição fólio, um dos livros mais famosos do mundo.
Outros já o fizeram, e o fizeram bem.[29] Contudo, dois pontos devem ser ressaltados. Primeiro, o fólio de 1623 apresentou o *corpus*
teatral shakespeariano inteiro pela primeira vez. Diferentemente da
edição fólio de 1616 da obra de Ben Jonson, que era intitulada *THE
WORKES OF Benjamin Jonson*, mas incluía apenas nove de suas
peças, junto com suas mascaradas, seus epigramas e seus poemas,
o fólio elaborado por Heminges, Condell e os livreiros do consórcio incluía apenas todas as obras teatrais escritas por Shakespeare:
dezoito peças que haviam sido anteriormente publicadas, os "direitos em cópia" que haviam recebido contribuição de seus editores ou
sido comprados de colegas, e outras dezoito peças que nunca tinham
sido impressas e que foram compradas da trupe teatral. O critério
para limitar o repertório considerado shakespeariano forçou até o
limite a lógica editorial que dava preferência ao crédito para um
único autor. Isso significa que Heminges e Condell excluíram peças que sabiam ter sido escritas em colaboração com outros (*Os
dois nobres parentes*, *Péricles* – ainda que a edição *in-quarto* de 1609
mencionasse o nome de Shakespeare na folha de rosto –, *Eduardo
III* e *Sir Thomas More*). Por outro lado, incluíram algumas peças
(tais como *Henrique VIII*) que críticos posteriores identificaram

---

28 Em 1620 Edward Blount publicou a tradução da Parte II de *Dom Quixote*,
    que havia sido publicada em Madri cinco anos antes.

29 Hinman, *The Printing and Proof-reading of the First Folio of Shakespeare*;
    Blayney, *The First Folio of Shakespeare*; West, *The Shakespeare First Folio:
    The History of the Book*.

286 ROGER CHARTIER

como trabalhos colaborativos, mas que eles reconheceram como totalmente shakespearianos. A monumentalização de Shakespeare empreendida pelo fólio, como é mostrado em todo o material preliminar (retrato gravado, poemas laudatórios, a nota "Para a grande variedade de leitores" assinada por Heminges e Condell), pressupõe a eliminação da prática coletiva do teatro em prol da construção de um autor especial.

Essa mesma autoridade foi a justificativa, se não a verdadeira natureza, dos textos como foram publicados na edição fólio, que tinham uma variedade de origens (edições *in-quarto*, cadernos de texto teatral, cópias manuscritas) pelo menos pela afirmação de que foram "Publicados de acordo com as verdadeiras cópias originais" [*True Originall Copies*]. O fólio de 1623 apresentava, portanto, seu "texto-matriz" como o próprio texto que havia sido concebido, composto e anotado por Shakespeare: "Sua mente e sua mão iam juntas. E o que ele pensava, proferia com aquela facilidade, que mal recebemos um borrão em seus papéis" [*His mind and his hand went together. And what he thought, he uttered with that easinesse, that wee have scarce received from him a blot in his papers*]. Reproduzindo "seus próprios escritos", o fólio oferecia ao leitor uma versão fiel das obras como o "Autor" as "proferia" – isto é, enunciadas como se recita poesia e emitidas como se fossem moeda preciosa. A retórica de Heminges e Condell afastava o texto shakespeariano das deformações implícitas da encenação e das corrupções introduzidas nas várias edições que puseram em circulação não uma reprodução dos manuscritos do autor, mas "diversas cópias roubadas e sub-reptícias, mutiladas e deformadas pelas fraudes e apropriações de impostores injuriosos, que as expuseram" [*diverse stolne, and surreptitious copies, maimed, and deformed by the frauds and stealthes of injurious impostors, that expos'd them*]. Graças aos "papéis" imaculados de Shakespeare, sem rasuras ou segundas ideias, o fólio era duplamente perfeito: restaurava à sua pureza original textos que haviam sido corrompidos por

A MÃO DO AUTOR E A MENTE DO EDITOR 287

edições anteriores ("mesmo esses são agora oferecidos à vossa vista curados e perfeitos de seus membros" [*even those, are now offer'd to your view cur'd, and perfect of their limbes*]). Pela primeira vez, todas as peças do autor eram oferecidas para leitura ("e todo o resto, absoluto em seus números, conforme ele as concebeu" [*and all the rest, absolute in their numbers, as he conceived them*]).[30]

Já nessa primeira aventura editorial, há uma perceptível tensão entre a exigência de um texto ideal em perfeita conformidade com o que o autor concebera e escrevera e as variações introduzidas pela natureza material do livro impresso. Essas variações ocorriam em diferentes níveis. Primeiro, aplicavam-se ao conteúdo do fólio. Devido às dificuldades que os editores encontraram em adquirir "direito em cópia" de *Troilo e Créssida*, que obtiveram só depois de iniciado o processo de impressão, certas cópias do livro não incluem a peça (e seu título não figura no "Catálogo" de peças contidas no volume); outras cópias contêm a peça, com ou sem seu prólogo, dependendo da cópia individual. Há também variações dentro do texto em si, dado que correções "no prelo" permitiam modificações nas páginas contidas numa determinada forma, mas as folhas que já haviam sido impressas antes de a correção ser feita não eram destruídas, levando a diferenças entre exemplares da edição. Finalmente, uma extrema diversidade de grafias, pontuação e distribuição do texto resultava dos diferentes hábitos dos vários compositores (pelo menos cinco, talvez mais) e das restrições de composição,[31] que eram particularmente fortes no caso de uma edição fólio composta por *formes* e da qual cada caderno incluía três folhas de impressão, o que

---

30 Heminge; Condell, To the Great Variety of Readers. In: Shakespeare, *Comedies, Histories, and Tragedies*, p.A3.

31 Ver o brilhante e sugestivo ensaio de Masten, Pressing Subjects, or the Secret Lives of Shakespeare's Compositors. In: Masten; Stallybrass; Vickers (ed.), *Language Machines: Technologies of Literary and Cultural Production*, p.75-107.

288 ROGER CHARTIER

dava seis folhas ou doze páginas. A forma de divisão do texto mostra uma diversidade particularmente grande em cada caderno que era composto por último e cujo *layout* de página (mais solto ou espremido, com poucas ou muitas abreviações) dependia diretamente dos erros da estimativa, ou "moldagem", da cópia.[32] Assim, a alegação de Heminges e Condell de ter produzido o que seria uma forma inicial de uma "cópia de texto ideal" contrasta agudamente com a realidade plural, móvel e incerta do texto em suas versões impressas. Os editores do fólio de 1623, cuja iniciativa comercial inventou Shakespeare como autor, legaram a seus sucessores uma jornada impossível até um Shakespeare autêntico, que esteve sempre presente e sempre traído.[33]

Editar e adaptar

Com a Restauração[34] em 1660, e até o começo do século XIX, esses objetivos contrastantes assumiram duas formas principais. A primeira delas estabeleceu a modernização das peças, exigida pelo palco, contra o desejo tenaz dos editores de retornar ao texto original, puro e autêntico. David Scott Kastan qualifica essa ambivalência, que afetou toda uma época, para não mencionar indivíduos, como "esquizofrênica": ele fala da "relação esquizofrênica da época com Shakespeare – sempre admirando, mas, de um modo, presunçosamente alterando suas peças em busca de sucesso no palco,

---

32 Ver, por exemplo, a primeira página do caderno L da edição fólio, que traz a última página de *Much Ado about Nothing*, em Wells et al., *William Shakespeare: A Textual Companion*, p.44-5.

33 Orgel, The Authentic Shakespeare, *Representations*, 21, 1988, p.1-25; Orgel, *The Authentic Shakespeare and Other Problems of the Early Modern Stage*.

34 Refere-se à Restauração das monarquias inglesa, escocesa e irlandesa sob Carlos II. (N. T.)

A MÃO DO AUTOR E A MENTE DO EDITOR **289**

enquanto, de outro, buscando com determinação o texto autêntico na sucessão de edições eruditas".[35] Textos eram cortados, adaptados e transformados para encenação nos teatros. John Dryden, Nahum Tate e William Davenant especializaram-se em reescrever textos shakespearianos para ajustá-los às novas exigências do teatro e domesticá-los, aplicando-lhes as convenções e censuras de uma época que não era mais a da Inglaterra elisabetana. Edições eruditas têm o objetivo contrário, de encontrar, segundo Lewis Theobald, "a pureza original" da obra e restaurar "o verdadeiro texto do poeta".[36] Theobald oferece um exemplo radical da contradição entre o palco e o livro, uma vez que, como editor, era dedicado à restauração do texto como o poeta o escrevera, mas, como "autor", transformou profundamente *Ricardo II* em 1720 para adaptar a peça ao gosto estético e às demandas políticas de sua época.

Uma tensão similar é perceptível em algumas das edições das peças de Shakespeare que foram encenadas em que se percebem cortes feitos no texto para modernizar a sintaxe e tornar a versificação mais regular, ao mesmo tempo proclamando sua fidelidade ao "incomparável autor". Assim, a edição de 1676 de *Hamlet* conforme foi encenada pela trupe de Davenant sinaliza, numa nota ao leitor: "Sendo a Peça longa demais para ser convenientemente Encenada, tais lugares que possam ser menos prejudiciais à Trama ou Sentido são deixados de fora no Palco: mas, para não agirmos mal com o incomparável Autor, estão aqui inseridos segundo a Cópia Original com esta Marca " [abrir de aspas ou "vírgulas invertidas"]" [*The Play being too long to be conveniently Acted, such places as might be least prejudicial to the Plot or Sense, are left out upon the Stage: but that we may no way wrong the incomparable Author, are here inserted*

---

35 Kastan, *Shakespeare and the Book*, p.93. Ver também Murphy, *Shakespeare in Print: A History and Chronology of Shakespeare Publishing*.

36 Theobald, *Shakespeare Restored*.

290 ROGER CHARTIER

according to the Original Copy with this Mark " [open quotation mark or "inverted commas"]].[37] Dessa maneira, as aspas marginais, junto com outros sinais (apóstrofo, asterisco, mão ou dedo apontando) que durante algum tempo haviam indicado aos leitores de obras teatrais versos ou linhas que deveriam ser lembrados, copiados em seus livros de ditados ou citados em seus próprios escritos,[38] passaram a designar o que poderia ser cortado numa montagem teatral.

A relação "esquizofrênica" inaugurada pela Restauração não dizia respeito somente ao contraste entre a apresentação no palco e o livro. Afetava também a editoração, que usava uma diversidade de técnicas para alcançar um fim que sabia ser impossível. Os editores ingleses do século XVIII mobilizaram várias estratégias para restaurar o texto shakespeariano à sua plena autenticidade. Nicholas Rowe, em 1709 e, mais sistematicamente, Alexander Pope, em 1725, coletaram e cotejaram os velhos *in-quartos* (29 edições de 18 peças no caso de Pope).[39] Em 1733, Lewis Theobald baseou as correções que fez nas peças numa teoria da transmissão de textos e foi o primeiro a estabelecer o texto (pelo menos às vezes) "contra todas as cópias".[40]

---

37 Shakespeare, *The Tragedy of Hamlet Prince of Denmark.* Sobre esta edição, ver Spencer, *Shakespeare Improved: The Restoration Versions in Quarto and on the Stage*; Raddadi, *Davenant's Adaptations of Shakespeare*; Chartier, *Publishing Drama in Early Modern Europe*, The Panizzi Lectures, 1998, p.62-8. Uma revisão deste estudo de um exemplar da edição de 1676 usado como texto para marcação teatral e cópia de ator durante a década de 1740 aparece como capítulo 12.

38 Ver Hunter, The Marking of *Sententiae* in Elizabethan Printed Plays, Poems and Romances, *The Library*, 5th series, 6, n.3-4, 1951, p.171-88; Goyet, *Le sublime du "lieu commun": L'invention rhétorique dans l'Antiquité et à la Renaissance*, p.605-9 (para as primeiras edições das peças de Robert Garnier); Lesser; Stallybrass, The First Literary *Hamlet* and the Commonplacing of Professional Plays, *Shakespeare Quarterly*, 59, 2008, p.371-420.

39 Hart, Pope as Scholar-Editor, *Studies in Bibliography*, 1970, p.45-59.

40 Seary, *Lewis Theobald and the Edition of Shakespeare.*

A MÃO DO AUTOR E A MENTE DO EDITOR   **291**

Em 1765, Samuel Johnson inaugurou as edições *Variorum*, que saturavam o texto com notas,[41] e em 1790 Edmond Malone baseou sua crítica aos predecessores e ao estabelecimento dos textos e das biografias dos autores numa pesquisa por materiais autênticos (os *in-quartos* mais antigos e o primeiro fólio, ou documentos de arquivo referentes a Shakespeare).[42]

Esse duro trabalho de restauração chegou ao seu primeiro limite nas posições assumidas por editores que se julgavam mais shakespearianos que o próprio Shakespeare – ou ao menos que o Shakespeare transmitido pela edição impressa. Pope dá um exemplo espetacular disso quando decide "rebaixar" e colocar no pé da página versos e falas que ele considera "passagens suspeitas, que são excessivamente ruins" e poderiam não ter sido escritas pelo sublime autor. Nas décadas de 1730 e 1740, em grande parte graças às mulheres reunidas no Shakespeare Ladies' Club, a obra do poeta, um dia esquecida, tornou--se o emblema do gosto nacional (em oposição aos depravados hábitos italianos) e a expressão das virtudes e valores mais profundamente ingleses.[43] Mais do que as próprias obras, que eram conhecidas pelas suas edições impressas e foram encenadas em palcos de teatro (mas talvez menos que algumas outras peças), seu autor teve sua estátua erigida na Abadia de Westminster em 1741 e tornou-se a encarnação suprema da cultura nacional. A mudança no *status* público e estético de Shakespeare, daí em diante "o poeta nacional", transformou não só a significação atribuída a suas peças, mas também a letra de seus textos. A edição de Pope é testemunha disso, na medida em que se

---

41 Gondris, "All This Farrago": The Eighteenth-Century Shakespeare Variorum Page as a Critical Structure. In: _____ (ed.), *Reading Readings: Essays on Shakespeare Editing in the Eighteenth Century*, p.123-39.

42 Grazia, *Shakespeare Verbatim: The Reproduction of Authenticity and the 1790 Apparatus*, esp. p.48-93.

43 Scheil, "Rouz'd by a Woman's Pen": The Shakespeare Ladies' Club and Reading Habits of Early Modern Women, *Critical Survey*, 2000, p.106-27.

292   ROGER CHARTIER

propôs a purgar a obra do poeta das interpolações vulgares que a haviam turvado. E o fez, como aponta Michael Dobson, "extirpando passagens 'baixas' e marcando aquelas não shakespearianas ao relegar muitas das passagens com menos espírito de Shakespeare ao pé da página, como interpolações teatrais vulgares, indignas do grande poeta que esta monumental edição espera redimir".[44]

O projeto, porém, era uma empreitada desesperada, já que os documentos necessários não podiam ser alcançados. Rowe observa em 1709: "Não devo fingir ter restaurado esta Obra à Exatidão dos Manuscritos Originais do Autor. Estes se perderam, ou, pelo menos, estão além de qualquer Averiguação que eu possa ter feito" [*I must not pretend to have restor'd this Work to the Exactness of the Author's Original Manuscripts. Those are lost, or, at least are gone beyond any Inquiry I could make*]. Pope o ecoou 15 anos depois: "É impossível reparar os Danos já feitos a Ele, tempo demais se passou e o material é muito escasso" [*It is impossible to repair the Injuries already done Him, too much time has elaps'd and the material are too few*]. Theobald foi obrigado a admitir que "a falta de *Originais* nos reduz à necessidade de *adivinhar*, para emendar [o texto]" [*the want of* Originals *reduces us to the necessity of* guessing, *in order to amend [the text]*].[45] No século XVIII os manuscritos ausentes assombraram a crítica shakespeariana, como continuariam a fazer na tradição bibliográfica que tentava reconstituí-los com base em edições impressas, encontrando-os não em suas formas materiais, mas em sua suposta identidade como "papéis falhos", "cópia justa" ou "cadernos de textos teatrais". A publicação em 1807, pelos irmãos Wright, da primeira edição fac-similar do fólio de 1623, reeditada e respeitando seu *layout* de página, sua numeração de páginas e seu

---

44 Dobson, *The Making of the National Poet*, p.129-30.
45 Rowe, Pope e Theobald são citados de Kastan, *Shakespeare and the Book*, p.98, 99, 102.

A MÃO DO AUTOR E A MENTE DO EDITOR 293

texto, embora não sua tipografia, era como um sinal da renúncia, violentamente criticada por Malone, à esperança de restaurar um Shakespeare autêntico, tarefa essa que provou ser impossível como sempre. Sendo essa a situação, por que não considerar Heminges e Condell como tendo sido ao mesmo tempo os primeiros e os últimos editores das obras de Shakespeare?

Platonismo e pragmatismo

Como se sabe, essa sugestão não foi aceita, e nos séculos XIX e XX o zelo dos editores do Bardo jamais arrefeceu. Sua tenacidade só foi estimulada pelos novos recursos oferecidos pela textualidade eletrônica, que torna mais fácil fazer uma comparação sistemática de edições ou exemplares. As possibilidades digitais multiplicam as conexões hipertextuais com muitos arquivos e, acima de tudo, podem mostrar com maior rapidez que a versão impressa que é impossível reduzir cada obra a um texto, seja ele o texto de uma edição velha ou de uma moderna.[46] Poderá essa nova técnica aplacar a oposição entrincheirada entre as duas tradições que Kastan chama de "platônica" e "pragmática", a primeira afirmando que a obra transcende todas as suas possíveis encarnações materiais, e, a segunda, que não há texto externo aos seus aspectos materiais? Temos permissão de duvidar. Talvez o necessário seja mudar a pergunta e considerar como igualmente bem fundadas essas duas percepções dos textos que não

---

46 Para opiniões contrastantes referentes à editoração eletrônica de textos literários, ver Finneran (ed.), *The Literary Text in the Digital Age*; Donaldson, Digital Archive as Expanded Text: Shakespeare and Electronic Textuality. In: Sutherland (ed.), *Electronic Text: Investigations in Method and Theory*, p.173-97; Blecua et al., *Filología e informática: nuevas tecnologías en los estudios filológicos*; Taylor, c:\wp\file.text 05:41 10-07-98. Murphy (ed.), *The Renaissance Text: Theory, Editing, Textuality*, p.44-54.

só habitam a crítica filológica e a prática de editar, mas também as relações íntimas e ordinárias com obras.

Estabelecer uma oposição brutal entre ambas talvez seja dar início a uma falsa contenda. Na verdade, as obras sempre têm sido apresentadas para leitura em formas particulares. Segundo a época e o gênero, variações dessas formas são mais ou menos importantes e concernem – separada ou simultaneamente – à materialidade do objeto, à grafia das palavras ou ao texto sem si. Mas também é verdade que múltiplos sistemas (filosófico, estético, jurídico) sempre tentaram reduzir a diversidade postulando a existência de uma obra idêntica a si mesma, qualquer que pudesse ser a sua forma. No Ocidente, a filosofia neoplatônica, julgamentos estéticos e a definição do direito autoral contribuíram para a construção de um texto ideal e imaterial que os leitores reconhecem em cada um de seus estados particulares. Em vez de tentar, de uma maneira ou de outra, livrar-se dessa tensão irredutível, o importante é identificar como ela foi concebida e expressada em cada momento da história – inclusive no nosso.

Capítulo 12

O tempo da obra

Em uma das coleções em posse da Biblioteca John Work Garrett, da Universidade Johns Hopkins, em Baltimore, há um exemplar da edição de *Hamlet* de 1676. Não há nada de particularmente estarrecedor nisso porque essa edição, a primeira da peça após a Restauração, não é uma raridade bibliográfica e inúmeras bibliotecas possuem um exemplar dela. Esse exemplar de Baltimore, no entanto, é particularmente interessante graças às anotações manuscritas na margem e às correções, rasuras e adições que um de seus donos fez no próprio texto impresso. Conhecido como o primeiro caderno de roteiro teatral de *Hamlet*,[1] esse exemplar foi usado para encenações da peça. Ele nos possibilita entrar no "tempo da obra" porque podemos discernir nesse objeto único diferentes estados do texto e sucessivas formas de sua encenação.

---

1 *The / Tragedy / of / Hamlet / Prince of Denmark. /* As it is now Acted at his Highness the / Duke of York's Theatre / By / William Shakespeare. / London / Printed by Andr. Clark, for J. Martyn, and H. Herringman, / at the Bell in St. Paul's Church-Yard, and at the Blue / Anchor in the Lower Walk of the New Exchange, 1676 (Garret PO 2807. A2 1676).

296 ROGER CHARTIER

Uma edição, três *Hamlets* (1676, 1661, 1604)

A folha de rosto anuncia: *The Tragedy of Hamlet Prince of Denmark. As it is now Acted at his Highness the Duke of York's Theatre* [A tragédia de Hamlet, príncipe da Dinamarca. Como é agora encenada no teatro de sua Alteza, o duque de York]. Logo, a edição está claramente relacionada com a retomada das encenações de *Hamlet* feita pela companhia de Sir William Davenant, primeiramente em seu auditório no Lincoln's Inn Field e, depois de 1671, no seu novo teatro em Dorset Garden. A reabertura dos teatros em 1660 tinha a intenção de celebrar a coroação do novo rei e renovar a ligação entre a monarquia e a exibição dramática rompida pela Guerra Civil. O repertório mais antigo era dividido entre as duas trupes autorizadas a fazer apresentações, a de Sir Thomas Killigrew e a de Davenant, ambos tendo apoiado Carlos I, além de serem autores dramáticos. Graças a uma patente concedida em 12 de dezembro de 1660, Davenant detinha um monopólio sobre *Hamlet* e outras oito peças de Shakespeare, inclusive *A tempestade, Rei Lear* e *Macbeth*. Foi provavelmente a sua produção de *The Tragedy of Hamlet* que Samuel Pepys viu, pela primeira vez, na noite de estreia.[2] O grande ator Thomas Betterton fez o papel do príncipe da Dinamarca e sua esposa assumiu o papel de Ofélia.[3]

---

2 Pepys, *Passages from the Diary of Samuel Pepys*, p.52; August 24 1661: "To the Opera, and there saw 'Hamlet, Prince of Denmark', done with scenes very well, but above all, Betterton did the prince's part beyond imagination" [24 ago. 1661: "Para a Ópera, e ali vi 'Hamlet, Príncipe da Dinamarca', feita com cenas muito bem, mas acima de tudo Betterton fez o papel do príncipe além de qualquer imaginação"].

3 Spencer, Hamlet under the Restoration, *Publications of the Modern Language Association*, 38, 1923, p.770-91; Spencer, *Shakespeare Improved: The Restoration Versions in Quarto and on the Stage*, p.62-110, esp. p.66-70. Ver também Taylor, *Reinventing Shakespeare: A Cultural History from the Restoration to the Present*, p.7-71, esp. p.46-51; Dobson, *The Making of*

A MÃO DO AUTOR E A MENTE DO EDITOR   **297**

Um aviso preliminar "Ao leitor" declara: "Sendo a Peça longa demais para ser convenientemente Encenada, tais lugares que possam ser menos prejudiciais à Trama ou Sentido são deixados de fora no Palco: mas, para não agirmos mal com o incomparável Autor, estão aqui inseridos segundo a Cópia Original com esta Marca " [abre aspas]" [*This Play being too long to be conveniently Acted, such places as might be least prejudicial to the Plot or Sense, are left out upon the Stage: but that we may no way wrong the incomparable Author, are here inserted according to the Original Copy with this Mark* "]. Essa observação e o recurso tipográfico nos ajudam a distinguir três camadas de texto na edição impressa de 1676. A matriz do *Hamlet* de Davenant não é, portanto, nem o texto do primeiro *in-quarto*, publicado em 1603, nem o da edição fólio de 1623. A peça, como foi representada e publicada durante a Restauração, permaneceu fiel à versão de 1604, cuja última edição antes da Guerra Civil (conhecida como o quinto ou sexto *in-quarto*) data de 1637.[4]

Mas – e este é um segundo texto dentro do texto – o texto conforme foi publicado em 1676 foi revisto segundo as linhas da patente concedida a Davenant por Lorde Chamberlain em 12 de dezembro de 1660, que lhe ordenavam "examinar todas as peças que foram anteriormente escritas e expurgar toda Profanidade e Obscenidade das mesmas, antes que sejam representadas ou Encenadas" [*to peruse all playes that have been formerly written, and to expunge all Prophanesse and Scurrility from the same, before they*

---

the National Poet: Shakespeare, Adaptation, and Authorship 1660-1769, p.17-61.

4 *The Tragedy of Hamlet / Prince of Denmark /* Newly imprinted and inlarged / according to the true and perfect Copy last Printed / By William Shakespeare / London / Printed by R. Young for John Smethwicke / and are to be sold at his Shope in Saint Dunstons Churchyard in Fleet-Street Under the Diall / 1637.

298   ROGER CHARTIER

be represented or Acted].[5] Como se vê comparando o texto de 1676 com o texto conforme aparece no *in-quarto* de 1637, a versão de 1676 respeita a injunção. Isso levou a dois tipos de modificações textuais. As primeiras foram as de natureza religiosa ou moral: a palavra "Deus" foi apagada ou substituída, bem como os juramentos e palavras ou expressões consideradas indecentes ou ofensivas à piedade religiosa. Uma segunda série de alterações dizia respeito à linguagem em si e levou à substituição de palavras e expressões obsoletas, arcaicas e obscuras por outras de uso corrente; alusões mitológicas e clássicas foram omitidas ou esclarecidas, figuras de retórica rebuscadas foram simplificadas ou tornadas mais literais, a gramática e a métrica modernizadas.[6] O texto publicado em 1676 registrou, assim, mudanças que haviam sido feitas para propósitos de apresentação na década de 1660. Essas mudanças sublinham a diferença – política, religiosa e estética – entre os tempos elisabetanos e os da Restauração.

A terceira camada presente na edição do *Hamlet* de 1676 é o texto como foi encenado pela companhia de Davenant, no qual são omitidas cerca de 850 linhas das 3.730 da segunda edição *in-quarto*. Esses cortes, que podemos rastrear graças às marcações tipográficas inseridas pelos editores (um abrir de aspas, ou "vírgulas invertidas", no começo da linha), obedeciam a diversas exigências lógicas. Por exemplo, permitiam abreviar a duração da apresentação para torná-la aceitável ao público de teatro dos anos 1660 e 1670.[7] Outro exemplo: reforçavam a censura da peça, omitindo alusões sexuais e frases irreligiosas que haviam escapado da vigilância do processo de reescrita, e reduziam ou apagavam as passagens líricas e narrativas

---

5   Citado em Raddadi, *Davenant's Adaptations of Shakespeare*, p.67.
6   Spencer, *Shakespeare Improved*, p.174-87; Raddadi, The Language. In: _____, *Davenant's Adaptations of Shakespeare*, 49-63.
7   Erne, *Shakespeare as Literary Dramatist*, p.166-9.

A MÃO DO AUTOR E A MENTE DO EDITOR 299

julgadas inúteis para o desenvolvimento da trama. Por fim, e acima de tudo, reduziam drasticamente o papel de Fórtinbras.[8] Essa alteração modificava o próprio significado da tragédia e a adaptava ao contexto político da Restauração, pois atribuía o retorno à ordem não à conquista por um príncipe estrangeiro, mas à vingança de um príncipe legítimo contra o usurpador de seu trono.

Deve-se notar que o recurso tipográfico escolhido pelos editores ou pelo impressor da edição de 1676 para indicar "os lugares deixados de fora no palco" invertia a prática tradicional das gráficas. Entre o fim do século XVI e o começo do século XVII, na verdade as falas que deviam ser retiradas, memorizadas ou copiadas pelo leitor eram as que se distinguiam tipograficamente. Os procedimentos para tal distinção variavam (aspas, asteriscos, dedos apontando colocados nas margens ou uso de caracteres tipográficos diferentes daqueles utilizados para imprimir o texto), mas o objetivo era sempre o mesmo: indicar *sententiae*, as fórmulas e máximas pronunciando verdades universais do tipo que preenchiam os livros de ditos comuns. O mais antigo exemplo dessa prática está na edição das tragédias de Sêneca publicada pela casa Giunta, em Florença, em 1506. Na França do fim do século XVI, os editores das peças de Robert Garnier seguiram o mesmo modelo,[9] e na Inglaterra houve muitas edições de obras teatrais (em particular as de George Chapman, Ben Jonson e John Marston) que indicam de uma ou outra maneira as falas consideradas lugares-comuns, entendidas como amplificações retóricas do discurso.[10] A edição de *Hamlet* de 1676 inverte essa tradição porque a marcação tipográfica

---

8 Raddadi, Cutting: Hamlet. In: _____, *Davenant's Adaptations of Shakespeare*, p.64-78.

9 Ver Goyet, *Le sublime du "lieu commun": L'invention rhétorique dans l'Antiquité et à la Renaissance*, p.605-9.

10 Hunter, The Marking of *Sententiae* in Elizabethan Printed Plays, Poems and Romances, *The Library*, 5th series, 6, n.3-4, 1951, p.171-88; Lesser;

300 ROGER CHARTIER

não se destinava mais às passagens essenciais, e sim àquelas que podiam ser omitidas na encenação.[11]

Os diferentes textos presentes na edição de 1676 – *Hamlet* como fora transmitido pelo segundo *in-quarto*, o texto censurado e modernizado por Davenant e o texto abreviado encenado no palco no Lincoln's Inn Field a partir de 1661 – referem-se a dois tempos diferentes da peça. O texto do segundo *in-quarto* parece datar de vários anos depois das primeiras apresentações. Ele foi interpretado na tradição crítica ou como uma reescrita de um estado anterior de *Hamlet*, publicado no primeiro *in-quarto* de 1603, ou, e mais provavelmente, como o texto original que serviu de base para o do primeiro *in-quarto*, que é considerado uma reconstrução extremamente imprecisa de memória, e para o do fólio, entendido como uma revisão adaptando o texto para propósitos de apresentação.[12] O texto corrigido, censurado e abreviado, conforme foi publicado em 1676 depois de ter sido apresentado, fazia parte de um mundo teatral completamente diferente. As "casas de espetáculos públicas" a céu aberto, as trupes compostas exclusivamente de homens e rapazes jovens e os elementos cênicos rudimentares característicos da prática teatral da era da Rainha Elizabeth e dos primeiros Stuart deram lugar a salões fechados, à presença de atrizes nos papéis femininos, a "máquinas" e cenário. O *Hamlet* de 1676, portanto, não foi só transformado pelas novas exigências religiosas e políticas da Restauração: foi mudado também

---

Stallybrass, The First Literary *Hamlet* and the Commonplacing of Professional Plays, *Shakespeare Quarterly*, 59, 2008, p.371-420.

11 Grazia, Shakespeare in Quotation Marks. In: Marsden (ed.), *The Appropriation of Shakespeare: Post-Renaissance Reconstructions of the Works and the Myth*, p.57-71.

12 Ver Marcus, *Unediting the Renaissance: Shakespeare, Marlowe, Milton*; e dois artigos de Werstine, The Textual Mystery of *Hamlet*, *Shakespeare Quarterly*, 39 (1), 1988, p.1-26; Werstine, Narrative about Printed Shakespeare Texts: "Foul Papers" and "Bad" Quartos, *Shakespeare Quarterly*, 41(1), 1990, p.65-86.

A MÃO DO AUTOR E A MENTE DO EDITOR 301

pelas novas condições de representação no palco e, ao mesmo tempo, pela maneira como era percebido ao ser lido.

Caderno de marcação teatral e cópia de ator

As mudanças dentro da peça também podem, é claro, ser encontradas em todos os exemplares da edição de 1676. O que torna particularmente interessante o exemplar da Biblioteca Garrett, na Universidade Johns Hopkins, é a presença das muitas anotações manuscritas que transformaram a edição impressa num caderno de roteiro teatral usado para encenações. Cinquenta anos atrás, James McManaway, que convenceu os Amigos da Universidade Johns Hopkins a adquirir esse exemplar, identificou o autor das anotações comparando a caligrafia com a de diversos documentos manuscritos – um caderno, uma carta e vários pedaços de papel contendo anotações teatrais – conservados na Biblioteca Folger, em Washington. Ele não teve dúvida de que as menções marginais encontradas no exemplar da edição de 1676 pertencente à Johns Hopkins devem ser atribuídas a uma mesma mão, a de John Ward.[13]

John Ward foi um ator que trabalhou entre 1723 e 1742 em Londres no Lincoln's Inn Field, depois em Dublin com a Smock Alley Company e a Aungier Street Company, antes de regressar a Londres para atuar em Drury Lane. Em 1746, abandonou a carreira em Londres e fundou uma companhia de atores ambulantes que viajou pelos 25 anos seguintes por Hereford, Warwickshire, Gloucester, Shropshire, Radnor, Monmouthshire e Brecknock. A companhia se apresentava quatro noites por semana, ficando na mesma cidade às vezes várias semanas ou até mesmo a maior parte do ano. John Ward

---

13 McManaway, The Two Earliest Prompt Books of *Hamlet*, *The Papers of the Bibliographical Society of America*, 43, 1994, p.288-320.

302 ROGER CHARTIER

aposentou-se em 1766, deixando sua companhia nas mãos de seu genro, Roger Kemble.

James McManaway presume que as anotações manuscritas no *Hamlet* de 1676 datem dos anos 1740. Um estudo tipológico preliminar de sua natureza mostra que elas eram de vários tipos. Controlar a apresentação era o primeiro propósito. Há entradas nas margens anotando os nomes dos personagens que estão prestes a entrar em cena, colocadas trinta ou quarenta *linhas* antes de sua efetiva entrada segundo o texto impresso. O propósito é claramente avisar os atores que se preparem para a entrada. O número desses avisos varia de um ato a outro: há quinze no primeiro ato, sete no segundo, vinte no terceiro, dezoito no quarto e oito no quinto e último. O texto inteiro foi, portanto, organizado estabelecendo uma relação entre as indicações marginais escritas à mão dos nomes dos personagens que entrariam em breve e uma série de linhas horizontais cruzadas por quatro, cinco ou seis traços verticais colocados perto da indicação impressa desses personagens no palco. Na edição de 1676, cada ato continha apenas uma cena ("Ato I, Cena 1", "Ato II, Cena 1" etc.) e, na ausência de divisões das cenas, eram as linhas com traços que estruturavam a atuação. Esse foi um recurso inventado por John Ward para dividir os atos da tragédia em cenas.[14]

Avisos também eram fornecidos para os músicos que tocavam tanto nas entradas dos soberanos (onde a palavra usada era "floreio", como no próprio texto impresso) como para o fim de cada ato, exceto o quarto, onde a indicação marginal era "som de sineta". Esse termo também era usado para a música que acompanhava as entradas do

---

14 Para a introdução na Inglaterra de divisão de cenas nas edições impressas das peças, ver McKenzie, When Congreve Made a Scene, *Transactions of the Cambridge Bibliographical Society*, v.6, pt.2, 1979, p.338-42; McKenzie, Typography and Meaning: The Case of William Congreve. In: Barber; Fabian (ed.), *Buch und Buchhandel in Europa im achtzehnten Jahrhundert*, p.812-26.

A MÃO DO AUTOR E A MENTE DO EDITOR 303

fantasma em outra edição de *Hamlet*, datada de 1683, que também teve um exemplar transformado em caderno de roteiro pelo mesmo John Ward.[15]

As margens manuscritas também regulavam outros aspectos da encenação. Indicavam objetos que os atores deveriam ter no palco. Mencionam também os locais onde a ação se desenrola: a palavra "Cidade" escrita ao lado da indicação impressa "Ato I, Cena 1" sugere o possível uso de fundos pintados; no "Ato V, Cena 1", a anotação marginal diz "Alçapão Longo aberto, Terra, Caveiras e Ossos dentro". Finalmente, as anotações dão orientações de palco; por exemplo, as entradas e saídas do fantasma são indicadas por "Fantasma sob o palco", no fim do Ato I, e "Fantasma Pronto no alçapão longo", no fim do Ato III.

As anotações manuscritas de John Ward não se limitavam às margens do texto impresso, mas também marcavam o próprio texto. As mudanças mais surpreendentes foram uma série de cortes consideráveis, que encurtaram a peça ainda mais do que a adaptação de Davenant. Na versão de Ward, *Hamlet* tinha 200 ou 300 linhas a menos que o *Hamlet* encenado na Restauração. É interessante notar que, ao abreviar a tragédia, Ward não seguiu necessariamente os cortes feitos por Davenant. Às vezes, circulava e cortava à tinta falas que Davenant retivera; outras vezes preservava falas que Davenant havia cortado, indicadas por ele com as aspas no começo da fala no texto impresso. As razões para essas diferenças são múltiplas e nem sempre fáceis de entender. A mudança mais significativa é sem dúvida a eliminação total de Fórtinbras na cena final. As falas que encerram a tragédia são, portanto, ditas por Horácio, que declara: "Aí se rompe o cordame de um nobre coração; boa noite, doce Príncipe, / E coros de Anjos cantam a vós pelo vosso repouso. Erguei os corpos, tal visão como esta / Torna-se o Campo de batalha, mas muito aqui

---

15 McManaway, The Two Earliest Prompt Books, p.317.

304 ROGER CHARTIER

mostra-se ausente". Essa versão reescrita, que força até o extremo a interpretação que Davenant propusera ao público da Restauração, leva à omissão das palavras finais da peça na edição *in-quarto*: "Mandai que os Soldados Disparem".[16]

O começo da fala de Horácio, "Aí se rompe o cordame de um nobre coração", também mostra que a adaptação de Ward ocasionalmente transformou o texto, pois a mesma fala nos *in-quartos* e na edição fólio é "Agora se rompe um nobre coração". E, por outro lado, está claro que em diversos lugares Ward rejeitou as modernizações de Davenant, voltando ao texto como foi originalmente impresso nos *in-quartos* antes da Revolução, reinstalando a velha ordem das palavras e restaurando sentenças inteiras omitidas na edição de 1676.

É provável que Ward tenha comparado o texto do exemplar que transformou em caderno de roteiro com outras edições – os *in-quartos* publicados entre 1604 e 1637, as versões fólio de 1623, 1632, 1633-4 e 1685, ou as edições das obras completas publicadas no começo do século XVIII por Nicholas Rowe (1709), Alexander Pope (1723-5) e Lewis Theobald (1733).[17] Um exemplo disso é o monólogo "Ser ou não ser", de Hamlet.[18] Seguindo o texto do *in-quarto* e do fólio, Ward

---

16 "*There cracks the cordage of a noble heart, good night sweet Prince,* / *And choires of Angels sing thee to thy rest. Take up the bodies, such a sight as this* / *Becomes the Field, but here shows much amiss.*" Optamos por traduzir esta passagem, bem como as que virão nas páginas seguintes, para permitir as comparações a que o autor se refere. (N. T.)

17 Sobre as edições do início do século XVIII, ver Taylor, *Reinventing Shakespeare*, p.52-99; Dobson, *The Making of the National Poet*, p.117-33; Grazia, *Shakespeare Verbatim: The Reproduction of Authenticity and the 1790 Apparatus*.

18 Comparei o texto da edição de 1676 corrigido por John Ward com o do *in-quarto* de 1637 e os das edições fólio de 1623 e 1664 nos exemplares que se encontram na Biblioteca Lilly, da Universidade de Indiana, em Bloomington. Ver Thompson, "I'll have grounds/More relative than this": The Puzzle of John Ward's *Hamlet* Promptbooks, *The Yearbook of English Studies*, 29, 1999, p.138-50.

A MÃO DO AUTOR E A MENTE DO EDITOR   305

restaurou a fala "Está enfermo com o pálido matiz do pensamento" [*Is sick with the pale cast of thought*], em oposição à versão alterada e abreviada de 1676, "Mostra essência doentia com pensamento" [*Shows sickled ore with thought*]. Seguindo a leitura do *in-quarto*, ele corrigiu "*With this regard their currents turn away*" [Sob este aspecto suas correntes se desviam], que a edição de 1676 compartilhava com o fólio, para "*turn awry*" [ficam tortas]. E, inversamente, foi seguindo o texto do fólio que ele completou "*Thus conscience does make cowards*" [Portanto a consciência faz sim covardes] com as palavras "*of us all*" [de nós todos], que a versão *in-quarto* omitiu. Mas entre essas duas falas ele conservou, opondo-se à tradição tanto do *in-quarto* como do fólio, as falas modernizadas: "E, assim a saudável face da resolução" [*And thus the healthful face of resolution*], em lugar de "E assim o talho nativo da resolução [*And thus the native hew of resolution*]. O meticuloso trabalho de Ward de cotejo e adaptação é demonstrado no final do segundo ato, quando ele copiou da edição *in-quarto* duas falas no diálogo entre Hamlet e Polônio antes da entrada dos atores que havia sido omitida na composição da edição de 1676. No entanto, num segundo estágio de preparação do roteiro da encenação, ele resolveu suprimi-las na montagem e riscou seu próprio acréscimo escrito à mão.

Pontuação e atuação

As mudanças finais de Ward para o texto de 1676 residem na substituição da pontuação dada na cópia impressa pela pontuação na sua caligrafia.[19] Tais substituições foram feitas apenas no papel

---

19 Sobre a pontuação de peças, ver os estudos pioneiros de Simpson, *Shakespearean Punctuation*, p.8, que apresenta a questão: "Is it possible to attach a significance to the commas?" [É possível vincular um significado às

306 ROGER CHARTIER

de Hamlet, como se John Ward (ou outro ator) estivesse preparando na página impressa a transmissão oral das falas. Nas primeiras seis linhas do solilóquio "Ser ou não ser" no *in-quarto* de 1676, a pontuação é fiel à tradição dos primeiros *in-quartos*:

Ser ou não ser, [vírgula] eis a questão, [vírgula]
Será mais nobre no espírito sofrer
Fundas e flechas da afrontosa fortuna, [vírgula]
Ou tomar armas contra um mar de obstáculos, [vírgula]
E em confronto dar-lhes fim: [dois-pontos] morrer dormir
Não mais, [vírgula][20]

Nessas seis linhas, a pontuação impressa utiliza apenas seis sinais de pontuação, sendo cinco vírgulas. Ward modificou radicalmente o texto, introduzindo uma pontuação mais complexa com o acréscimo de um ponto de interrogação, e uma mais musical, pois distingue quatro diferentes durações de pausa: vírgula, ponto e vírgula, hífen e travessão. A pontuação manual que substitui o que os editores haviam proposto dá às falas um ritmo totalmente diverso:

Ser, [vírgula] ou não ser? [ponto de interrogação] eis a questão. –
[ponto, travessão]

---

vírgulas?]; e Alden, The Punctuation of Shakespeare's Printers, *Publications of the Modern Language Association of America*, 39, 1924, p.557-80. Ver também Graham-White (ex-ator), *Punctuation and Its Dramatic Value in Shakespearean Drama*.

20 No original:
To be or not to be, [comma] that is the question, [comma]
Whether 'tis nobler in the mind to suffer
The slings and arrows of outragious fortune, [comma]
Or to take arms against a sea of troubles, [comma]
And by opposing end them: [colon] to die to sleep
No more, [comma]. (N. T.)

Será mais nobre no espírito, [vírgula] sofrer
Fundas e flechas da afrontosa fortuna; [ponto e vírgula]
Ou tomar armas contra um mar de obstáculos, [vírgula]
E em confronto dar-lhes fim? [ponto de interrogação] morrer –
[hífen] dormir – [travessão]
Não mais; [ponto e vírgula][21]

Somente um sinal de pontuação é comum à edição impressa e à nova pontuação de Ward: a vírgula colocada após "um mar de obstáculos". Está claro que o sistema de pontuação que John Ward criou tinha a intenção de preparar a declaração do papel de Hamlet no palco. Como em partituras musicais, ele indica um uso complexo das pausas e, graças ao ponto de interrogação, a desejada colocação vocal.[22]

Mais tarde, no mesmo solilóquio, o texto impresso indica:

Morrer dormir, [vírgula]
Dormir talvez sonhar; [ponto e vírgula][23]

---

21 No original:
To be, [comma] or not to be? [question mark] that is the question. – [period, dash]
Whether 'tis nobler in the mind, [comma] to suffer
The slings and arrows of outragious fortune; [semicolon]
Or to take arms against a sea of troubles, [comma]
And by opposing end them? [question mark] to die – [hyphen] to sleep – [dash]
No more; [semicolon]. (N. T.)

22 Um exemplo de pontuação oral indicada numa publicação impressa pode ser visto também nas primeiras edições das peças de Racine: ver Racine, *Oeuvres complètes*, v.1, *Théâtre-Poésie*. Para um caso paralelo, ver também La Bruyère, *Les caractères*; ver aqui capítulo 6.

23 No original:
To dye to sleep, [comma]
To sleep perchance to dream; [semicolon]. (N. T.)

308 ROGER CHARTIER

Modificando a pontuação, Ward deu sua própria interpretação dessas linhas, tanto na sua mente como no palco. Ele aumenta o número de pausas, joga com silêncios de mais longa e mais curta duração e indica o tom de voz a ser usado no palco:

Morrer – [hífen] dormir – [travessão]
Dormir? [ponto de interrogação] talvez, [vírgula] sonhar; [ponto e vírgula][24]

As anotações feitas por John Ward em seu exemplar da edição de 1676 inserem a peça dentro de uma nova temporalidade – a da encenação. A mudança é dual: primeiro, é cronológica, já que Ward estava preparando para as montagens feitas nos anos 1740 um texto que fora publicado em 1676 e criado em 1660. Segundo, é estética, já que suas anotações e correções manuscritas visavam introduzir nessa cópia de *Hamlet*, que era ao mesmo tempo um roteiro de encenação e um exemplar de ator, o que se destinava a ser o modo como a peça se desenrolava no palco e como o ator devia representar seu papel.

O exemplo desse modesto *in-quarto* anotado de *Hamlet* nos ensina uma dupla lição. Recorda que a "publicação" de uma peça sempre implica o envolvimento de uma quantidade de pessoas, lugares e operações que tornaram possível o texto circular entre composição e revisão, representação e processo de impressão, a trupe teatral e a oficina gráfica. É nesse sentido que obras devem ser entendidas como produções coletivas e como o resultado de "negociações", que consistem não somente na aquisição de objetos para o palco, apropriação de linguagens ou reutilização simbólica de práticas sociais e rituais,[25]

---

24 No original:
To dye – [hyphen] to sleep – [dash]
To sleep? [question mark] perchance, [comma] to dream; [semicolon]. (N. T.)
25 Greenblatt, *Shakespearean Negotiations: The Circulation of Social Energy in Renaissance England*, p.10-1.

A MÃO DO AUTOR E A MENTE DO EDITOR   309

mas também, e fundamentalmente, em "transações" que são sempre instáveis e sempre renovadas, entre a obra em sua identidade perpetuada e as várias formas de sua transmissão e suas representações.[26] Uma segunda lição diz respeito à temporalidade das obras. Há diversas maneiras de reconstruir um texto: seguindo a gênese do texto em si nos seus sucessivos estados, enfocando a história de suas recepções e interpretações, ou analisando as mudanças nas modalidades de sua publicação. Essas abordagens baseiam-se em diferentes disciplinas (crítica genética, sociologia da recepção, bibliografia), mas todas elas pressupõem uma comparação entre estados do texto (ou suas apropriações) separados por intervalos de tempo de variada duração.

O exemplo que estivemos examinando aqui é diferente. O objetivo tem sido, com efeito, identificar num objeto especial (um exemplar anotado de uma edição do século XVII) a presença simultânea de múltiplas temporalidades no mesmo texto. O exemplar de *Hamlet* adquirido pelos Amigos da Universidade Johns Hopkins na verdade contém diversos *Hamlets* em um só: o *in-quarto* de 1604; o de Davenant, que purgou e abreviou a obra em 1660 para ajustá-la às novas exigências políticas e estéticas; o de seus editores de 1676, Martyn e Herringman, que publicaram uma versão indicando os cortes feitos para encenação no palco; e o de John Ward, o ator mambembe que estava tentando retornar a alguma coisa do texto antigo e interpretar o papel do príncipe da Dinamarca conforme ele o entendia.

---

26 Esta perspectiva essencial é desenvolvida por D. F. McKenzie nas três palestras que formam seu *Bibliography and the Sociology of Texts*, The Panizzi Lectures, 1985. Ver também Grazia; Stallybrass, The Materiality of the Shakespearean Text, *Shakespeare Quarterly*, 44(3), 1992, p.255-83; Masten, Pressing Subjects, or the Secret Lives of Shakespeare's Compositors. In: Masten; Stallybrass; Vickers (ed.), *Language Machines: Technologies of Literary and Cultural Production*, p.75-105.

Referências bibliográficas

AHR FORUM: How Revolutionary Was the Print Revolution?. *American Historical Review*, 107(1), p.84-128, fev. 2002.

ALCOVER, M. Critique textuelle. In: CYRANO DE BERGERAC, S. de. *Oeuvres complètes*. Ed. Madeleine Alcover. 3v. Paris: Honoré Champion, 2000.

ALDEN, R. M. The Punctuation of Shakespeare's Printers. *Publications of the Modern Language Association of America*, 39, p.557-80, 1924.

ALEMÁN, M. *Guzmán de Alfarache*. Ed. Francisco Rico. Madri: Planeta, 1983.

ALL CITIZENS are Soldiers: Fuente Ovejuna. Trad. e adaptação Ruth Fainlight e Alan Sillitoe. Nova York: Macmillan, 1969.

AMORY, H. *The Book Collector*, 36, p.411-18, 1987.

AN INQUIRY into the Authenticity of Certain Miscellaneous Papers and Legal Instruments: Published Dec. 24, MDCCXCV, and Attributed to Shakspeare, Queen Elizabeth, and Henry, Earl of Southhampton: Illustrated by Fac-similes of the Genuine Hand-writing of that Nobleman, and of Her Majesty; a New Fac-simile of the Hand-writing of Shakspeare, Never before Exhibited; and Other Authentick Documents: in a Letter Addressed to the Right Hon. James, Earl of Charlemont, By Edmond Malone, Esq. Londres: H. Baldwin para T. Caddell (jun.) e W. Davies (sucessores de Cadell) na Strand, 1976.

ANDRÉS, P. et al. El original de imprenta. *Imprenta y crítica textual en el Siglo de Oro. Estudios publicados bajo la dirección de Francisco Rico*. Ed. Pablo Andrés. Valladolid: Centro para la Edición de los Clásicos Españoles, 2000.

312   ROGER CHARTIER

APPLEBY, J.; HUNT, L.; JACOB, M. *Telling the Truth about History.* Nova York: W. W. Norton, 1994.

ARATA, S. *Los manuscritos teatrales (siglos XVI y XVII) de la Biblioteca de Palacio.* Pisa: Giardini, 1989.

ARELLANO, I. La edición de textos teatrales del Siglo de Oro (S. XVII): notas sueltas sobre el estado de la cuestión (1980-1990). In: CANAVAGGIO, J. (ed.). *La comedia.* Madri: Casa de Velázquez, 1995. (Coleção da Casa de Velázquez 48.)

ARTIER, J. La bibliothèque du cardinal de Richelieu. *Histoire des bibliothèques françaises,* 2, p.126-33.

AUB, M. *Jusep Torres Campalans* (1958). Barcelona: Ediciones Destino, 1999. [Ed. ing.: *Jusep Torres Campalans.* Trad. Herbert Weinstock. Nova York: Doubleday, 1962.]

AUTOUR de La mémoire, l'histoire, l'oubli de Paul Ricoeur. *Le Débat,* 122, p.3-61, nov.-dez. 2002.

AVELLANEDA, A. F. de. *El ingenioso hidalgo don Quijote de la Mancha.* Ed. Fernando García Salinero. Madri: Clásicos Castalia, 1971. [Ed. ing.: *Don Quixote de La Mancha (Part II): Being the Spurious Continuation of Miguel de Cervantes' Part I.* Trad. Alberta Wilson Server e John Esten Keller. Newark, DE: Juan de la Cuesta Hispanic Monographs, 1980.]

AVERTISSEMENT de Corneille. In: Corneille. *Le Cid:* Tragi-comédie. Ed. Jean Serroy, Folio Théâtre. Paris: Gallimard, 1993.

BARON, S. A.; WALSH, E.; SCOLA, S. (ed.). *The Reader Revealed.* Washington, DC: Folger Library, 2001.

BARTHES, R. L'effet de réel (1968). In: _____. *Le bruissement de la langue.* Essais critiques IV. Paris: Seuil, 1984. [Ed. ing.: The Reality Effect. In: *The Rustle of Language.* Trad. Richard Howard. Nova York: Hill & Wang, 1986.]

BÉNITEZ, M. *La face cachée des lumières: Recherches sur les manuscrits philosophiques clandestins de l'âge classique.* Paris: Universitas; Oxford: Voltaire Foundation, 1996.

BERTRAM, P.; KLIMAN, B. W. (ed.). *The Three-Text Hamlet: Parallel Texts of the First and Second Quartos and First Folio.* Nova York: AMS Press, 1991. (Nova edição em 2003.)

BIASI, P.-M. de. *La génétique des textes.* Paris: Nathan, 2000.

BINN, J. STC Latin Books: Evidence for Printing-House Practice. *The Library,* ser. 5, 32(1), p.1-27, mar. 1977 apud CHRYSOSTOM, J. *Homiliae duae.* Londres: Reginald Wolfe, 1543.

A MÃO DO AUTOR E A MENTE DO EDITOR **313**

BLACKSTONE, W. *Commentaries on the Laws of England*. 4v. Oxford: Clarendon Press, 1765-1769 apud ROSE, M. *Authors and Owners: The Invention of Copyright*. Cambridge, MA; Londres: Harvard University Press, 1993.

BLAIR, A. Ovidius Methodizatus: The Metamorphoses of Ovid in a Sixteenth-Century Paris College. *History of Universities*, 9, p.72-118, 1990.

BLANCHARD, A. (ed.). *Les débuts du codex*. Turnhout: Brepols, 1989.

BLAYNEY, P. *The First Folio of Shakespeare*. Washington, DC: The Folger Library, 1991.

————. The Publication of Playbooks. In: COX, J. D.; KASTAN, D. S. (ed.). *A New History of Early English Drama*. Nova York: Columbia University Press, 1997.

BLECUA, J. M. et al. *Filología e informática: nuevas tecnologías en los estudios filológicos*. Bellaterra: Editorial Milenio y Universidad Autonoma de Barcelona, 1999.

BLOCH, M. Pour une histoire comparée des societés européennes. *Revue de Synthèse Historique*, 46, p.15-50, 1928. [Ed. ing.: A Contribution towards a Comparative History of European Society. In: BLOCH, M. *Land and Work in Medieval Europe. Selected Papers*. Trad. J. E. Anderson. Nova York: Harper & Row, 1969.]

BOLLACK, J. *L'Oedipe roi de Sophocle: Le texte et ses interprétations*. 4v. Villeneuve-d'Ascq: Presses Universitaires de Lille, 1990.

BONNEFOY, Y. *La petite phrase et la longue phrase*. Paris: La Tilv, 1994.

BORGES, J. L. *El hacedor* (1960). Madri: Alianza Editorial Biblioteca Borges, 1997.

————. Funes el memorioso (1944). In: ————. *Ficciones*. Madri: Alianza, 1971. [Ed. ing.: Funes, His Memory. In: ————. *Collected Fictions*. Trad. Andrew Hurley. Nova York: Viking, 1998.] [Ed. franc.: Funes ou la mémoire. In: ————. *Oeuvres complètes*. Ed. Jean-Pierre Bernès. Paris: Gallimard, 1933. (Bibliothèque de la Pléiade.)]

————. *Historia universal de la infamia* (1935). Madri: Alianza Editorial, Biblioteca Borges, 1995.

————. La memoria de Shakespeare. In: ————. *La memoria de Shakespeare* Madri: Alianza, 1997. [Ed. franc.: La mémoire de Shakespeare. In: *Oeuvres complètes*. Ed. Jean-Pierre Bernès. Paris: Gallimard, 1933. (Bibliothèque de la Pléiade.) [Ed. ing.: Shakespeare's Memory. In: *Collected Fictions*. Trad. Andrew Hurley. Nova York: Viking, 1998.]

————. *Oeuvres complètes*. Ed. Jean-Pierre Bernès. Paris: Gallimard, 1993. (Bibliothèque de la Pléiade, 400.)

BOURDIEU, P. Le champ littéraire. *Actes de la Recherche en Sciences Sociales*, 89, p.4-46, 1991.

_____. *Méditations pascaliennes*. Paris: Seuil, 1997. [Ed. ing.: *Pascalian Meditations*. Stanford: Stanford University Press, 2000.]

BOUZA, F. *Comunicación, conocimiento y memoria en la España de los siglos XVI y XVII*. Salamanca: Publicaciones del Seminario de Estudios Medievales y Renacentistas, 1999. [Ed. ing.: *Communication. Knowledge, and Memory in Early Modern Spain*. Trad. Sonia López e Michael Agnew. Filadélfia: University of Pennsylvania Press, 2004.]

_____. *Corre manuscrito: una historia cultural del Siglo de Oro*. Madri: Marcial Pons, 2001.

_____. *Dásele licencia y privilegio. Don Quijote y la aprobación de libros en el Siglo de Oro*. Madri: Akal, 2012.

_____. *Palabra e imagen en la corte*: Cultura oral y visual de la nobleza en el Siglo de Oro. Madri: Abada, 2003.

BOUZA, F.; RICO, F. Digo que yo he compuesto un libro intitulado El ingenioso hidalgo de la mancha. *Cervantes: Bulletin of the Cervantes Society of America*, 29(1), p.13-30, 2009.

BOWERS, F. *Bibliography and Textual Criticism*. Oxford: Clarendon Press, 1964.

_____. *Essays in Bibliography, Text, and Editing*. Charlottesville: University Press of Virginia, 1975.

BRAIDA, L. Dall'almanacco all'agenda. Lo spazio per le osservazioni del lettore nelle "guide del tempo" italiane (XVIII-XIX secolo). *Acme: Annali della Facoltà di Lettere e Filosofia dell'Università degli Studi di Milano*, 41(3), p.137-67, 1998.

BRAUDEL, F. *Civilisation matérielle, économie et capitalisme*. 3v. Paris: Armand Colin, 1979. [Ed. ing.: *Capitalism and Material Life, 1400-1800*. Trad. Miriam Kochan 3v. Nova York: Harper & Row, 1982-4; Berkeley: University of California Press, 1992.] [Ed. port.: *A civilização material*. 3vs. Lisboa: Teorema.]

_____. History and Social Sciences: The *Longue Durée*. In: _____. *On History*. Trad. Sarah Matthews.

_____. History and Sociology. In: _____, On History.

_____. L'histoire, mesure du monde. In: _____. *Les écrits de Fernand Braudel*. v.2. (*Les ambitions de l'histoire*).

_____. *L'identité de la France*. 3v. Paris: Arthaud, 1986. [Ed. ing.: *The Identity of France*. Trad. Siân Reynolds. 2v. Nova York: Harper & Row, 1990.]

BRAUDEL, F. *La Méditerranée et le monde méditerranéen à l'époque de Phi-lippe II La Méditerranée et le monde méditerranéen à l'époque de Philippe II* (1947). 2.ed. Paris: Armand Colin, 1966. [Ed. ing.: *The Mediterranean and the Mediterranean World in the Age of Philip II.* 2v. Trad. Siân Reynolds. Nova York: Harper & Row, 1972.] [Ed. port.: *O Mediterrâneo e o mundo mediterrâneo na época de Filipe II.* 2v. Lisboa: Publicações D. Quixote.]

———. *La Méditerranée*: L'espace et l'histoire. Paris: Arts et Métiers Graphiques, 1977; Paris: Flammarion, 1985.

———. *Les écrits de Fernand Braudel.* v.1 (*Autour de la Méditerranée* (1996)); v.2 (*Les ambitions de l'histoire* (1997)); v.3 (*L'histoire au quotidien* (2001)). Paris: Éditions de Fallois, 1996.

———. Les espagnols et l'Afrique du Nord de 1492 à 1577. *Revue Africaine,* 2 e 3, p.184-233 e p.351-428, 1928.

———. Ma formation d'historien. In: ———. *Écrits sur l'histoire.* v.2 (*Les ambitions de l'histoire*).

———. Personal Testimony. *Journal of Modern History,* 44(4), p.448-67, 1972.

———. The Situation of History in 1950. In: ———. *On History.* Trad. Sarah Matthews.

———. *Autour de la Méditerranée,* 125.

BROOK, T. *Vermeer's Hat*: The Seventeenth Century and the Dawn of the Global World. Nova York: Bloomsbury Press, 2008.

BROOKS, D. A. *From Playhouse to Printing House*: Drama and Authorship in Early Modern England. Cambridge: Cambridge University Press, 2000.

BULLOKAR, W. *Booke at Large, for the Amendment of Orthographie for English Speech: Wherein, a Most Perfect Supplie Is Made, for the Wantes and Double Sounde of Letters in the Olde Orthographie...* Londres: Henrie Denham, 1580.

CARAMUEL, J. *Syntagma de arte typographica.* Trad. e ed. com glossário de Pablo Andrés Escapa. Salamanca: Instituto de Historia del Libro y de la Lectura, 2004. [Ed. ital.: *Il "Syntagma de arte typographica" di Juan Caramuel ed altri testi secenteschi sulla tipografia e l'edizione.* Ed. Valentino Romano. Roma: Vecchiarelli, 1988.]

CARNEGIE, D.; TAYLOR, G. (eds.). *The Quest for Cardenio*: Shakespeare, Fletcher, Cervantes and the Lost Play. Oxford: Oxford University Press, 2012.

CARRUTHERS, M. *The Book of Memory*: A Study of Memory in Medieval Culture. Cambridge: Cambridge University Press, 1990.

316   ROGER CHARTIER

CASE, T. E. (ed.). *Las dedicatorias de partes XIII-XX de Lope de Vega*. Chapel Hill, NC: University of North Carolina Press; Madri: Editorial Castalia, 1975.

CASTRO, G. de. *Las mocedades del Cid*. Ed. com prólogo e notas de Stefano Arata. Barcelona: Crítica, 1996.

_____. *Primera parte de las comedias de don Guillén de Castro*. València: Felipe Mey, 1618.

CAVALLO, G. Libro e cultura scritta. In: MOMIGLIANO, A.; SCHIAVONE, A. (ed.). *Storia di Roma*. 4v. 7pts. Turim: Einaudi, 1988-1997.

_____. Testo, libro, lettura. In: _____; FEDELI, P.; GIARDINA, A. (eds.). *Lo spazio letterario di Roma antica*. 5v. Roma: Salerno, 1989-1991. v.2 (*La circolazione del testo*).

CAVILLAC, M.; CAVILLAC, C. A propos du "Buscón" et de "Guzmán de Alfarache". *Bulletin Hispanique*, 75 (1-2), p.114-31, 1973.

CAYUELA, A. *Le paratexte au Siècle d'Or*: prose romanesque, livres et lecteurs en Espagne au XVIIe siècle. Genebra: Droz, 1996.

CERTEAU, M. de. *Heterologies*: Discourse on the Other. Trad. Brian Massumi. Minneapolis: University of Minnesota Press, 1986.

_____. *L'écriture de l'histoire*. Paris: Gallimard, 1975, 2002. [Ed. ing.: *The Writing of History*. Trad. Tom Conley. Nova York: Columbia University Press, 1988.]

CERVANTES, M. *Don Quijote de la Mancha*. Ed. Francisco Rico e Joaquín Forradellas. Edición del Instituto Cervantes 1605-2005. Madri: Galaxia Gutenburg, Círculo de los Lectores, Centro para la Edición de los Clásicos Españoles, 2004.

_____. *Don Quijote de la Mancha*. Ed. Francisco Rico. Barcelona: Instituto Cervantes/Crítica, 1998. 2v. [Ed. ing.: *Don Quixote*. Ed. e trad. Tom Lathrop; eds. consultores Annette Grant Cash e Victoria Richardson. Newark, DE: Cervantes & Co., 2005.]

_____. *L'ingénieux hidalgo don Quichotte de la Manche*. In: _____. *Oeuvres romanesques complètes*. Ed. Jean Canavaggio. Paris: Gallimard, 2001. 2v. [Ed. ing.: *Don Quixote*. Ed. e trad. Tom Lathrop; eds. consultores Annette Grant Cash e Victoria Richardson. Newark, DE: European Masterpieces/ Lingua Text, 2005.]

_____. *L'ingénieux hidalgo don Quichotte de la Manche*. In: _____. *Don Quichotte suivi La Galatée, Oeuvres romanesques*. Ed. Jean Canavaggio com Claude Allaigre e Michel Moner. Paris: Gallimard, 2001.

_____. *L'ingénieux hidalgo don Quichotte de la Manche*. Trad. Louis Viardot (1837). Paris: Garnier-Flammarion, 1969.

CERVANTES, M. *L'ingénieux hidalgo don Quichotte de la Manche*. Trad. Aline Schulman. Paris: Seuil, 1997.

_____. *Los trabajos de Persiles y Sigismunda*. Ed. Carlos Romero Muñoz. Madri: Cátedra, 2003. [Ed. ing.: *The Tales of Persiles and Sigismunda*: A Northern Story. Trad. Celia Richmond Weller e Clark A. Colahan. Berkeley: University of California Press, 1989.]

_____. Novela del licenciado Vidriera. In: _____. *Novelas ejemplares*. Ed. Jorge García López. Barcelona: Crítica, 2001.

_____. *The History and Adventures of the Renowned Don Quixote*. Ed. O. M. Brack Jr. Trad. Tobias Smollett. Introdução e notas de Martin Battestin. Atenas, GA e Londres: University of Georgia Press, 2003.

_____. *Three Exemplary Novels*. Trad. Samuel Putnam. Nova York: Viking, 1950.

CHAPELAIN, J. *Les sentiments de l'Académie française sur la tragi-comédie du Cid*. In: _____. *Oeuvres complètes*.

_____. *Opuscules critiques*. Ed. Alfred Hunter. Paris: Droz, 1936.

CHARTIER, R. *Au bord de la falaise*: L'histoire entre certitudes et inquiétudes. Paris: Albin Michel, 1998. [Ed. ing.: *On the Edge of the Cliff*: History, Language, and Practices. Trad. Lydia G. Cochrane. Baltimore: Johns Hopkins University Press, 1997.]

_____. *Cardenio entre Cervantès et Shakespeare*: histoire d'une pièce perdue. Paris: Gallimard, 2011. [Ed. ing.: *Cardenio between Cervantes and Shakespeare*: The Story of a Lost Play. Trad. Janet Lloyd. Cambridge: Polity, 2013.]

_____. *Culture écrite et société*: l'ordre des livres (XIVe-XVIIIe siècle). Paris: Albin Michel, 1996. [Ed. ing.: Figures of the Author. In: *The Order of Books*: Readers, Authors and Libraries between the Fourteenth and the Eighteenth Centuries. Trad. Lydia G. Cochrane. Stanford: Stanford University Press, 1994.]

_____. Du rituel au for privé: Les chartes de mariage lyonnaises au XVIIe siècle. In: _____. (ed.). *Les usages de l'imprimé (XVe-XIXe siècles)*. Paris: Fayard, 1987. [Ed. ing.: From Ritual to the Hearth: Marriage Charters in Seventeenth-Century Lyons. In: *The Culture of Print: Power and the Uses of Print in Early Modern Europe*. Trad. Lydia G. Cochrane. Cambridge: Polity Press; Oxford: Basil Blackwell, 1989.]

_____. Éditer Shakespeare (1623-2004). *Ecdotica*, 1, p.7-23, 2004.

_____. Figures littéraires et expériences sociales: la littérature de la gueuserie dans la Bibliothèque bleue. In: _____. *Lectures et lecteurs dans la France*

318 ROGER CHARTIER

d'*Ancien Régime*. Paris: Seuil, 1987. [Ed. ing.: The Literature of Roguery in the *Bibliothèque bleue*. In: *The Cultural Uses of Print in Early Modern France*. Trad. Lydia G. Cochrane. Princeton: Princeton University Press, 1987.]

CHARTIER, R. Foucault's Chiasmus: Authorship between Science and Literature in the Seventeenth and Eighteenth Centuries. In: BIAGIOLI, M.; GALISON, P. (ed.). *Scientific Authorship*: Credit and Intellectual Property in Science. Nova York e Londres: Routledge, 2003.

_____. Hamlet 1676: le temps de l'oeuvre. In: NEEFS, J. (ed.). *Le temps des oeuvres*: Mémoire et préfiguration. Vincennes: Presses Universitaires de Vincennes, 2001.

_____. Historiography in the Age of Absolutism. In: HOLLIER, D. (ed.). *A New History of French Literature*. Cambridge, MA: Harvard University Press, 1994.

_____. *Inscrire et effacer*: Culture écrite et littéraire, XIe-XVIIIe siècle. Paris: Gallimard; Seuil, 2005. [Ed. ing.: *Inscription and Erasure*: Written Culture and Literature from the Eleventh to the Eighteenth Century. Trad. Arthur Goldhammer. Filadélfia: University of Pennsylvania Press, 2008.]

_____. Jack Cade, the Skin of a Dead Lamb, and the Hatred for Writing. *Shakespeare Studies*, 34, p.77-89, 2006.

_____. L'homme de lettres. In: VOVELLE, M. (ed.). *L'homme des lumières*. Paris: Seuil, 1996. [Ed. ing.: The Man of Letters. In: VOVELLE, M. (ed.). *Enlightenment Portraits*. Trad. Lydia G. Cochrane. Chicago: University of Chicago Press, 1997.]

_____. L'invention du Sabbat. In: _____. *Le jeu de la règle*: lectures. Bordeaux: Presses Universitaires de Bordeaux, 2000.

_____. Language, Books, and Reading from the Printed Word to the Digital Text. In: CHANDLER, J.; DAVIDSON, A. I.; JOHNS, A. (ed.). Arts of Transmission. *Critical Inquiry*, 31, p.133-52, outono 2004.

_____. Le manuscrit à l'âge de l'imprimé (XVe-XVIIIe siècles). *La lettre clandestine*, 7, p.175-93, 1998. (Paris: Presses de l'Université Paris-Sorbonne, 1999.)

_____. Livres parlants et manuscrits clandestins: les voyages de Dyrcona. [Ed. ing.: Talking Books and Clandestine Manuscripts: The Travels of Dyrcona. In: *Inscription and Erasure*: Literature and Written Culture from the Eleventh to the Eighteenth Century. Trad. Arthur Goldhammer. Filadélfia: University of Pennsylvania Press, 2007.]

_____. Mort ou transfiguration du lecteur?. In: MOLLIER, J.-Y. (ed.). *Où va le livre?* Paris: La Dispute, 2000.

CHARTIER, R. Nouvelles à la main, gazettes imprimés: Cymbal et Butter. In: _____. *Inscrire et effacer*. [Ed. ing.: Handwritten Newsletters, Printed Gazettes: Cymbal and Butter. In: *Inscription and Erasure*. Trad. Arthur Goldhammer.]

_____. Paratesto e preliminar: Cervantes e Avellaneda. In: SANTORO, M.; TAVONI, M. G. (ed.). *I Dintorni del testo*: Approcci alle periferie del libro. Roma: Ateneo, 2005.

_____. *Publishing Drama in Early Modern Europe*. Londres: The British Library, 1999. (The Panizzi Lectures, 1998.)

CHARUTY, G. *Le couvent des fous*: l'internement et ses usages en Languedoc aux XIXe et XXe siècles. Paris: Flammarion, 1985.

CONTRERAS, J. *Sotos contra Riquelmes: regidores, inquisidores y criptojudíos*. Barcelona: Muchnik, 1992. [Ed. franc.: *Pouvoir et Inquisition en Espagne au XVIe siècle*. Paris: Aubier, 1997.]

CORNEILLE, P. L'illusion comique. In: _____. *Oeuvres complètes*. 3v. Ed. Georges Couton. Paris: Gallimard, 1980. (Bibliothèque de la Pléiade.)

_____. *Le Cid*. Trad. Vincent J. Cheng. Newark, DE: University of Delaware Press, 1987.

_____. Lettre apologétique. In: _____. *Oeuvres complètes*. v.1.

_____. *Oeuvres complètes*. v.1

CORON, A. "Ut prosint aliis": Jacques-Auguste de Thou et sa bibliothèque. In: *Histoire des bibliothèques françaises*. 4v. Paris: Promodis/Cercle de la Librairie, 1988. v.2 (*Les bibliothèques sous l'Ancien Régime 1530-1789*. Ed. Claude Jolly).

COURCELLES, D. de. La *Silva de varia lección* de Pedro Mexía. Séville, 1540; Paris, 1552. Traduction et adaptation en Espagne et en France à la Renaissance. In: COURCELLES, D. de. (ed.). *Traduire et adapter à la Renaissance*. Paris: École Nationale de Chartes, 1998.

CYRANO DE BERGERAC. *L'autre monde ou les états et empires de la lune*. Edição diplomática de um manuscrito inédito, Margaret Sankey. Paris: Lettres Modernes, 1995.

DACOS, M.; MOUNIER, P. *L'édition électronique*. Paris: La Découverte, 2010.

DARNTON, R. *A Case for Books*: Past, Present, Future. Nova York: Public Affairs, 2009.

_____. An Early Information Society: News and the Media in Eighteenth--Century Paris. *American Historical Review*, 105, p.1-35, fev. 2000.

_____. The New Age of the Book. *The New York Review of Books*, p.5-7, 18 mar. 1999.

DASTON, L. Une histoire de l'objectivité scientifique. In: GUESNERIE, R.; HARTOG, F. (ed.). *Des sciences et des techniques*: un débat. Paris: Éditions de l'École de Hautes Études en Sciences Sociales, Cahier des Annales, 1998.

DAVIDSON, A. "Some by Stenography?" Stationers, shorthand, and the Early Shakespearean Quartos. *Papers of the Bibliographical Society of America*, p.417-49, 1996.

_____. *King Lear* in an Age of Stenographic Publication. *Papers of the Bibliographical Society of America*, p.297-324, 1998.

DAVIS, N. Z. *Trickster Travels*: A Sixteenth-Century Muslim between Worlds. Nova York: Hill & Wong, 2006.

_____. *Women on the Margins*: Three Seventeenth-Century Lives. Cambridge, MA e Londres: Harvard University Press, 1995.

DE GRAZIA. *Shakespeare Verbatim*, 142.

DE LAS HERAS, A. R. *Navegar por la información*. Madri: Libros del Fundesco, 1990.

DERRIDA, J. Freud et la scène de l'écriture. In: _____. *L'écriture et la différence*. Paris: Seuil, 1967.

DETIENNE, M. *Comparer l'incomparable*. Paris: Seuil, 2000. [Ed. ing.: *Comparing the Incomparable*. Trad. Janet Lloyd. Stanford: Stanford University Press, 2008.]

DICCIONARIO de la lengua castellana: compuesto por la Real Academia Española, 4, (1734).

DIDEROT, D. *Correspondance*. Ed. Laurent Versini. Paris: Robert Laffont, 1999. [Ed. ing.: *Diderot's Letters to Sophie Volland*: A Selection. Trad. Peter France. Londres: Oxford University Press, 1972.]

_____. Éloge de Richardson. In: VARLOOT, J. (ed.). *Arts et lettres (1739-1766), Critique I*. Paris: Hermann, 1980. [Ed. ing.: In Praise of Richardson. In: *Selected Writings on Art and Literature*. Ed. e trad. Geoffrey Bremner. Londres: Penguin, 1994.]

_____. *Lettre sur le commerce de la librairie*. Ed. John Lough e Jacques Proust. Paris: Hermann, 1976.

_____. *Oeuvres completes*. 15v. Paris: Le Club Français du Livre, 1969-1972. v.8 (*Encyclopédie IV (Lettres M-Z)*).

DOBSON, M. *The Making of the National Poet*: Shakespeare, Adaptation, and Authorship 1660-1769. Oxford: Clarendon Press; Nova York: Oxford University Press, 1992.

A MÃO DO AUTOR E A MENTE DO EDITOR   321

DOLET, É. *La maniere de bien traduire d'une langue en autre*. D'avantage de la punctuation de la langue Françoyse, plus des accents d'ycelle. Lyon: chés Dolet mesme, 1540.

DONALDSON, P. S. Digital Archive as Expanded Text and Electronic Textuality. In: SUTHERLAND, K. (ed.). *Electronic Text*: Investigations in Method and Theory. Oxford: Clarendon Press; Nova York: Oxford University Press, 1997.

DOOLEY, B.; BARON, S. A. (ed.). *The Politics of Information in Early Modern Europe*. Londres e Nova York: Routledge, 2001.

DOUEIHI, M. *La grande conversion numérique*. Paris: Seuil, 2008. [Ed. ing.: *Digital Cultures*. Cambridge, MA: Harvard University Press, 2011.]

DUNCAN-JONES, K. Was the 1609 *Shake-speares Sonnets* Really Unauthorized? *Review of English Studies*, 34, p.151-71, 1983.

EISENSTEIN, E. *The Printing Press as an Agent of Change*: Communication and Cultural Transformations in Early Modern Europe. 2v. Cambridge: Cambridge University Press, 1979.

___. *The Printing Revolution in Early Modern Europe*. Cambridge: Cambridge University Press, 1983. (2.ed., 2005.) [Ed. franc.: *La révolution de l'imprimé à l'aube de l'Éurope modern*. Paris: Découverte, 1991.]

ENFIELD, W. *Observations on Literary Property*. Londres: 1774.

ERNE, L. *Shakespeare as Literary Dramatist*. Cambridge: Cambridge University Press, 2003.

ESCAPA, P. A. et al. El original de imprenta. In: RICO, F. (ed.). *Imprenta y crítica textual en el Siglo de Oro*. Valladolid: Centro para la Edición de los Clásicos Españoles, 2000.

FABRE, D. Le livre et sa magie. In: CHARTIER, R. (ed.). *Pratiques de la lecture* (1985). Paris: Payot, 1993.

FEBVRE, L.; HENRI-JEAN, M. *L'apparition du livre*. Paris: Albin Michel, 1958. (Reeditado em 1999.) [Ed. ing.: *The Coming of the Book: The Impact of Printing 1450-1800*. Trad. David Gerard. Ed. Geoffrey Nowell-Smith e David Wootton (1976). Londres: Verso, 1997.]

FEROS, A. *El duque de Lerma*: realeza y privanza en la España de Felipe III. Madri: Marcial Pons Historia, 2002.

FERRAND, N. J.-J. Rousseau, du copiste à l'écrivain: Les manuscrits de *La nouvelle Héloïse* conservés à la Bibliothèque de l'Assemblée Nationale. In: LEBRAVE, J.-L.; GRESILLON, A. (ed.). *Écrire aux XVIIe et XVIIIe siècles*: Genèse de textes littéraires et philosophiques. Paris: CNRS Editions, 2000.

322 ROGER CHARTIER

FICHTE, J. G. *Beweis der Unrechtmässigkeit des Büchernachdrucks: Ein Räsonnement und eine Parabel* (1971). [Ed. ing.: *Proof of the Illegality of Reprinting: A Rationale and a Parable* (1793) apud WOODMANSEE, M. *The Author, Art, and the Market*: Rereading the History of Aesthetics. Nova York: Columbia University Press, 1944.]

FINNERAN, R. J. (ed.). *The Literary Text in the Digital Age*. Ann Arbor: University of Michigan Press, 1996.

FOISIL, M. *Le sire de Gouberville*: un gentilhomme normand au XVIᵉ siècle. Paris: Aubier-Montaigne, 1981.

FORESTIER, G. Lire Racine. In: RACINE, J. *Oeuvres complètes*. Ed. Georges Forestier. Paris: Gallimard, 1999. (Bibliothèque de la Pléiade.) v.1 (*Théâtre. Poésie*). [Ed. ing.: RACINE, J. *Complete Plays*. Trad. Samuel Solomon. 2v. Nova York: Random House, 1967.]

FORMES de la généralisation. *Annales: Histoire, Sciences Sociales*, p.5-157, 2007.

FOUCAULT, M. *L'ordre du discours*: leçon inaugurale au Collège de France prononcée le 2 décembre 1970. Paris: Gallimard, 1971. [Ed. ing.: *The Archeology of Knowledge and the Discourse on Language*. Trad. A. M. Sheridan Smith. Nova York: Pantheon, 1972.]

_____. Nietzsche, la généalogie, l'histoire. In: _____. *Hommage à Jean Hyppolite*. Paris: Presses Universitaires de France, 1971. Reimpresso em FOUCAULT, M. *Dits et écrits*, 1954-1988. Ed. Daniel Defert e François Ewald, com Jacques Lagrange. 4v. Paris: Gallimard, 1994. [Ed. ing.: Nietzsche, Genealogy, History. In: *Language, Counter-Memory, Practice*: Selected Essays and Interviews. Ed. com introdução de Donald F. Bouchard. Trad. Donald F. Bouchard e Sherry Simon. Ithaca: Cornell University Press, 1977.]

_____. Qu'est-ce qu'un auteur? (1969). In: _____. *Dits et écrits*, 1954-1988. Ed. Daniel Defert e François Ewald. 4v. Paris: Gallimard, 1994. [Ed. ing.: What Is an Author?. In: *The Foucault Reader*. Ed. Paul Rabinow. Nova York: Pantheon, 1984.]

FRANKLIN, B. Carta a Noah Webster, Jr., 26 dez. 1789 (inédita). *Franklin Papers*. Disponível em: www.franklinpapers.org. Acessado em: 22 mar. 2013.

FREUD, S. Note sur le "Bloc magique". In: _____. *Oeuvres complètes*. v.18 (*Psychanalyse* (1923-1925)). Paris: Presses Universitaires de France, 1992. [Ed. ing.: Note upon the "Mystic Writing Pad". In: *The Standard Edition of the Complete Psychological Works of Sigmund Freud*. Ed. James Strachey et al. Londres: Hogarth Press, 1961.]

A MÃO DO AUTOR E A MENTE DO EDITOR **323**

FURETIERE, A. *Dictionnaire Universel*. Haia, 1690.

GARCÍA CÁRCEL, R. *La leyenda negra*: historia y opinión. Madri: Alianza Editorial, 1992.

————. *La oposición y conjunción de los dos grandes luminares de la tierra o la antipatía de franceses y españoles* (1617). Ed. Michel Bareau. Alberta: Alta Press, 1979.

GASKELL, P. *A New Introduction to Bibliography*. Oxford: Clarendon Press, 1972.

————. Milton, *A Maske (Comus)*, 1634. In: ————. *From Writer to Reader*: Studies in Editorial Method. Winchester: St. Paul's Bibliographies, 1984.

GENETTE, G. *Palimpsestes: la littérature au second degré*. Paris: Seuil, 1982. [Ed. ing.: *Palimpsests: Literature in the Second Degree*. Trad. Channa Newman e Claude Doubinsky. Lincoln: University of Nebraska Press, 1997.]

————. *Seuils* (1978). Points Essais. Paris: Éditions de Seuil, 1987. [Ed. ing.: *Paratexts*: Thresholds of Interpretation. Trad. Jane E. Lewin. Cambridge: Cambridge University Press, 1997.]

GERMAIN, M.-O.; THIBAULT, D. (ed.). *Brouillons d'écrivains*. Paris: Bibliothèque Nationale de France, 2001.

GINZBURG, C. *History, Rhetoric and Proof*. The Menahem Stern Jerusalem Lectures. Hanover, NH e Londres: University Press of New England, 1999.

————. Représentation: Le mot, l'idée, la chose. *Annales: Histoire, Sciences Sociales*, p.1219-34, 1991.

————. Spie: Radici di un paradigma indiziario. In: GARGANI, A. (ed.). *Crisi della ragione*: Nuovi modelli nel rapporto tra sapere e attività umana. Turim: Einaudi, 1979. [Ed. ing.: Clues: Roots of an Evidential Paradigm. In: GINZBURG, C. *Clues, Myths and the Historical Method*. Trad. John e Anne C. Tedeschi. Baltimore: Johns Hopkins University Press, 1989.]

————. *Storia notturna*: Una decifrazione del sabba. Turim: Einaudi, 1989. [Ed. franc.: *Le sabbat des sorcières*. Paris: Gallimard, 1992.] [Ed. ing.: *Ecstasies*: Deciphering the Witches' Sabbath. Trad. Raymond Rosenthal. Nova York: Pantheon, 1991; Chicago: University of Chicago Press, 2004.]

GÓMEZ, A. C. *Escrituras y escribientes*. Prácticas de la cultura escrita en una ciudad del Renacimiento. Las Palmas de Gran Canaria: Fundación de Enseñanza Superior a Distancia, 1997.

324 ROGER CHARTIER

GÓMEZ, F. de los R. Leer los princípios, saber los comienzos: El *Quijote* nos dice como se elaboró. In: _____. *La razón de la sinrazón que a la razón se hace*. Burgos: Instituto Castellano y Leonés de la Lengua, 2005.

_____. Los preliminares en la identificación del libro antiguo. In: *Comercio y tasación del libro antiguo*: análisis, identificación y descripción (Textos y materiales). Saragoça: Prensas Universitarias de Zaragoza, 2003.

GONDRIS, J. "All This Farrago": The Eighteenth-Century Shakespeare Variorum Page as a Critical Structure. In: GONDRIS, J. (ed.). *Reading Readings*: Essays on Shakespeare Editing in the Eighteenth Century. Cranbury, NJ: Associated University Presses; Madison, NJ: Fairleigh Dickinson University Press, 1998.

GOYET, F. *Le sublime du "lieu commun"*: L'invention rhétorique dans l'Antiquité et à la Renaissance. Paris: Honoré Champion, 1996.

GRAFTON, A. "Printers" Correctors and the Publication of Classical Texts. In: _____. *Bring Out Your Dead*: The Past as Revelation. Cambridge, MA e Londres: Harvard University Press, 2002.

_____. *Footnote*: A Curious History. Cambridge, MA: Harvard University Press, 1997.

_____. *Forgers and Critics*: Creativity and Duplicity in Western Scholarship. Princeton: Princeton University Press, 1990.

_____. Teacher, Text, and Pupil in the Renaissance Class-Room: A Case Study from a Parisian College. *History of Universities*, 1, p.37-70, 1981.

_____. *The Culture of Correction in Renaissance Europe*. Londres: The British Library, 2011. (The Panizzi Lectures, 2009.)

GRAHAM-WHITE, A. *Punctuation and Its Dramatic Value in Shakespearean Drama*. Newark, DE: University of Delaware Press; Cranbury, NJ: Associated University Presses; Londres: Associated University Press, 1995.

GRAZIA, M. de. Shakespeare in Quotation Marks. In: MARSDEN, J. I. (ed.). *The Appropriation of Shakespeare*: Post-Renaissance Reconstructions of the Works and the Myth. Nova York: St. Martin's Press, 1991.

_____. *Shakespeare Verbatim*: The Reproduction of Authenticity and the 1790 Apparatus. Oxford: Clarendon Press; Nova York: Oxford University Press, 1991.

_____; STALLYBRASS, P. The Materiality of the Shakespearean Text. *Shakespeare Quarterly*, 44(3), p.255-83, 1992.

GREENBLATT, S. (ed.). *The Norton Shakespeare*. Nova York e Londres: W. W. Norton, 1997.

GREENBLATT, S. *Shakespearean Negotiations*: The Circulation of Social Energy in Renaissance England. Berkeley: University of California Press, 1988.

GREER, M. R. Early Modern Spanish Theatrical Transmission, Memory, and a Claramonte Play. *Producing the Renaissance Text*. Duke University, 3 fev. 2007.

GREG, W. W. (ed.). *The Book of Sir Thomas More*. Impresso para a Malone Society por H. Hart. Londres: Oxford University Press, 1911.

GREIFELT, R. Die Übersetzungen des spanische Schmelromans in Frankreich im XVIII Jahrhunderts. *Romanische Forschungen*, 50(1), p.51-84, 1939.

GRUZINSKI, S. Les mondes mêlés de la monarchie catholique et autres "connected histories". *Annales: Histoires, Sciences Sociales*, p.85-117, 2001.

————. *Les quatre parties du monde*: histoire d'une mondialisation. Paris: La Martinière, 2004.

GUERRINI, G. Il sistema di comunicazione di un corpus di manoscritti quattrocenteschi. *Scrittura e Civiltà*, 10, p.122-97, 1986.

GUZMÁN, M. de C. N. de. *Discurso legal, histórico y politico en prueba del origin, progressos, utilidad, nobleza y excelencias del Arte de la Imprenta*. Madri: 1675.

HAHN, K.-H. *Goethe-und-Schiller-Archiv*: Bestandsverzeichnis. Weimar: Arion, 1961 apud HURLEBUSCH, K. Rarement vit-on tant de renouveau: Klopstock et ses contemporains: Tenants d'une "esthétique du génie" et précurseurs de la littérature moderne. *Écrire aux XVIIe et XVIIIe siécles*.

HAINSWORTH, G. *Les "Novelas ejemplares" de Cervantes en France au XVIIe siècle*. Paris: Champion, 1933; Nova York: B. Franklin, 1971.

HALL, H. G. Ponctuation et dramaturgie chez Molière. In: *La bibliographie matérielle*. Apresentado por Roger Laufer, mesa redonda do CNRS organizada por Jacques Petit. Paris: Éditions du CNRS, 1983. Reimpresso como HALL, H. G. Ponctuation et Dramaturgie. In: ————. *Comedy in Context*: Essays on Molière. Jackson: University Press of Mississippi, 1984.

HAMMOND, B. (ed.). *Double Falsehood*: Or, The Distrest Lovers. Londres: Arden Shakespeare, Methuen Drama, 2010.

HARBAGE, A. *The Annals of the English Drama 975-1700*: An Analytical Record of All Plays, Extant or Lost, Chronologically Arranged and Indexed. Rev. Sylvia Stoler Wagonheim. Londres e Nova York: Routledge, 1989.

HART, J. A. Pope as Scholar-Editor. *Studies in Bibliography*, p.45-59, 1970.

————. *An Orthographie, Conteyning the Due Order and Reason, Howe to Write or Paint Thimage of Mannes Voice, Most Like to the Life or Nature.*

326 ROGER CHARTIER

Londres: Henrie Denham (?) para William Seres, composto por I. H. Chester, Heralt, 1569.

HARTOG, F. L'art du récit historique. In: BOUTIER, J.; JULIA, D. (ed.). *Passés recomposés*: Champs et chantiers de l'histoire. Paris: Éditions Autrement, 1994.

HEMINGE, J.; CONDELL, H. To the Great Variety of Readers. In: SHAKESPEARE, W. *Comedies, Histories, and Tragedies*. Londres: 1623.

HENSLOWE, P. *Diary*. Ed. R. A. Foakes. Cambridge: Cambridge University Press, 2002.

HINMAN, C. *The Printing and Proof-reading of the First Folio of Shakespeare*. 2v. Oxford: Clarendon Press, 1963.

HOBSBAWM, E. The Historian between the Quest for the Universal and the Quest for Identity. *Diogenes*, 168, p.51-63, out.-dez. 1994.

HOFFMANN, G. *Montaigne's Career*. Oxford: Clarendon Press; Nova York: Oxford Uniuversity Press, 1998.

HORNSCHUCH, H. *Orthotypographia Hoc est*: Instructio operas typographicas correcturis et Admonitio scripta sua in lucem edituris. Leipzig, 1608. [Ed. ing.: *Hornschuch's Orthotypographia*. Ed. e trad. Philip Gaskell e Patricia Bradford. Cambridge: Cambridge University Press, 1972.]

HOWARD-HILL, T. N. *The Library*. 6th series, 10, p.115-8, 1984.

HUNTER, G. K. The Marking of *Sententiae* in Elizabethan Printed Plays, Poems and Romances. *The Library*, 5th series, 6, n.3-4, p.171-88, dez. 1951.

IFE, B. W. *Reading and Fiction in Golden-Age Spain*: A Platonist Critique and Some Picaresque Replies. Cambridge: Cambridge University Press, 1985.

INFANTES, V. Don Quijote entró en la imprenta y se convertió en libro. In: PELAYO, J. M. (ed.). *El Quijote 1605-2005 IV Centenario*. Oviedo: KRK Ediciones, 2005.

JOHNS, A. *The Nature of the Book*: Print and Knowledge in the Making. Chicago: Chicago University Press, 1998.

JONSON, B. *Volpone*. In: _____. *Three Comedies*. Harmondsworth: Penguin, 1966.

KASTAN, D. S. Humphrey Moseley and the Invention of English Literature. In: BARON, S. A.; LINDQUIST, E.; SHEVLIN, E. (ed.). *Agent of Change*: Print Culture Studies after Elizabeth L. Eisenstein. Amherst e Boston: University of Massachusetts Press, 2007.

_____. *Shakespeare and the Book*. Cambridge: Cambridge University Press, 2001.

A MÃO DO AUTOR E A MENTE DO EDITOR **327**

KOSELLECK, R. Erfahrungswandel und Methodeweschel: Eine historische historich-anthropologische Skizze. In: ———. *Historische Methode*. Ed. C. Meier e J. Rüsen. Munique, 1998.

———. Geschichte. In: BRUNNER, O.; CONZE, W.; KOSELLECK, R. (ed.). *Geschichtliche Grundbegriffe*: Historisches Lexikon zur politisch-sozialen Sprache in Deutschland. 8v. 9pts. Stuttgart: Klett-Cotta, 1975.

LA BRUYÈRE, J. De la société et de la conversation. In: GARAPON, R. (ed.). *Les caractères de Théophraste traduits du grec avec les caractères ou les moeurs du siècle*. Paris: Garnier-Flammarion, 1964.

———. De la société et de la conversation. In: ———. *Les caractères* (1696). Ed. Louis van Delft. Paris: Imprimerie Nationale, 1998.

———. *Les caractères*. Ed. Louis van Delft. Paris: Imprimerie Nationale, 1998.

———. *The "Characters" of Jean de la Bruyère*. Trad. Henri van Laun. Nova York: Bretanos, 1929.

LAQUEUR, T. *Solitary Sex*: A Cultural History of Masturbation. Nova York: Zone Books, 2003.

LAS CASAS, B. de. *Brevísima relación de la destrucción de las Indias*. Ed. André Saint-Lu. Madri: Cátedra, 1982, 1986, 2001. [Ed. ing.: *A Short Account of the Destruction of the Indies*. Ed. e trad. Nigel Griffin. Londres e Nova York: Penguin, 1992.]

———. *La destruction des Indes*.

LESSER, Z. *Renaissance Drama and the Politics of Publication*: Readings in the English Book Trade. Cambridge: Cambridge University Press, 2004.

LESSER, Z.; FARMER, A. B. The Popularity of Playbooks Revisited. *Shakespearean Quarterly*, 56, p.1-32, 2005.

LESSER, Z.; STALLYBRASS, P. The First Literary *Hamlet* and the Commonplacing of Professional Plays. *Shakespeare Quarterly*, 59, p.371-420, 2008.

LETROUIT, J. La prise de notes de cours sur support imprimé dans les collèges parisiens au XVIe siècle. *Revue de la Bibliothèque Nationale de France*, 2, p.47-56, 1999.

LEVI, G. *L'eredità immateriale*: Carriera di un esorcista nel Piemonte del seicento. Turim: Einaudi, 1985. [Ed. franc.: *Le pouvoir au village: Histoire d'un exorciste dans le Piémont du XIVe siècle*. Paris: Gallimard, 1989.] [Ed. ing.: *Inheriting Power*: The Story of an Exorcist. Trad. Lydia G. Cochrane. Chicago: University of Chicago Press, 1988.]

LOBKOWITZ, J. C. *Theologia moralis fundamentalis*. Lyon: 1664. v.4 (*Theologia praeterintentionalis*).

LOPE DE VEGA. *Carlos V en Francia*. Editado a partir de um manuscrito assinado com introdução e notas de Arnold G. Reichenberger. Filadélfia: University of Pennsylvania Press, 1962.

_____. *El caballero de Olmedo*. Ed. Francisco Rico. Madri: Cátedra, 1992.

_____. *El peregrino en su patria*. Ed. Juan Bautista Avalle-Arce. Madri: Editorial Castalia, 1973.

_____. *El primero Benavides*. Editado a partir de um manuscrito assinado com introdução e notas de Arnold G. Reichenberger e Augusta Espantoso-Foley. Filadélfia: University of Pennsylvania Press, 1973.

_____. *Fuente Ovejuna*. Ed. Donald McGrady. Barcelona: Crítica, 1993.

_____. *Rimas, aora de nuevo imprimidas, con el nuevo arte de hazer comedias deste tempo*. Milão: Ieronimo Bordo, 1611. [Ed. ing.: *The New Art of Writing Plays*. Por William T. Brewster, com introdução de Brander Matthews. Nova York: impresso para o Museu Dramático da Universidade de Columbia, 1914.]

LOUIS, A. *Jorge Luis Borges*: Oeuvre et manoeuvre. Paris: L'Harmattan, 1997.

LOVE, H. *Scribal Publication in Seventeenth-Century England*. Oxford: Oxford University Press, 1993.

LOVE, H. Thomas Middleton: Oral Culture and the Manuscript Economy. In: *Thomas Middleton and Early Modern Textual Culture*, p.98-109.

MAGUIRE, L. E. *Shakespearean Suspect Texts*: The "Bad" Quartos and their Contexts. Londres e Nova York: Routledge, 1996.

MAHAFFEY, V. Introduction. In: BARSANTI, M. J. (ed.). *Ulysses in Hand*: The Rosenbach Manuscript. Filadélfia: Rosenbach Museum and Library, 2000.

MAIRET, J. L'auteur du vrai Cid espagnol à son traducteur français. In: GASTE, A. *La querelle du Cid*. Paris: H. Welter, 1898; reimpressão, Genebra: Slatkine, 1970.

MANUZIO, A.; ORLANDI, G. *Aldo Manuzio editore*: dediche, prefazioni, note ai testi. Introdução de Carlo Dionisotti. 2v. Milão: Il Polifilo, 1975.

MARCUS, L. Qui a peur du grand méchant in-4°?. In: NORMAN, L. F.; DESAN, P.; STRIER, R. *Du spectateur au lecteur*: imprimer la scène aux XVIe e XVIIIe siècles. Fasano: Schena Editores; Paris: Presses de l'Université de Paris-Sorbonne, 2002.

MARCUS, L. S. Bad Taste and Bad *Hamlet*. In: _____. *Unediting the Renaissance*: Shakespeare, Marlowe, Milton. Londres e Nova York: Routledge, 1996.

_____. *Unediting the Renaissance*: Shakespeare, Marlowe, Milton. Londres e Nova York: Routledge, 1996.

A MÃO DO AUTOR E A MENTE DO EDITOR   **329**

MARIN, L. *Le portrait du roi*. Paris: Les Éditions de Minuit, 1981. [Ed. ing.: *Portrait of the King*. Trad. Martha M. Houle. Minneapolis: University of Minnesota Press, 1988.]

MARLOWE, C. *Edward II*, V, 4. In: BOWERS, F. (ed.). *The Complete Works of Christopher Marlowe*. 2v. Cambridge e Nova York: Cambridge University Press, 1973.

MAROTTI, A. F. *Manuscript, Print, and the English Renaissance Lyric*. Ithaca: Cornell University Press, 1995.

MARTIN, H.-J. *Livre, pouvoirs et société à Paris au XVIIᵉ siècle (1598-1701)*. 3v. Genebra: Droz, 1969. [Ed. ing.: *Print, Power and People in Seventeenth-Century France*. Trad. David Gerard. Metuchen, NJ: Scarecrow Press, 1933.]

MASTEN, J. Pressing Subjects, or the Secret Lives of Shakespeare's Compositors. In: _____; STALLYBRASS, P.; VICKERS, N. (eds.). *Language Machines*: Technologies of Literary and Cultural Production. Londres e Nova York: Routledge, 1997.

_____. *Textual Intercourse*: Collaboration, Authorship, and Sexualities in Renaissance Drama. Cambridge: Cambridge University Press, 1997.

MCGANN, J. J. *The Textual Condition*. Princeton: Princeton University Press, 1991.

MCKENZIE, D. F. *Bibliography and the Sociology of Texts*. Londres: The British Library, 1986. Cambridge e Nova York: Cambridge University Press, 1999. (The Panizzi Lectures, 1985.)

_____. The Economies of Print, 1550-1750: Scales of Production and Conditions of Constraint. In: CAVACIOCCHI, S. (ed.). *Produzione e commercio della carta e del libro, secc. XII-XVIII*. Prato: Istituto Internazionale di Storia Economica, série II, n.23. Florença: Le Monnier, 1992.

_____. Typography and Meaning: The Case of William Congreve. In: BARBER, G.; FABIAN, B. (ed.). *Buch und Buchhandel in Europa im achtzehnten Jahrhundert*. Hamburgo: Houswedell, 1981. Reimpresso em MCKENZIE, D. F. *Making Meaning*: "Printers of the Mind" and Other Essays. Ed. Peter D. McDonald e Michael F. Suarez, S. J. Amherst: University of Massachusetts Press, 2002.

_____. When Congreve Made a Scene. *Transactions of the Cambridge Bibliographical Society*, v.6, pt.2, p.338-42, 1979.

MCKERROW, R. B. *An Introduction to Bibliography for Literary Students*. Oxford: Clarendon Press, 1927.

MCKITTERICK, D. *Print, Manuscript, and the Search for Order, 1450-1830*. Cambridge: Cambridge University Press, 2003.

330 ROGER CHARTIER

MCMANAWAY, J. The Two Earliest Prompt Books of *Hamlet*. *The Papers of the Bibliographical Society of America*, 43, p.288-320, 1994.

MCMILLIN, S. The Book of Sir Thomas More: Dates and Acting Companies. In: HOWARD-HILL, T. H. (ed.). *Shakespeare and Sir Thomas More*: Essays on the Play and its Shakespearean Interest. Cambridge e Nova York: Cambridge University Press, 1989.

_____. *The Elizabethan Theatre and "The Book of Sir Thomas More"*. Ithaca: Cornell University Press, 1987.

MERES, F. *Palladis Tamia, Wits Treasury*. Ed. Arthur Freeman. Nova York: Garland, 1973.

MERINO, S. G. La cuenta del original. *Imprenta y crítica textual en el Siglo de Oro. Estudios publicados bajo la dirección de Francisco Rico*. Ed. Pablo Andrés. Valladolid: Centro para la Edición de los Clásicos Españoles, 2000.

MEXÍA, P. *Silva de varia lección* (1540). Ed. Antonio Castro. Madri: Cátedra, 1989.

MIDDLETON, T. A Game at Chess: General Textual Introduction. In: TAYLOR, G.; LAVAGNINO, J. (ed.). *Thomas Middleton and Early Modern Textual Culture*: A Companion to the Collected Works. Oxford e Nova York: Oxford University Press, 2007.

_____. *The Collected Works*. Eds. ger. Gary Taylor e John Lavagnino. Oxford: Clarendon Press, 2007.

MILHOU, A. Introduction historique. In: LAS CASAS, B. *La destruction des Indes (1552)*. Trad. Jacques de Miggrode (1579), com gravuras de Theodor de Bry (1598). Ed. e análise iconográfica de Jean-Paul Duviols. Paris: Chandeigne, 1995.

MOLIÈRE, J.-B. P. *Le tartuffe ou l'imposteur. Comedie*. Paris: Claude Barbin, 1673.

_____. *Le tartuffe ou l'imposteur. Comedie*. Paris: Jean Ribou, 1669.

_____. *Oeuvres complètes collationnées sur les textes originaux*. Ed. Louis Moland. 12v. Paris: Garnier, 1880-1885.

_____. *Oeuvres complètes*. Ed. Georges Forestier e Claude Bourqui. Paris: Gallimard, 2010. (Bibliothèque de la Pléiade.)

MONER, M. *Cervantès conteur*: écrits et paroles. Madri: Casa de Velázquez, 1989.

MONTINARI, M. *La volonté de puissance n'existe pas*. Ed. com posfácio de Paolo d'Iorio. Paris: L'Éclat, 1998.

MOORE, J. K. *Primary Materials Relating to Copy and Print in English Books of the Sixteenth and Seventeenth Centuries*. Oxford: Oxford Unviersity Press, 1998.

MOUREAU, F. (ed.). *De bonne main*: la communication manuscrite au XVIIIe siècle. Paris: Universitas; Oxford: Voltaire Foundation, 1993.

_____. *La plume et le plomb*: espaces de l'imprimé et du manuscrit au siècle des Lumières. Paris: Presses de l'Université Paris-Sorbonne, 2006.

_____. *Répertoire des nouvelles à la main*: Dictionnaire de la presse manuscrite clandestine XVIe-XVIIIe siècle. Oxford: Voltaire Foundation, 1999.

MOXON, J. *Mechanick Exercises on the Whole Art of Printing (1683-4)*. Ed. Herbert Davis e Harry Carter. Londres: Oxford University Press, 1958.

MR. WILLIAM Shakespeares Comedies, Histories & Tragedies: Published according to the True Originall Copies. Londres: 1623.

MURPHY, A. *Shakespeare in Print*: A History and Chronology of Shakespeare Publishing. Cambridge e Nova York: Cambridge University Press, 2003.

NAUDE, G. *Advis pour dresser une bibliothèque* (1627). Paris: Aux Amateurs de Livres, 1990. [Ed. ing.: *Instructions Concerning Erecting a Library*. Trad. John Evelyn. Londres: 1661.]

NEBRIJA, E. A. de. *Gramática castellana*. Ed. com introdução de Miguel Angel Esparza e Ramón Sarmiento. 3v. Madri: Fundación Antonio de Nebrija, 1992.

NEEFS, J. Gustave Flaubert: Les aventures de l'homme-plume. In: *Brouillon d'écrivains*.

NELSON, W. From "Listen Lordings" to "Dear Reader". *University of Toronto Quarterly. A Canadian Journal of the Humanities*, 46(2), p.110-24, 1976-7.

NOIRIEL, G. *Sur la "crise" de l'histoire*. Paris: Belin, 1996.

NOUZA, F. Para qué imprimir: de autores, público, impresores y manuscritos en el Siglo de Oro. *Cuadernos de Historia Moderna*, 18, p.31-50, 1997.

OLIVETAN. Au lecteur. In: _____. *Instruction des enfants* (1533). In: BADDE-LEY, S. *L'orthographe française au temps de la Réforme*. Genebra: Droz, 1993.

ORGEL, S. *The Authentic Shakespeare and Other Problems of the Early Modern Stage*. Nova York: Routledge, 2002.

_____. The Authentic Shakespeare. *Representations*, 21, p.1-25, 1988.

_____. What Is a Text? In: KASTAN, D. S.; STALLYBRASS, P. (ed.). *Staging the Renaissance*: Reinterpretations of Elizabethan and Jacobean Drama. Nova York e Londres: Routledge, 1991.

OROZCO, S. de C. *Tesoro de la lengua castellana, o española*. Madri: 1611.

ORTOGRAFÍA de la lengua española castellana compuesta por la Real Academia Española. Nova edição corrigida e ampliada. Madri: Real Academia Española, 1754.

PALFREY, S.; STERN, T. *Shakespeare in Parts*. Oxford e Nova York: Oxford University Press, 2007.

332 ROGER CHARTIER

PAREDES, A. V. de. *Institución y origen del arte de la imprenta y reglas generales para los componedores*. Ed. Jaime Moll. Madri: Bibliotheca Litterae, Calambur, 2002.

_____. *Institución y origen del arte de la imprenta y reglas generales para los componedores*. Ed. com prólogo de Jaime Moll. Madri: El Crotalón, 1984. Nova edição com uma "Nueva noticia editorial", por Víctor Infantes. Madri: Calambur, 2002. (Biblioteca Litterae.)

_____. *Institución y origen del arte de la imprenta y reglas generales para los componedores*. Madri: ca. 1680. Ed. Jaime Moll. Madri: Calambur, 2002.

PARENT, A. *Les métiers du livre à Paris au XVIe siècle (1535-1560)*. Genebra: Droz, 1974.

PARKES, M. *Pause and Effect*: An Introduction to the History of Punctuation in the West. Berkeley: University of California Press, 1993.

PASSERON, J.-C.; REVEL, J. (ed.). *Penser par cas*. Paris: Éditions de l'École des Hautes Études en Sciences Sociales, Enquète, 2005.

PEPYS, S. *Passages from the Diary of Samuel Pepys*. Ed. com prefácio de Richard Le Gallienne. Nova York: Modern Library, 2003.

PERSPECTIVES on Global History: Concepts and Methodology/Mondialisation de l'histoire: concepts et méthodologie. *Proceedings/actes: 19th International Congress of Historical Sciences/XIXe Congrès International des Sciences Historiques*, Oslo, p.3-52, 2000.

PETRUCCI, A. Dal libro unitario al libro miscellaneo. In: GIARDINA, A. (ed.). *Società romana e imperio tardoantico*. 4v. Roma e Bari: Laterza, 1986. v.4 (*Tradizione dei classici, trasformazioni della cultura*). [Ed. ing.: From the Unitary Book to the Miscellany. In: PETRUCCI, A. *Writers and Readers in Medieval Italy*: Studies in the History of Written Culture. Ed. e trad. Charles M. Radding. New Haven: Yale University Press, 1995.]

_____. From the Unitary Book to the Miscellany. In: _____. *Writers and Readers in Medieval Italy*: Studies in the History of Written Culture. Ed. e trad. Charles M. Radding. New Haven: Yale University Press, 1995.

_____. Il libro manoscritto. In: ROSA, A. A. (ed.). *Letteratura italiana*. 10v. Turim: Einaudi, 1982.

_____. *La scrittura di Francesco Petrarca*. Studi e testi. Cidade do Vaticano: Biblioteca Apostolica Vaticana, 1967. (Biblioteca Apostolica Vaticana.)

_____. Minute, Autograph, Author's Book. In: _____. *Writers and Readers in Medieval Italy, Studies in the History of Written Culture*. Ed. e trad. Charles M. Radding. New Haven: Yale University Press, 1995.

PIERCE, P. *The Confessions of William Henry Ireland: Containing the Particulars of His Fabrication of the Shakespeare Manuscripts; Together with Anecdotes and Opinions (Hitherto Unpublished) of Many Distinguished Persons in the Literary, Political, and Theatrical World*. Londres: Impresso por Ellerton e Byworth para T. Goddard, 1805.

_____. *The Great Shakespeare Fraud*: The Strange, True Story of William- -Henry Ireland. Stroud: Sutton, 2004.

QUEVEDO, F. de. *Dreams and Discourses*. Ed. e trad. R. K. Britton. Warminster: Aris & Phillips, 1989.

_____. *L'aventurier Buscon. Histoire facétieuse composée en Espagnol par dom Francisco de Quevedo*. Ensemble les Lettres du Chevalier de l'Epargne. Paris, Billaine, 1633.

_____. *La vida del Buscón*. Ed. Fernando Cabo Aseguinolaza. Barcelona: Crítica, 1993. [Ed. ing.: *The Scavenger*. Trad. Hugh A. Harter. Nova York: Las Americas, 1962.]

_____. *Los sueños*: sueños y discursos de verdades descubridoras de abusos, vicios y engaños, en todos los ofícios y estados del mundo. Ed. Ignacio Arellano e M. Carmen Pinillos. Madri: Editorial Espasa Calpe, 1998.

RACINE, J. *Oeuvres completes*. Ed. Georges Forestier. Paris: Gallimard, Bibliothèque de la Pléiade, 1999. v.1 (*Théâtre-Poésie*).

RADDADI, M. Cutting: Hamlet. In: _____. *Davenant's Adaptations of Shakespeare*. Uppsala: Acta Universitatis Upsaliensis, 1979.

_____. *Davenant's Adaptations of Shakespeare*. Uppsala: Acta Universitatis Upsaliensis, 1979.

_____. The Language. In: _____. *Davenant's Adaptations of Shakespeare*. Uppsala: Acta Universitatis Upsaliensis, 1979.

REDONDO, A. Acerca de la portada de la primera parte del Quijote: un problema de recepción. In: LOZANO-RENIEBLAS, I.; MERCADO, J. C. (ed.). *Silva*: Studia philologica in honorem Isaías Lerner. Madri: Castalia, 2001.

REVEL, J. (ed.) *Jeux d'échelle*: La micro-analyse à l'expérience. Paris: Gallimard/Seuil, 1996.

_____. Microanalyse et construction du social. In: _____. (ed.). *Jeux d'échelles*: La micro-analyse à l'expérience. Paris: Gallimard/Seuil, 1996. [Ed. ing.: Microanalysis and the Construction of the Social (1996). In: REVEL, J.; HUNT, L. *Histories*: French Constructions of the Past. Trad. Arthur Goldhammer et al. Nova York: New Press, 1995.]

RICHARDSON, B. *Print Culture in Renaissance Italy*: The Editor and the Vernacular Text, 1470-1600. Cambridge e Nova York: Cambridge University Press, 1994.

_____. *Printers, Writers and Readers in Renaissance Italy.* Cambridge: Cambridge University Press, 1999.

RICO, F. (ed.). *Lazarillo de Tormes.* Madri: Cátedra, 1987.

_____. *Don Quijote*, Madrid 1604, en prensa. In: _____. *El Quijote*: Biografía de un libro, 1605-2005. Madri: Biblioteca Nacional, 2005.

_____. *El texto del "Quijote"*: preliminares a una ecdótica del Siglo de Oro. Barcelona: Ediciones Destino, 2006.

_____. Excurso 3, El primer pliego del *"Quijote"*. In: _____. *El texto del "Quijote"*: Preliminares a una ecdótica del Siglo de Oro. Barcelona: Ediciones Destino, 2006. (Biblioteca Francisco Rico.)

_____. Historia del texto. In: CERVANTES, M. *Don Quijote de la Mancha*.

_____. *Quijotismos.* Aldea Mayor de San Martín: Pápeles de la Biblioteca Municipal, 2005.

_____. *Tiempos de Quijote.* Barcelona: Acantilado, 2012.

_____. *Visita de imprentas*: páginas y noticias de Cervantes viejo, discurso pronunciado por Francisco Rico el 10 de mayo de 1996 en ocasión de su investidura como doctor honoris causa por la Universidad de Valladolid. Valladolid: En la casa del lago, 1996.

RICOEUR, P. *La mémoire, l'histoire, l'oubli.* Paris: Seuil, 2000. [Ed. ing.: *Memory, History, Forgetting.* Trad. Kathleen Blamey e David Pellauer. Chicago: University of Chicago Press, 2004, 2006.]

_____. *Temps et récit.* Paris: Seuil, 1983. v.1 (*L'intrigue et le récit historique*). [Ed. ing.: *Time and Narrative.* 3v. Trad. Kathleen McLaughlin e David Pellauer. Chicago: University of Chicago Press, 1984-1988.]

RIVERS, E. L. On the Prefatory Pages of Don Quixote Part II. *MLN* (1960), p.243-8.

ROJAS, F. de. *La celestina*: Tragicomedia de Calisto y Melibea. Ed. Francisco Rico. Barcelona: Crítica, 2000.

RONSARD, P. de. Au lecteur, La Franciade (1572). In: _____. *Oeuvres complètes*. [Ed. ing.: *The Franciad (1572) by Pierre Ronsard*. Ed. e trad. Phillip John Usher. Nova York: MAS Press, 2010.]

_____. Préface sur la Franciade touchant le poëme héroïque. In: CEARD, J.; MÉNAGER, D.; SIMONIN, M. (ed.). *Oeuvres complètes*. 2v. Paris: Gallimard, 1993-1994. (Bibliothèque de la Pléiade.)

A MÃO DO AUTOR E A MENTE DO EDITOR **335**

RUANO DE LA HAZA, J. M. An Early Rehash of Lope's Peribañez. *Bulletin of the Comediantes*, 25, p.6-29, 1983.

_____. En torno a una edición crítica de *"La vida es sueño"*, de Calderón. In: Canavaggio, J. (ed.). *La comedia*. Madri: Collection de la Casa de Velázquez, 1995.

SACQUIN, M. Les pensées de Pascal: des manuscrits en quête d'une oeuvre. *Brouillons d'écrivains*.

SCHAPIRA, N. *Un professionnel de lettres au XVIIᵉ siècle*: Valentin Conrart, une histoire sociale. Seyssel: Champ Vallon, 2003.

SCHAUB, J.-F. *La France espagnole*: les racines hispaniques de l'absolutisme français. Paris: Seuil, 2003.

SCHEIL, K. W. "Rouz'd by a Woman's Pen": The Shakespeare Ladies' Club and Reading Habits of Early Modern Women. *Critical Survey*, p.106-27, 2000.

SCHOENBAUM, S. *Shakespeare's Lives*. Oxford: Clarendon Press; Nova York: Oxford University Press, 1970.

SCHWOB, M. *Vies imaginaires* (1986). Paris: Flammarion, 2004. [Ed. ing.: *Imaginary Lives*. Trad. Lorimer Hammond. Nova York: Boni & Liveright, 1924.]

SCUDÉRY. *Observations sur le Cid*. In: CORNEILLE. *Oeuvres complètes*,1.

SEARY, P. *Lewis Theobald and the Edition of Shakespeare*. Oxford: Clarendon Press; Nova York: Oxford University Press, 1990.

SHAKESPEARE, W. *A Midsommer Nights Dreame*. Londres: 1600.

_____. *A Pleasant Conceited Comedie Called Loues Labors Lost*. Londres: por W. W. para Cuthbert Burby, 1598. v.1. apud SHAKESPEARE, W. Love's Labour's Lost. In: GREENBLATT, S. (ed.). *The Norton Shakespeare*. Nova York: W. W. Norton, 1997.

_____. *The Complete King Lear 1608-1623*. Textos e textos paralelos em fac-símiles fotográficos, preparados por Michael Warren. Berkeley: University of California Press, 1989.

_____. *The Complete Works*. Ed. Stanley Wells e Gary Taylor. Nova York e Oxford: Oxford University Press, 1987.

_____. *The Tragedy of Hamlet Prince of Denmark*. Londres: 1676.

SHAPIN, S. *A Social History of Truth, Civility and Science in Seventeenth-Century England*. Chicago: University of Chicago Press, 1994.

SHAPIN, S.; SCHAFFER, S. *Leviathan and the Air-Pump*: Hobbes, Boyle, and the Experimental Life. Princeton: Princeton University Press, 1985.

SHERMAN, W. *Used Books*: Marking Readers in Renaissance England. Filadélfia: University of Philadelphia Press, 2008.

SIMPSON, P. *Shakespearean Punctuation*. Oxford: Clarendon Press, 1911.

336 ROGER CHARTIER

SOREL, C. *La Bibliothèque Françoise* (1664). Reimpressão, 2.ed. revis. e ampl. Genebra: Slatkine, 1970.

SPENCER, H. Hamlet under the Restoration. *Publications of the Modern Language Association*, 38, p.770-91, 1923.

_____. *Shakespeare Improved*: The Restoration Versions in Quarto and on the Stage. Cambridge, MA: Harvard University Press, 1927.

STALLYBRASS, P. et. al. Hamlet's Tables and the Technology of Writing in Renaissance England. *Shakespeare Quarterly*, 55(4), p.1-41, 2004.

STAROBINSKI, J. "Se mettre à la place": (La mutation de la critique, de l'âge classique à Diderot). *Cahiers Vilfredo Pareto*, 38-9, p.364-78, 1976.

STOLL, A. *Scarron als Übersetzer Quevedo*: Studien zur Rezeption des Pikaresken Romans "El Buscón" in Frankreich, L'Aventurier Buscon, 1633. Frankfurt-am-Main: 1970.

SUBRAHMANYAM, S. Connected Histories: Notes towards a Reconfiguration of Early Modern Eurasia. In: LIEBERMAN, V. (ed.). *Beyond Binary Histories*: Re-imagining Eurasia to c.1830. Ann Arbor: University of Michigan Press, 1977.

_____. On World Historians in the Sixteenth Century. *Representations*, 91, p.26-57, 2005.

_____. Sixteenth-Century Millenarianism from the Tagus to the Ganges. In: _____. *Explorations in Connected History*. From the Tagus to the Ganges. Oxford: Oxford University Press, 2005.

TANSELLE, G. Thomas "Textual Criticism and Literary Sociology". *Studies in Bibliography*, 42, p.83-143, 1991.

TAVONI, M. G. Avant Genette fra trattati e "curiosità". In: BIANCAS-TELLA, A.; SANTORO, M.; TAVONI, M. G. (eds.). *Sulle tracce del paratesto*. Bolonha: Bononia University Press, 2004.

TAYLOR, G. c:\wp\file.text 05:41 10-07-98. In: MURPHY, A. (ed.). *The Renaissance Text*: Theory, Editing, Textuality. Manchester e Nova York: Manchester University Press, 2000.

_____. *Reinventing Shakespeare*: A Cultural History from the Restoration to the Present. Oxford: Oxford University Press; Nova York: Weidenfeld & Nicolson, 1989.

_____.; WARREN, M. (ed.) *The Division of the Kingdom*: Shakespeare's Two Versions of "King Lear". Oxford: Clarendon Press; Nova York: Oxford University Press, 1983.

THE PLAYS and Poems of William Shakespeare in Ten Volumes: Collated Verbatim with the Most Authentick Copies, and Revised: With the Correction and Illustrations of Various Commentators; to Which are Added, an Essay on the Chronological Order of his Plays; an Essay Relative to Shakespeare and Jonson; a Dissertation on the Three Parts of King Henry VI; an Historical Account of the English State; and Notes by Edmond Malone. Londres: impresso por H. Baldwin para J. Rivington and Sons, 1790.

THE PLAYS and Poems of William Shakespeare: With the Corrections and Illustrations of Various Commentators; Comprehending a Life of the Poet and an Enlarged History of the Stage by the Late Edmond Malone; with a New Glossarial Index. Londres: impresso para F. C. e J. Rivington et al., 1821.

THE PRINTER to the Reader. In: HARTWELL, A. *Reginae literata sive de... Elizabethae... Reginae... in Academiam Cantabridiensem adventu.* Londres: Gulielmi Seres, 1565.

THEOBALD, L. *Shakespeare Restored.* Londres: 1726.

THOMAS, M. W. Reading and Writing in the Renaissance Commonplace Book: A Question of Authorship?. WOODMANSEE, M.; JASZI, P. (ed.). *The Construction of Authorship*: Textual Appropriation in Law and Literature. Durham, NC: Duke University Press, 1994.

THOMPSON, A. "I'll have grounds/More relative than this": The Puzzle of John Ward's *Hamlet* Promptbooks. *The Yearbook of English Studies*, 29, p.138-50, 1999.

THOMPSON, J. B. *Merchants of Culture*: The Publishing Business in the Twenty-First Century. Cambridge: Polity Press, 2010. [Ed. bras.: *Mercadores de cultura.* São Paulo: Editora Unesp, 2013.]

TISSOT, S. *De la santé des gens de lettres* (1768). Ed. François Azouvi. Genebra e Paris: Slatkine, 1981. [Ed. ing.: *An Essay on Diseases Incidental to Literary and Sedentary Persons.* Dublin: 1769.]

TOLLEMER, A. A. (pub.). *Un sire de Gouberville, gentilhomme campagnard du Cotentin de 1553 à 1562.* Paris e Haia: Mouton, 1972.

TROVATO, P. *"Con ogni diligenza corretto"*: La stampa e le revisioni editoriali dei testi letterari italiani (1470-1570). Bolonha: Il Mulino, 1991.

_____. *L'ordine dei tipografi; lettori, stampatori, correttori tra Quattro e Cinquecento.* Roma: Bulzoni, 1998.

VERSTEGAN, R. *Théâtre des cruautés des hérétiques de notre temps.* Ed. Frank Lestringant. Paris: Chandeigne, 1995.

VEYNE, P. *Comment on écrit l'histoire*: Essai d'épistémologie. Paris: Seuil, 1971. [Ed. ing.: *Writing History*: Essay on Epistemology. Trad. Mina Moore-Rinvolucri. Middletown, CT: Wesleyan University Press, 1984.]

VEYRIN-FORRER, J. À la recherché des "Précieuses". In: _____. *La lettre et le texte*: trente années de recherches sur l'histoire du livre. Paris: Collection de l'École Normale Supérieure de Jeunes Filles, 1987.

_____. Fabriquer un livre au XVIᵉ siècle. In: CHARTIER, R.; MARTIN, H.-J. *Histoire de l'édition française*. Paris: Fayard; Cercle de la Librairie, 1989. v.1 (*Le livre conquérant: du Moyen Âge au milieu du XVIIᵉ siècle*). v.2 (*Le livre triomphant: du Moyen Âge au milieu du XVIIᵉ siècle*).

VILAR, P. Le temps du "Quixote". *Europe*, p.3-16, 1956. Reimpresso em VILAR, P. *Une histoire en construction*: Approche marxiste et problématiques conjoncturelles. Paris: Gallimard/Seuil, 1982. [Ed. ing.: The Age of Don Quixote. In: EARLE, P. (ed.). *Essays in European Economic History 1500-1800*. Oxford: Oxford University Press, 1974.]

WEBSTER, J. *The White Devil, Or The Tragedy of Paulo Giordano Ursini, Duke of Brachiano.* Acted by the Queens Maiesties Servants. Written by John Webster. London: Impresso por N. O. para Thomas Archer, 1612.

_____. *Three Plays.* Harmondsworth: Penguin, 1972.

_____. To the Reader. In: BROOKS, D. A. *From Playhouse to Printing House*: Drama and Authorship in Early Modern England. Cambridge: Cambridge University Press, 2000.

WELLS et al. *William Shakespeare*: A Textual Companion.

WELLS, S.; TAYLOR, G. (ed.). *William Shakespeare*: The Complete Works. Oxford: Clarendon Press; Nova York: Oxford University Press, 1986.

WELLS, S.; TAYLOR, G. com JOWETT, J.; MONTGOMERY, W. *William Shakespeare*: A Textual Companion. Oxford: Clarendon Press; Nova York: Oxford University Press, 1987.

WERSTINE, P. Narrative about Printed Shakespeare Texts: "Foul Papers" and "Bad" Quartos. *Shakespeare Quarterly*, 41(1), p.65-86, primavera 1990.

_____. The Textual Mystery of *Hamlet*. *Shakespeare Quarterly*, 39 (1), p.1-26, primavera 1988.

WEST, A. J. *The Shakespeare First Folio*: The History of the Book. 2v. Oxford: Oxford University Press, 2001.

WHITE, H. *Metahistory*: The Historical Imagination in Nineteenth-Century Europe. Baltimore: Johns Hopkins University Press, 1973.

_____. *Tropics of Discourse*: Essays in Cultural Criticism. Baltimore: Johns Hopkins University Press, 1978.

WINN, M. B. *Anthoine Vérard, Parisian Publisher 1485-1512*: Prologues, Poems, and Presentations. Genebra: Droz, 1997.

WOUDHUYSEN, H. R. *Sir Philip Sidney and the Circulation of Manuscripts, 1558-1640*. Oxford: Oxford University Press, 1996.

Índice remissivo

Agostinho, Santo 225
Alemán, Mateo 185, 268n
Alemanha: pirataria de livros 141
Alleyn, Edward 171
Amadís de Gaula (romance de cavalaria) 180-1, 183
Ana da Áustria 204
análise, princípios de 46-9
anamnese 215-9
anomalias 96
Ariès, Philippe 61
Ariosto, Ludovico 194
arquivos literários:
  função 129-30
  influência sobre a obra e a biografia 146-51
  manuscritos assinados antes do século XVIII 131-9
  razão para ascensão 139-46
Aspley, William 284-5
Aub, Max 69
d'Audiguier, Pierre 185
d'Audiguier, Vidal 178, 186

Auerbach, Erich 36
autores:
  ascensão de biografias literárias 149-50
  constituição da obra 146-7
  definição 32-4
  efeito da textualidade digital sobre o conceito 126-7
  provar autoria antes da existência do conceito de propriedade literária
  e pontuação 33
  relação com seus livros 38-41, 259-69, 286-88, 309
  surgimento da individualização 10, 14
  ver também propriedade intelectual
L'aventurier nocturne (romance picaresco) 187
Ayala, Gonzalo de 39
Aymard, Maurice 98

340 ROGER CHARTIER

Barberino, Francesco da 136
Barthes, Roland 41, 67, 68
Beaumont, Francis 114, 279
Beckett, Samuel 130
Belvedere, ou *O jardim das musas* (livro de lugares-comuns) 33
Bénichou, Paul 10
Benzoni, Girolamo 203
Bergson, Henri 215
Bernès, Jean-Pierre 148
Berr, Henri 85, 86, 89
Betterton, Thomas 296
Biagioli, Mario 61, 146n
Biasi, Pierre-Marc de 130
Bíblia 23, 43, 118-9
bibliográficas, referências ver referências bibliográficas
bibliotecas universais 24
biografias literárias 149-50
Blackstone, William 140
Blake, William 233
Blayney, Peter 114n, 283-4, 285n
Bloch, Marc 9, 71, 85-6
bloco mágico 224-5, 233
Blosio, Ludovico 269n
Blount, Edward 285
Boccaccio, Giovanni 123
Bodley, Sir Thomas 114
Bonnefoy, Yves 154
Book of Sir Thomas More, The 134
Borges, Jorge Luis:
  estabelecendo sua obra 148
  "Funes el memorioso" 221-3
  sobre bibliotecas universais 23-4
  sobre material introdutório 113
  sobre a natureza da literatura 35
  sobre o poder da palavra escrita 44

  sobre a relação entre estilos de leitura e significado 42
  "Shakespeare's Memory" 230-3
  textos apócrifos 69
Boswell, James 150
Bourdieu, Pierre 48, 51, 60, 91-2
Bouza, Fernando 105n, 209n, 219n, 242n
Bowers, Fredson 154n, 267n, 273
Brantôme, Pierre de Bourdeilles, Senhor de 131
Braudel, Fernand:
  Les ambitions de l'histoire [As ambições da História] 80-7, 90n, 94n, 95n, 97n
  aulas na prisão 85-6
  Civilização material, economia e capitalismo 80, 87
  edição reunida 79-80
  e história como discurso e/ou conhecimento 98-9
  "La longue durée" 83-9
  O Mediterrâneo : o espaço e a História 98
  O Mediterrâneo e o mundo mediterrâneo 80
  e Michelet 48, 86
  e micro-história 94
  obras mais importantes 79-80
  relevância contínua 79
  sobre a Espanha do Século de Ouro 13
  sobre a relação entre ciência social e história 86-9
  sobre responsabilidades dos historiadores 25
  sobre os vários níveis da história 89-90

A MÃO DO AUTOR E A MENTE DO EDITOR   341

Brooks, Douglas 277-8, 280n, 283
Bry, Theodor de 202-3
Bullokar, William 156
Burby, Cuthbert 281
Butter, Nathaniel 271, 282

Cabrera, Melchor de 31, 39, 163
Cade, revolta de (1450) 67
Calderón de la Barca, Pedro 132-3
Canavaggio, Jean 241, 244
Caramuel y Lobkowitz, Juan 239-40
Catach, Nina 156
cavalaria, romances de *ver* romances
    de cavalaria 13, 180-2, 186, 230,
    246
Cayuela, Anne 249, 256
*Celestina, La (Tragicomedia de Calisto
    y Melibea)* 41, 268n
censores:
    e *Dom Quixote* 244-9
    influência sobre as obras 12
    e material preliminar 241-4
    e peças históricas de Shakespeare
        66-7
    e obras dramáticas dos séculos
        XVI e XVII 138-9
    Século de Ouro espanhol 137-9
Certeau, Michel de 54, 56-9, 61, 65,
    68, 97
Cervantes, Miguel de:
    Galatea 248, 254
    Novelas exemplares 109, 178, 186,
        248, 251, 256
    *Oito comédias e oito entremezes
        novos* 249
    Persiles 178, 192, 193n, 208-9,
        249, 254, 255, 256
    Viagem do Parnaso 249

DOM QUIXOTE:
1605 e 1608, edições de 39-41
apropriações textuais 49-51
ausência de manuscrito assinado 10
o burrico de Sancho 264-5
capítulos da Serra Morena 36, 37,
    50, 207, 215, 218, 227, 264
cena da gráfica 39, 108, 178-9
censores 244-9
circulação inicial 175-7
como expressão do declínio espa-
    nhol 175
contexto 207-8
correções do autor 262-6
declarações de aprovação 245-8
dedicatórias 241-5, 253
folha de rosto 241-4
fontes 223
fragilidade da palavra escrita
    em 38
material preliminar 241-9
Mayans y Síscar, edição de 32
Parte II 176, 178, 185, 187, 207,
    236, 246, 249-56, 264-6
peças inspiradas por 49
práticas contemporâneas de es-
    crita 26
princeps, edição 261
recepção na França 247
reconstruindo o texto de Cervan-
    tes 266-9
relação entre manuscrito do autor
    e livro impresso 259-69
referências de Aub a 69
referências de *Buscón* a 190
sequência de Avellaneda 33, 207,
    236, 250-5
Sorel, sobre 186-7

342 ROGER CHARTIER

temas de memória e esquecimento 215-8, 220, 221, 225-30
título 242-3, 261, 263, 266
traduções 49-51, 177-9, 241, 285
uso da história dos gêneros literários
Chamberlain's Men, companhia de teatro 279
Chapelain, Jean 185, 187, 188, 196
Chapman, George 230, 278, 299
Chappuys, Gabriel 185
Chettle, Henry 134
Chioggia 95
ciência, história como 61-2
Ciência Social, e História 79-99
Ciro o Grande, imperador da Pérsia 223
Citações 11, 23, 33, 57, 68, 75-6, 197, 229, 251, 277
Códices 9, 22-3, 122, 125-6 ver também livros
Colet, Louise 145-6
Companhia dos Papeleiros [Stationers' Company] 49, 116, 177, 275, 276, 280
compositores:
  composição por "formes" [formas] 40-1, 260
  exatidão 266
  influência sobra as obras 11-2
  papel dos 260-1
  e pontuação 162-4
  qualificações necessárias 40-1
  versão do texto usada pelos 137-9, 259-61
  ver também impressão
Condell, Henry 142, 284-8, 293
Congresso Internacional de Ciências Históricas, Sexto (Oslo) 71

Congresso Internacional de Ciências Históricas, Décimo Nono (Oslo, 2000) 71
Contreras, Pedro de 93n, 245
controle social, papel da escrita no 28-9
copistas 12, 137-8, 260, 262, 268,
Corelli, Filippo 98
Cormellas, Sebastián 250
Corneille, Pierre 184, 185, 194-9, 207
Courbé, Augustin 197
Crane, Ralph 136
Crisóstomo, São João 162
crítica genética 130, 309
crítica textual 12, 20, 46, 163, 274-5
Cuesta, Juan de la 177-8, 243-4, 250, 259-60, 264
cultura: definição 30
Cúrcio 30-1

Damilaville (amigo de Diderot) 120-1
Dante Alighieri 194
Darnton, Robert 76, 77n
Daston, Lorraine 61-2
Davenant, William 289, 296-9, 303-4, 309
Dekker, Thomas 134, 279
Delavault, Hélène 76
Delumeau, Jean 28
Dependências 46
Derrida, Jacques 220, 224
Deutsches Literaturarchiv Marbach [Arquivo Marbach de Literatura Alemã] 129, 151
Diderot, Denis 32, 120-1, 131, 140-1, 151
Diferenças 46

A MÃO DO AUTOR E A MENTE DO EDITOR 343

digital, textualidade *ver* textualidade digital

direito autoral 294 *ver também* propriedade intelectual

Dobson, Michael 284, 292, 296, 304n

dois-pontos 45, 158, 306

Dolet, Étienne 45, 157

Dryden, John 289

editores de cópia 39, 138, 165 *ver também* revisores

editores e editar:
    edições de crítica *vs.* edições de leitura 266-9
    papel dos 266-7
    Shakespeare 289-94
    ver também revisores

efeitos de realidade 68-9

Eisenstein, Elizabeth 103-4, 114n, 115n

Elias, Norbert 29

Elisabeth de Bourbon 247

Elizabeth I, rainha da Inglaterra e da Irlanda 143-4, 300

energia 65-6

ênfase em textos 158-61

Enfield, William 140

epitexto 235

Erne, Lukas 276n, 298n,

Escapa, Pablo Andrés 113n, 239n

escribas 7, 131, 135-7

esfera pública: o papel da escrita no surgimento da 29

Espanha:
    comportamento colonial 200-3
    declínio 175
    relações com a França 203-5
    retratos estereotipados de espanhóis 205-9

espanhola, língua 192-4

esquecimento 37-8, 49
    esquecimento reservado 219-25

Estado: papel da escrita na construção do 28-9

Estados Unidos: monografias acadêmicas 77

Eurípides 278

eventos 81-2, 91, 94

exclamação, ponto de 39, 45, 158, 163
    invertido 171

Fabriano, Roseo da 182-3

fábulas 8, 36, 68-71

fac-símiles 144

Febvre, Lucien:
    L'apparition du livre [A aparição do livro] 20, 122
    e Braudel 83-6
    e a École Pratique des Hautes Études 83
    e Martin 20
    e Michelet 48
    sobre a dependência da história em relação aos textos 27
    sobre as responsabilidades dos historiadores 25

Fernández de Avellaneda, Alonso 33, 207, 236, 250-5

Fforde, Jasper 50-1

ficção:
    efeitos psicológicos da leitura 119-21
    estabelecer a autenticidade 116
    estruturas narrativas compartilhadas com a história 213-4
    e estudo da história 25-7, 54-5, 65-71

Field, Richard 275
Filipe, Infante espanhol 83, 247
Flaubert, Gustave 130, 145
Fletcher, John 49-50, 114, 177, 278-9
Florio, John 50, 285
folhas de rosto 190, 201, 241-5, 249, 250, 253-4, 266, 272, 278, 280, 281-3, 285
Forestier, Georges 159
formes [formas] 40-1, 163-4, 261, 287
Förster-Nietzsche, Elisabeth 147
Foucault, Michel:
    sobre autoria 32-3, 146-7
    sobre discurso 23, 126-7
    sobre eventos 90-1
    sobre representação 47
Fouine de Seville, La (romance picaresco) 187
França:
    canções subversivas nos cafés parisienses do século XVIII 76
    conhecimento da língua espanhola 192-4
    monografias acadêmicas 77
    recepção de *Dom Quixote* 247-8
    reformadores da grafia 154-8
    relações com a Espanha 203-5
Franklin, Benjamin 171-2
Freud, Sigmund 217, 224-5, 233
Furetière, Antoine 26, 68, 158, 166-7

Gallo de Andrada, Juan 242n
García Cárcel, Ricardo 203
García, Carlos 186, 205
Garnier, Robert 290n, 299
Gaskell, Philip 113n, 166n, 170, 237n
Gautier, Émile-Félix 85
Genette, Gérard 235-8, 257n

Giglio, Geronimo 183
Ginzburg, Carlo 55-6, 58, 73, 93-4, 96
Girbal (escriba de Diderot) 131
Giunta, firma gráfica 299
Goethe, Johann Wolfgang von 145
Gondomar, Conde de 136-7
Gouberville, Sire de 183
grafia 154-8, 163-4
Grazia, Margreta de 144n, 150-1, 268n, 272n, 291n, 300n, 304n, 309n
Greene, Robert 170-1
Greg, Walter 134n, 273
Gruget, Claude 182-3
Guarini, Battista 179
Guérin de Bouscal, Guyon 50
Guevara, Frei Antonio de 182
Guillén de Castro 50, 196-7, 199
Gurvitch, Georges 84
Gutierre de Cetina 244, 246
Guzmán de Alfarache (romance picaresco) 185, 188-9, 268n

Halbwachs, Maurice 85, 225
Hart, John 156
Hartwell, Abraham 162n
Hauser, Henri 84
Heidegger, Martin 221
Heliodoro 208, 255
Heminges, John 142, 284-8, 293
Henique II (peça de Shakespeare forjada) 143
Henslowe, Philip 279
Herberay, Nicholas de 180-1, 183
Herrera, Antonio de 242n
Herrera, Francisco de 242
Herringman (editor) 295n, 309

A MÃO DO AUTOR E A MENTE DO EDITOR   345

Heywood, Thomas 134, 279
História, disciplina de:
   e Ciência Social 79-99
   como discurso e/ou conhecimen-
      to 54-8, 97-9
   definição de Furetière 26, 68
   dependência da palavra escrita
      7-8, 25-7
   efeitos da textualidade digital
      13-4, 74-8
   efeito do ambiente sobre os histo-
      riadores 59-62
   estruturas narrativas comparti-
      lhadas com a ficção 213-4
   história comparada 71-2
   história global 71-4
   história oral 7
   micro-história 92-7
   papel da ficção 25-7, 54-5, 65-71
   papel da memória 7-8, 26, 62-5,
      215
   tarefa do historiador 25-7
   temporalidades históricas 89-92
Holanda *ver* Países Baixos
Homero 194n, 230, 278
Horácio 278, 303-4
Hornschuch, Hieronymus 165-6
Husserl, Edmund 225

identidade, construção da: efeito sobre a história 70-1
ilusões referenciais 67-8
impressão:
   arranjo do texto para 40-1, 260-1
   autoridade de textos impressos
      115-8
   e o começo da noção de coletâneas
      de obras 113-4, 122-3

controle dos impressores sobre o
   material preliminar 238-40
correções do autor 262-6
impressores e pontuação 158-9,
   162-6
invenção da impressão e seus efeitos 9, 22, 28, 103-23
itens impressos não livros 121-2
e noção de literatura nacional
   114-5
ordem de impressão 237-40
do Primeiro Fólio de Shakespeare
   285-88
preconceito contra impressores no
   Século de Ouro espanhol 31,
   39-41, 107-12
processo no Século de Ouro espanhol 38-40, 137-9, 259-66
processo no século XVII 259-66

publicação impressa das obras de
   Shakespeare 274-6, 280-4
recursos tipográficos indicando
   linhas a serem omitidas ou
   retidas 299-300
relação entre manuscrito do autor
   e livro impresso 38-41, 259-
   69, 308-9
tiragens no século XVII 107, 176-7
ver também compositores
individualidade:
   e a ilusão do singular 51
   surgimento do conceito de au-
      tor individual 9-10, 112-3,
      139-46
Inglaterra:
   teatro nos séculos XVI e XVII
      296-309

346 ROGER CHARTIER

reformadores da grafia 154-5
Institut Mémoires de l'Édition Contemporaine (Imec) 129
interrogação, ponto de 171, 172, 306-8
invertido 171
Ireland, William Henry 143
itálico 113, 159-60, 164, 199

Jaggard, Isaac 284
Jaggard, William 281, 284
Janot, Denis 181
Jáuregui, Juan de 179
Johns, Adrian 115
Johns Hopkins, Universidade: Biblioteca John Work Garrett 295, 301, 309
Johnson, Samuel 278, 291
Jonson, Ben 114, 137, 285, 299
Joyce, James 144

Kant, Immanuel 29-31
Kastan, David Scott 272, 275, 280, 283-4, 288, 293
Kemble, Roger 302
Killigrew, Sir Thomas 296
King's Men, companhia de teatro 49, 177, 279
Kodama, María 148
Koselleck, Reinhart 57, 72n

La Bruyère, Jean de 160-2, 167
La Mothe Le Vayer, François de 205
Laclos, Pierre Choderlos de 131
Ladurie, Emmanuel Le Roy 28
Las Casas, Bartolomé de 200-3
Lavagnino, John 149
Lazarillo de Tormes ver La vida de Lazarillo de Tormes

leitores de provas ver revisores
leitura:
defasagem entre inovações tecnológicas e mudanças nos hábitos de leitura 78
efeitos psicológicos 118-21
história da 21-2
influência da forma do texto sobre 21-3
papel no estabelecimento do significado 41-2, 47-8
textos digitais 21-5, 123-7
Lemos, Conde de 243, 245, 253-5
letras maiúsculas 159-60
leyenda negra 200-3
librillo de memoria 219-21, 224, 226, 227
literatura:
coleções de literatura nacional 114-5
definição moderna 7-8
nacional 114-5
relação com a palavra escrita 34-8
ver também ficção; escrita
livros:
códices 9, 22-3, 112-3
definições 30-2
efeitos da textualidade digital 13, 21-5, 123-7
história da fundação dos livros como disciplina 19-21
livros manuscritos 104-7,
materialidade 11-4, 114, 272-3
material preliminar 11, 113, 235-55
poder dos 42-4, 118-20
relação entre manuscrito do autor e livro impresso 38-40, 259-69, 286-8, 306-7

A MÃO DO AUTOR E A MENTE DO EDITOR 347

relações estabelecidas pelo material preliminar 241
revolução de próprio direito, como 122
ver também impressão; textos
livros de feitiço *ver* livros de magia
livros de magia 119
Locke, John 225
Longis, Jean 180, 181
López de Úbeda, Francisco: *La pícara Justina* 186
Love, Harold 137
Luís XIII, rei da França 204
Luna, Juan de 185

Magnus, Olaus 208
Mahaffey, Vicki 144
Mairet, Jean 194-5
Malone, Edmond 143-4, 150-1, 291, 293
Malpaghini, Giovanni 135
manuscritos assinados:
antes do século XVIII 131-9
como cópias escribais 136-7
cópias justas tratadas como 144-5
razões para preservar, do século XVIII em diante 139-46
manuscritos e impressão 121-2
manuscritos, livros:
na era da impressão 105-7
e miscelâneas 113-4
Marbach, Arquivo de Literatura Alemã *ver Deutsches Literaturarchiv Marbach*
Marcos de Obregón ver Relaciones de la vida del escudero Marcos de Obregón
Marcus, Leah 268n, 272n, 300n
Maria Stuart, rainha 202

Mariana, Juan de 193, 197
Marin, Louis 47, 60
Marlowe, Christopher 153
Márquez Torres (*licenciado*) 244, 246-9
Marston, John 299
Marti, Juan 185
Martin, Henri-Jean 19-21, 122, 193n, 237n
Martyn (editor) 309
McGann, Jerome J. 275
McKenzie, Don 20, 21, 43, 74, 113n, 273-4, 302n, 309n
McKerrow, R. B. 273
McManaway, James 301-3
Medina, Francisco de 242
memória:
distinta de recordação 215-9, 231
e escrita 219-21
e estudo da história 7-8, 25-6, 62-3, 215
librillos de memoria 219-21, 224, 226, 227
medo moderno de perder 49-50
pessoal e coletiva 225-30
Meres, Francis 281
Mesmes, Henri de 194
Messie, Pierre 182-3
Metrodoro 223
Mexía, Pedro 182-3, 208, 223
Michelet, Jules 48, 57, 86
Middleton, Thomas 134, 136, 137n, 149
Miggrode, Jacques de 201-3
minutas notariais 136
Mitrídates Eupátor 223
Mnémé 215, 218, 231
moldagem 40-41
Molière 45, 167-8

348 ROGER CHARTIER

Montaigne, Michel Eyquem de 22-3, 50, 132, 285
Montinari, Mazzino 147
Moseley, Humphrey 49, 114, 177
Moxon, Joseph 159, 164
Munday, Anthony 134

Naudé, Gabriel 194
Nebrija, Antonio de 38, 155
neoplatonismo 294
Nietzsche, Friedrich 90-1, 147
Norton, Thomas 276
notas de rodapé 75-6, 199

obras dramáticas 132 *ver também* peças
oral, história 7
oralidade, nostalgia da 45
originales 138-9
Oudin, César 177

Países Baixos 201-2
Papeleiros, Companhia dos *ver* Companhia dos Papeleiros
Paratexto 113, 235-6, 242, 256
Paredes, Alonso Víctor de 107, 163-4, 176
Parkes, Malcolm 162, 170
Parnaso da Inglaterra (livro de lugares-comuns) 33
Pascal, Blaise 131-2
Passionate Pilgrim, The [O peregrino apaixonado] *(*antologia) 281
peças:
autenticidade de edições impressas 117-8
convenções da Restauração comparadas com as convenções elisabetanas 295-301

cópias escribais para censores 138
divisões de cenas 302
encenação de Shakespeare ao longo das épocas 295-309
folhas de rosto 278, 282
porcentagem de peças apresentadas que foram impressas 283
publicação impressa das peças de Shakespeare 275, 280-1
reabertura dos teatros com a Restauração 295-7
recursos tipográficos indicando linhas a serem omitidas ou retidas 299-300
trabalho colaborativo 279
valor da leitura do texto *vs.* espetáculo teatral 276-9
Pepys, Samuel 296
peritexto 113, 235, 239, 241
Petrarca, Francesco 123, 135-6, 194
Petrucci, Armando 21, 35, 43, 114, 122-3, 135
picarescos, romances 184-7
ver também Cervantes, Miguel de: *Dom Quixote*
Pichou (dramaturgo) 50
Platão 220
Plínio o Velho 223
poesia, e minutas notariais 136
ponto *ver* ponto final
Pope, Alexander 290-2, 304
Pré, Galliot du 182
primeiras edições 67, 160, 167-8, 177, 180, 202, 261-2, 265, 282, 292-3
Prince's Men, companhia teatral 279
pronúncia 45, 155
propriedade intelectual:
e autenticidade do texto 116-7

A MÃO DO AUTOR E A MENTE DO EDITOR   349

desenvolvimento e efeitos 32
duração do direito autoral no século XVIII 139
provar autoria antes da existência do conceito 33-4
papel da Companhia dos Papeleiros [Stationers' Company] 276-7
surgimento do conceito 139-43
e textualidade digital 23-4
propriedade literária *ver* propriedade intelectual
ponto e vírgula 157-8, 306-8
ponto final 45, 157
pontuação 39, 40, 46, 138, 153-3
pontuação, poemas de 168-9

Quevedo y Villegas, Francisco Gómez de:
Historia de la vida del Buscón 12,184-5, 188-9,
sobre poetas pasados 7, 19
El sueño del infierno 44
Visions 186-7
Quilici, Falco 98
Quinn, John 144

Racine, Jean 159-60
referências bibliográficas 75
religião:
guerras de protestantes *vs.* Católicos 202-3
papel da escrita na experiência religiosa 29
representação, conceito de 47, 63-4
Revel, Jacques 96
revisores
exatidão 265-6

influência nas obras 11-2
e pontuação 162-5
papel dos 138-9, 260-1
qualificações necessárias 40-1
Richardson, Samuel 120-1
Richelieu, cardeal 193-4, 196
Rico, Francisco 41, 49, 242n, 250n, 259-69
Ricoeur, Paul:
e estudo da história 26, 62-4, 213-5
sobre eventos 90
sobre memória e esquecimento 62-5, 215-8, 220-5
ritos funerários 73
Roberto, Felipe 250
Robles, Francisco de 177, 242, 243, 262
Roche, Daniel 28, 48
Rojas, Fernando de 41, 268n
romances de cavalaria 13, 180-2, 186, 230, 246
Ronsard, Pierre de 45-6, 156, 158-9, 162, 167
Rosenbach, Dr. 144
Rosset, François de 178, 186
Roupnel, Gaston 84
Rousseau, Jean-Jacques 131, 145
Rowe, Nicholas 150, 290, 292, 304
rubricas 105, 237, 239, 245, 261, 274

Sackville, Thomas 276
Sade, Marquês de 131
Saint-Pierre, Jacques-Henri Bernardin de 131
Sandoval y Rojas, cardeal don Bernardo 244, 249, 253
Sansovino, Francesco 183

350 ROGER CHARTIER

Scarron, Paul 185, 188-90, 192
Schaffer, Simon 61
Schaub, Jean-Frédéric 205
Schulman, Aline 241, 244
Schwob, Marcel 68-9
Scudéry, Georges de 195-6, 199
Sêneca 281, 289
sentenças 138, 153, 157, 159, 161, 164, 171, 172
Sertenas, Vincent 180, 181
Shakespeare, William:
adaptações de palco e textos reescritos 288-92
anacronismos em 67
apropriações de texto 49-51
biografias 150-1
cadernos para montagem teatral 295-309
caligrafia 134
e Cervantes 177
circulação de seus textos nos primeiros tempos 33
companhias teatrais associadas com 278-80
cronologia de Malone 143
estabelecendo textos de autoria 149, 271-305
história de publicação 33, 284-8
histórico de apresentações 295-309
manuscrito assinado forjado 143-4
manuscritos assinados 10-11
obras colaborativas 149-50, 279, 284-6
peças históricas como história 26, 66-7
e pontuação 168-71
práticas contemporâneas de escrita 26

Primeiro Fólio 114, 143, 288, 292-3
processo de canonização 284-94
publicação impressa das peças 275-6, 280-4
reimpressões 282-3
retrato de espanhóis 205-9
rubricas 142-3
sobre o poder da palavra escrita 44
e *The Book of Sir Thomas More* 137
e *The Passionate Pilgrim* [O peregrino apaixonado] 281
Webster, sobre 277-8
obras:
Cardênio 49-50, 177
Dois nobres parentes, os 285
Eduardo III 285
Estupro de Lucrécia, o 275
Hamlet 11, 66, 171, 271, 282, 289, 295-309
Henrique IV, Parte I 281, 284
Henrique VI, Parte II 67
Henrique VIII 285
Macbeth 35, 149, 296
Medida por medida 149
Muito barulho por nada 288n
Péricles 281, 285
Rei Lear 143, 149, 271, 281-2, 296
Ricardo II 281, 284, 289
Ricardo III 281, 284
Romeu e Julieta 281, 282, 284
Sir Thomas More 134, 137, 285
Sonetos 275
Sonho de uma noite de verão 169
A tempestade 44, 296
Tímon de Atenas 149
Titus Andronicus 282, 284
Trabalhos de amores perdidos 155, 205, 281

A MÃO DO AUTOR E A MENTE DO EDITOR 351

Troilo e Créssida 287

Vênus e Adônis 275

Shapin, Steven 61, 116n

Shelton, Thomas 50, 177, 285

significado:

 e elementos tipográficos 45-6

 papel do leitor em estabelecer 41-2, 46-7

 e pontuação 170-1

Simiand, François 84, 85

Simônides 223

sinais de pontuação invertidos 171

Smethwick, John 284-5

Solorzano (escrito espanhol) 188

Sorel, Charles 115, 186-7, 190

Southampton, Henry Wriothesley, 3º conde de 143-4, 275

Século de Ouro espanhol:

 autenticidade de peças impressas 117-8

 características das obras 36-7

 censura e processo de impressão 38-9, 137-8, 238, 243-4, 259-66

 cópias manuscritas não assinadas 137-8

 influência no exterior 187-209

 manuscritos assinados existentes 131-4

 metáforas para livros 13, 30-1

 obras em tradução 178-93

 pontuação 163

 razões para a importância para o tema deste livro 12-3

 ver também Cervantes, Miguel de: *Dom Quixote*

Starobinski, Jean 121

Suárez de Figueroa, Cristóbal 179

Tasa 180, 238, 240, 243-5

Tasso, Torquato 179, 184

Tate, Nahum 289

Taylor, Gary 149, 271, 284

temporalidade *ver* tempo

tempo:

 temporalidades históricas 89-92

 textos e temporalidade 48, 295-309

textos:

 dependência histórica dos 7-8, 25-7

 descontinuidades na circulação 7-8

 disseminando-se através de trechos/citações 33

 efeitos da textualidade digital 13-4, 21-5, 123-7, 293-4

 estabelecendo autoria 115-8, 139-46, 147-50, 259-93

 materialidade 11-2, 20, 271-94

 e temporalidade 48, 295-309

 ver também livros

textualidade digital:

 e edições críticas 266

 e edição de textos 293-4

 efeitos sobre o estudo da história 14-5, 74-8

 efeitos sobre textos 13-4, 21-5, 124-7, 293-4

 e falsificação 45-6

textualidade eletrônica *ver* textualidade digital

Theagenes 208

Theobald, Lewis 289, 290, 292, 304

Thou, Jacques de 193

tipógrafos *ver* compositores

Tirso de Molina 132

Torquemada, Antonio de 208

Tragicomedia de Calisto y Melibea ver La celestina

352 ROGER CHARTIER

tradução:
    influência de tradutores em obras 12
    lucros a serem conseguidos 178-9
    de obras espanholas 50, 177-8,
       179-93, 241, 285
    e plágio 194-200
    status ambivalente 18
Trecento italiano 35, 135, 136
Trovato, Paolo 164, 339n

Universidade de Reading: Arquivo
    de Publicação e Impressões e Do-
    cumentos de Autores Britânicos
    [Archive of British Publishing
    and Printings and Authors' Pa-
    pers] 130
Utrecht, União de 201-2

Valdivielso, Josef de 244, 246-7, 249
Vallejo, Hernando de 245
Van Delft, Louis 160
Vega, Lope de 13, 26, 36, 110, 117-8,
    132-3, 247, 251, 252, 268
Velpius (editor) 265
Verdier, Antoine du 183
verossimilhança 58, 68, 195
Verstegan, Richard 202-3
Veyne, Paul 53-4, 61, 97
Veyrin-Forrer, Jeanne 113n, 167n, 237n
Viardot, Louis 241
Vico, Giambattista 43
Vida de Lazarillo de Tormes, La (ro-
    mance picaresco) 184, 188, 268n
Vidal de la Blache, Paul 85
Vilar, Pierre 175
vírgula 45, 157-8, 166-9, 306-8
Voltaire 131

Vortigern e Rowena (peça de Shakes-
    peare forjada) 143

Wahl, Jean
Ward, John 82
Webster, John 277-8
Webster, Noah 172
Wells, Stanley 271, 288n
White, Hayden 53-5, 97
Wright, John 282
Wright, irmãos 292-3
escrita:
    definição moderna de literatura 8
    descontinuidades na circulação 9
    dimensão coletiva 10
    escrita colaborativa e publicação
       impressa 32-3
    fragilidade da palavra escrita 37-8
    história como discurso 53-8, 97-9
    e memória 219-23
    papel na construção do Estado 29
    papel no controle social 28-9
    papel na experiência religiosa 29
    papel no surgimento da esfera
       pública 29

    poder da palavra escrita 43, 118-21
    relação entre palavra escrita e
       literatura 34-8
    surgimento da individualização
       9-10, 112-3, 139-45
    ver também autores; livros; textos

Yerushalmi, Yosef 26

Zayas, María de 188
Zeno, Niccolò 208

SOBRE O LIVRO

Formato: 14 x 21 cm
Mancha: 23,7 x 42,6 paicas
Tipologia: Horley Old Style 10,5/15
Papel: Off-White 80 g/m² (miolo)
Cartão Supremo 250 g/m² (capa)
1ª edição: 2014

EQUIPE DE REALIZAÇÃO

Capa
Marcelo Girard

Edição de texto
Giuliana Gramani (Copidesque)
Maria Angélica Beghini Morales (Revisão)

Editoração eletrônica
Sergio Gzeschnik (Diagramação)

Assistência editorial
Jennifer Rangel de França